AF608327

Martin Mittelmeier

DADA

Martin Mittelmeier

DADA

EINE JAHRHUNDERT-GESCHICHTE

Siedler

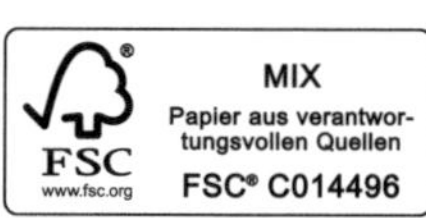

Verlagsgruppe Random House FSC® N001967
Das für dieses Buch verwendete FSC®-zertifizierte Papier *Munken Premium Cream* liefert Arctic Paper Munkedals AB, Schweden.

Erste Auflage
Januar 2016

Umschlaggestaltung: Rothfos + Gabler, Hamburg
Lektorat: Dr. Antje Korsmeier, München
Satz: Ditta Ahmadi, Berlin
Druck und Bindung: GGP Media GmbH, Pößneck
Printed in Germany 2016
ISBN 978-3-8275-0070-1

www.siedler-verlag.de

INHALT

AUF DER SUCHE NACH DADA

Die Schweiz: ein Ruhepol, eine Oase, ein neutrales Land. Als ein deutscher Offizier mitten im Ersten Weltkrieg, im September 1916, die Grenze passiert, stellt er als Erstes die Uhr eine Stunde zurück, »in die Schweizer Friedenszeit«.[1] In Rorschach, seiner ersten Schweizer Station nach dem Grenzübertritt, gönnt er sich ein anständiges Frühstück, weitaus üppiger, als er es sonst in diesen Zeiten bekommt, zum »ersten Mal seit langer Zeit wieder ein saftiges Beefsteak und reichlich Sahne zum Kaffee«.[2] Anschließend geht es weiter nach Zürich. Dort bleibt er länger, als er muss, weil er sich nach dem leiblichen Genuss etwas zu Gemüte führen will, das in dieser Art im Ersten Weltkrieg ebenfalls nur in der Schweiz zu finden ist: ein Kabarett aus Künstlern unterschiedlichster Nationalität, von dem er Dinge gehört hat, die sein Interesse weckten.

Es ist kein gewöhnlicher Offizier, der da in Zürich eingetroffen ist, es ist Harry Graf Kessler, ein vermögender Kosmopolit, der, um bei Kriegsbeginn zu seinem Regiment zu stoßen, von London über Paris nach Potsdam reiste; der in ganz Europa nicht nur mit den wichtigsten Politikern, sondern auch mit den jungen, aufstrebenden, aufregenden Künstlern in beständigem Austausch steht. Von dem Zürcher Kabarett hat ihm der Münchener Lyriker Johannes R. Becher erzählt, den Kessler für den genialsten Dichter aus der Generation des Weltkriegs hält, aber auch für eine tragische Figur.[3] Becher ist morphinsüchtig, er wirft seiner ehemaligen Freundin Emmy Hennings vor, ihn in die Abhängigkeit getrieben zu haben. Kessler hat in seinem Tagebuch Bechers Charakterisierung von Hennings festgehalten: »Sie lebt Indianergeschichten, denunziert sich selbst u. ihre

Freunde der Polizei, nur der Sensation wegen. Hat mit sämtlichen Literaten geschlafen, zwei Litteraturbewegungen inszeniert, Neo Pathetiker u. noch eine, verkauft sich auf der Strasse für 50 Pfennig; Morphinistin u Dichterin. Hat jetzt in Zürich das Kabaret Voltaire. Schläft dort in einem Zimmer mit sämtlichen Artisten u Dichtern des Kabarets, 17 Mann, angeblich aus Armut. Sind acht Monate nicht aus den Kleidern gekommen.«[4]

Kessler ist Diplomat, er weiß mit solchen Äußerungen umzugehen. Zudem ist er frei von Voyeurismus, von all den angerissenen Dramen interessiert ihn die neue Literaturbewegung am meisten. Vielleicht hat er den Namen der zweiten Bewegung nicht genau verstanden. Oder er hat es nach dem etwas komplizierten Ausdruck »Neo Pathetiker« nicht für möglich gehalten, dass dieser Name so etwas Lapidares, Stammeliges wie »Dada« sein könnte.

Auf jeden Fall ist das Cabaret Voltaire in Zürich weitgehend unbekannt, in Kesslers Hotel hat man davon noch nicht gehört. Kessler lässt sich nicht entmutigen, der Kassierer eines Varietés äußert schließlich die Vermutung, dass es »so Etwas« einmal im »Zunfthaus zur Wage« gegeben habe, in einem der vielen traditionsreichen Zürcher Zunfthäuser auf der wohlhabenden, mondänen Seite der Limmat. Da logiere es aber schon seit acht Monaten nicht mehr, vielmehr sei es nun in die »Meierei« verzogen, in ein »kleines altmodisches Gasthaus am rechten Limmat Ufer«.[5] Aber als Kessler dort ankommt, muss er erfahren, dass das Cabaret Voltaire auch hier nur für kurze Zeit stattgefunden habe, die Kellnerin übermittelt ihm die bittere Nachricht, dass es inzwischen »tot« sei.

Egal. Kessler genießt den Gang durch den altertümlichen Stadtteil und die engen Gässchen, genießt die anheimelnde Ansicht, die das Ensemble von Mond, See und Lichtern auf den umgebenden Bergen bietet, und geht in ein anderes Varieté. Ein darin gezeigter Film über die erfolgreiche Atlantiküberquerung des U-Boots »Deutschland« wurde laut Kesslers Notizen »stark beklatscht«.

Uns ergeht es heute, hundert Jahre später, auf der Suche nach dem Cabaret Voltaire und dem, was dort zum ersten Mal mit dem Namen »Dada« bedacht wurde, deutlich besser als Kessler. Es dürfte schwerfallen, ein Zürcher Hotel zu finden, in dem man nicht gewissenhaft Auskunft erhielte über den Beginn von Dada. Womöglich bekommt man einen Dada-Stadtplan, der verhindert, dass man, wie Kessler zunächst, das Zunfthaus zur Waag ansteuert, schließlich war der erste Ort der späteren Dadaisten die Meierei, bevor es nach vier Monaten auf die andere Seite der Limmat ging. Auch sind inzwischen die meisten der Missverständnisse, Erinnerungslücken, Übertreibungen und Fälschungen, die die Dadaisten in Umlauf brachten, identifiziert und aufgeklärt, so dass man Äußerungen wie die von Becher über Hennings als verzerrte Gerüchte goutieren darf. Dada ist penibel und leidenschaftlich erforscht, es hat einen prominenten Platz in der Ruhmeshalle der künstlerischen Avantgarde.

Dada gilt als der explosivste, konsequenteste, schrillste und vielfältigste Versuch, Kunst, Literatur und Sprache aus den Fängen bürgerlicher Ideologie zu befreien, sie der Musealisierung und Intellektualisierung zu entreißen und mit den Forderungen des täglichen Lebens zu konfrontieren. Eine unwahrscheinliche Verbindung von absolut unterschiedlich temperierten und talentierten Künstlern, Dilettanten und sonstigen Lebensstrategen trampelte während und nach dem Ersten Weltkrieg so lange auf den Restbeständen bürgerlicher Kultur und Lebensweise herum, bis diese ihre Überlebtheit eingestehen mussten und das Fitzelchen Irrsinn, das in ihnen versteckt war, herausgaben.

Das Cabaret Voltaire ist tot, behauptet die Kellnerin und damit hat sie vollkommen recht. Zur Zeit des Besuchs von Harry Graf Kessler im September 1916 ist die erste Phase von Dada vorbei. Hugo Ball, der damalige Freund von Hennings und Initiator des Cabarets, hat sich nach Ascona zurückgezogen, die Dadaisten werden auf die kleine Bühne der Meierei nicht wieder zurückkehren. Der Coup bei der Namensfindung »Dada« bestand darin, dass Dada von allen Bedeutungszuschreibungen frei gehalten werden sollte. Das paradoxe Programm war, kein Programm zu haben – was auch der dadaistisch Begabteste nicht lange durchhält. Auch deswegen ist Dada, kaum dass es begonnen hat, schnell wieder vorbei.

Das Cabaret Voltaire ist tot, da irrt sich die Kellnerin natürlich gewaltig. Die Protagonisten des Cabarets werden bald eine eigene Dada-Galerie eröffnen; die Dada-Zeitschrift ist noch nicht erschienen; legendär werdende Zürcher Auftritte stehen erst noch bevor. Zudem schwärmen die Dadaisten bald aus, tragen das Dada-Virus nach Genf, Berlin, Köln und Paris und stecken die ganze Welt damit an.

Noch heute ist »Dada« ein Wort, mit dem jeder etwas anfangen kann, es hat sich von seinen historischen Manifestationen längst emanzipiert und ist in die Alltagssprache eingesickert. Mit diesem Zweisilber kann man sich ganz hervorragend über lustigen Quatsch oder subversive Sprachkunst verständigen: von den weit ausgreifenden und emotional intensiven Anweisungen eines Fußballtrainers, der des Deutschen noch nicht ganz mächtig ist, bis hin zur Rap-Sprechakrobatik werden mitunter eine Vielzahl von Gegenwartsphänomenen unter dem Dach »Dada« versammelt. Und wann immer in europäischen Hauptstädten ein Club gegründet wird, der sich in die Tradition von kultureller Avantgarde, intellektueller Distinktion und libertinärem Kitzel stellen will – von den Salons der Aufklärer aus dem 18. Jahrhundert bis zum New Yorker Studio 54 –, darf das Cabaret Voltaire nicht fehlen.

Insofern ähnelt unsere Situation vielleicht doch der von Kessler. Dada schwirrt durch alle möglichen Träumereien von Befreiungsimpulsen und Subversion. Auf der Suche nach dem Erbe von Dada wird man von dem einen in die Hochzeit des Punk nach London geschickt, wo die von Dada erfundene nihilistische Geste zur Geltung kam – dann wieder wird man mitten in die Happenings der

Achtundsechziger hineingeworfen, die die dadaistische Technik der provokanten Aktion ausnutzten.[6] Der Philosoph Paul Feyerabend verwandelte die dadaistische Haltung gar in eine grundlegende, anarchistische Gedankenfigur: Einen Fortschritt des Denkens und der Erkenntnis könne es nur geben, wenn man bereit sei, sämtliche Vorannahmen und Erwartungen über den Haufen zu werfen.[7] Ist das der unverlierbare Triumph von Dada, dass es so etwas wie eine Essenz von Widerstand zusammengebraut hat: hochexplosiv, schnell wieder vorbei, aber gerade deswegen universell anwendbar?

Jede sympathisierende Erzählung der Dada-Bewegung ist dem großen Reiz dieser Träumerei verpflichtet. Aber sie darf ihm nicht gänzlich erliegen. Denn die Gefahr ist groß, dass all das, was Dada für uns heute interessant macht, unter der Erwartungshaltung der Nachwelt begraben wird und nurmehr eine Art Subversionsfolklore übrigbleibt. Dada sei eine Reaktion auf den Ersten Weltkrieg und auf die Bankrotterklärung einer Kultur, die ihn möglich machte: So lautet ein völlig plausibler Dada-Erklärungsreflex. Doch je näher man den einzelnen Protagonisten und ihrer Geschichte kommt, desto vielschichtiger wird die Bewegung. Und desto spannender: Weil Dada so viele und so unterschiedliche Biografien, Interessen und Ausprägungen von Talent aushalten muss, ist das unter dieser Bezeichnung versammelte Ringen mit den Verheißungen, Zumutungen und Abgründen der damaligen Zeit so intensiv, so drängend, so enervierend. Einer Zeit, die noch dazu wesentliche Züge der unseren trägt.[8]

Eine Phase immensen wirtschaftlichen Wachstums führt zu einem Innovationsschub, der das Alltagsleben komplett umkrempelt. Zu Beginn des 20. Jahrhunderts sorgen Eisenbahn und Telegraphie für eine rasante Beschleunigung und Ausdifferenzierung der Lebenswelt. Zu Beginn des 21. Jahrhunderts hat die digitale Revolution sämtliche Abläufe des privaten und beruflichen Umgangs verändert. So wie sich mit den Bevölkerungsexplosionen der Großstädte ein neues

Verhältnis von Nähe und Distanzierung ausbalancieren muss, erzwingen die sogenannten sozialen Medien eine Neudefinierung des Mit- und Gegeneinander. Nach dem Scheitern der sozialistischen Staatsprojekte hat sich in unserer Zeit das Gefühl des Posthistoire ausgebreitet: die Annahme, dass sich die großen Utopien und geschichtlichen Entwicklungslinien mehr oder weniger erledigt haben. Alles findet gleichzeitig statt, es gibt ein riesiges Durch-, weil Nebeneinander von Lebensentwürfen.

Eben diese Gleichzeitigkeit wird zu Beginn des 20. Jahrhunderts erstmals zu einer Herausforderung für den mentalen Apparat des Normalmenschen. Der zeigt sich dieser Erfahrung nicht sofort gewachsen, die Welt ist derart komplex geworden, dass es dem Einzelnen schwerfällt, mit ihr mitzuhalten. Die Gefahr ist groß, dass der äußeren Unordnung eine innere antwortet: Das Denken werde »zerrissen in 1000 Einzelgedanken, Gedankenmoleküle und Atome, Einzelgedänkelchen, Einzelwesen«,[9] schreibt beispielsweise der Schweizer Psychologe Fritz Brupbacher zu Beginn des 20. Jahrhunderts. Der Einzelne verliert das Zutrauen, auf irgendeine Weise in die unordentlich und übermächtig gewordene Welt eingreifen zu können. Mehr noch, es wird immer fragwürdiger, ob er überhaupt noch das selbstbestimmte und selbstbewusste Individuum ist, das zu sein er einst stolz glaubte: »Alles was heute der Mensch über sich selber oder über die Welt erfährt, […] wirkt dahin, sein Persönlichkeitsgefühl zu schwächen. Seine Empfindungen, seine Triebe, seine Instinkte – so hört er – sind nicht sein individuelles Eigentum, sondern von seinen Vorfahren ererbt oder von seiner Umgebung bedingt; er ist ihr Durchgangspunkt, die flüchtige Zusammenfassung von Teilen, die im nächsten Augenblick sich zerstreuen und neue Verbindungen eingehen werden.«[10] Das schreibt Kessler am Ende des 19. Jahrhunderts, vor der Macht-Analytik eines Michel Foucault und ehe es Algorithmen gab, die Wünsche zu erfüllen drohen, noch bevor man weiß, dass man sie hat.

Die Folge ist das Anschwellen von Ratlosigkeit, Überforderung, Erschöpfung. Der Vorläufer des Burn-out war die um die Jahrhundertwende grassierende Neurasthenie.[11] Auch das beunruhigende Phänomen des Umschlagens von Unübersichtlichkeit in eine Gegenbewegung – dass junge Leute sich fanatisieren und in einen Krieg ziehen – kommt uns nicht unbekannt vor. Dies ist die Situation, in der sich im Februar 1916 einige junge Menschen auf einer kleinen Bühne im Zürcher Amüsierviertel in Kleider werfen, aus denen sie einige Zeit nicht mehr herauskommen werden. So ist das Wort von der Jahrhundertgeschichte im Untertitel dieses Buches nicht nur Mimikry an den Gegenstand: ein Bluff, eine maßlos überzogene Behauptung, provokanter Unsinn. Sondern es meint genau dies: dass die Dadaisten das Jahrhundertmatch »Wir gegen die Welt« angepfiffen haben, ein Match, das keineswegs vorbei zu sein scheint.

Die Geschichte von Dada wird umso mehr zu einer Geschichte, die uns noch heute etwas angeht, je genauer man sie einbettet in die Zeit des Jahrhundertbeginns. Deswegen werden die Dadas in diesem Buch von raumgreifenden Auftritten zahlreicher Personen flankiert, die nicht zum Inner Circle der Dadaisten gehören. Das ist auch deswegen unverzichtbar, weil sich die Dadaisten in ihrer Lust auf unmittelbaren Gegenwartsbezug ständig an Zeitgenossen abarbeiten, die inzwischen aus dem geistesgeschichtlichen Kanon herausgefallen sind. Erst wenn man beispielsweise Max Brod, Theodor Däubler, Kurt Hiller oder Salomo Friedlaender neu kennenlernt, werden aus vermeintlichen Unverständlichkeiten konkrete Polemiken und Anspielungen; erst dann konturieren sich die manchmal auch gänzlich undadaistisch aussehenden Strategien, mit denen es die Dadaisten mit den Ideen ihrer Zeit aufnehmen.

So steht zwar im ersten Teil dieses Buches der berühmte Auftritt Hugo Balls im kubistischen Kostüm beim Vortrag seiner Lautverse im Zentrum. Balls Bühne ist in diesem Moment aber nicht nur ein Zürcher Zunfthaus, sondern der Epochenbruch, der sich schon lange vor dem Ersten Weltkrieg ereignet. Der Begriff der Simultanität wird dabei vom modischen Schlagwort für diesen Bruch zur tatsächlich nützlichen Kategorie für die Beschreibung einer als Durcheinander empfundenen neuen Welt. Balls »Vorleben« bis zu seinem Auftritt ermöglicht uns eine Tour de Force durch die ästhetischen Avantgarden, durch die Boheme-Gruppierungen und literarischen Zirkel wie etwa die angeblich von Hennings gegründeten Neo-Pathetiker, die um eine adäquate Haltung zu dieser Simultanität ringen. Die gewichtigen Fragen nach dem Verhältnis von Politik und Kunst, nach dem Stand der Geschlechterverhältnisse, nach der Möglichkeit von Gemeinschaft – Hugo Ball stellt sie, indem er da steht in seinem kubistischem Kostüm, er stellt sie vehement und beharrlich, da hat er noch nicht einmal zu sprechen begonnen.

Die Dadas durchleben eine Übergangszeit. »Es bröckelt bereits«, schreibt einer von ihnen, »der neue Mensch dehnt sich«, aber wie wird er aussehen, der neue Mensch, wenn er denn endlich die alte Welt durchbrochen hat? Es gibt zum Jahrhundertbeginn ein unüberschaubares Angebot an alternativen Lebenskonzepten, die der rasanten Industrialisierung und wachsenden Unübersichtlichkeit neue Einfachheit, Mystik und Transzendenz entgegensetzen. Womöglich sind das aber nur die Geburtswehen für eine stillere Utopie, für ein lässiges Auf-Augenhöhe-Kommen mit einer Welt voller Möglichkeiten, für eine Entspannung der Geschlechterverhältnisse, für eine Coolness, die viele Europäer in der Neuen Welt und deren Hauptstadt New York vermuten.

Der Elsässer Künstler Hans Arp, ebenfalls einer der vermeintlich 17 Männer des Cabaret Voltaire, ist unser Begleiter durch die utopischen Landschaften zwischen den Lebensreformern in Ascona, den Bemühungen um ein zeitgemäßes, menschenfreundliches – also ideologiefeindliches – Design und der Suche nach der klaren, einfachen Linie, nach einer Kunst, die die Übertreibungen des modernen Persönlichkeits- und Künstlerkults revidiert. Dass die Dadaisten die Kunst für tot erklärt haben, ist ein Gerücht, das sie selbst durch die ständige Produktion von Kunstwerken, Ausstellungen und das Besprechen von Kunstwerken widerlegen. Sie propagieren nicht das Ende der Kunst, sondern den Beginn einer neuen, wie sie sich etwa in einem Relief von Hans Arp manifestiert, das in diesem Kapitel seinen Auftritt haben soll.

Wie aber kommt das Neue in die Welt, wie geht Veränderung vor sich? »Auf die Verbindung kommt es an«, sagt Hugo Ball, »und dass sie vorher ein bisschen unterbrochen wird.« Das Zerlegen des Bestehenden und das Neukombinieren der befreiten Elemente ist eine grundlegende Technik der Dadaisten, sie nimmt sich die Institutionen der Gesellschaft und deren symbolische Codes vor. Je nachdem, wie stark die Welt gerade wütet, kann man das »Unterbrechen« auch ihr selbst überlassen. Krieg, Revolution und deren Niederschlagung erzeugen genug Gesellschaftsabfall, den man als Dadaist dann nur noch einsammeln muss. Am deutlichsten zeigt sich diese Technik in den Collagen – Hannah Höchs »Schnitt mit dem Küchenmesser Dada durch die letzte Weimarer Bierbauchkulturepoche Deutschlands« steht im Zentrum des Kapitels »Zusammen kleben« und ermöglicht uns einen Blick auf das Berlin der Nachkriegszeit und auf das Gerangel zwischen der dadaistisch inspirierten Gruppe um das Cabaret-Gründungsmitglied Richard Huelsenbeck (mit Raoul Hausmann und Johannes Baader) auf der einen Seite und der politisch kämpferischeren Gruppe um den Maler George Grosz auf der anderen.

Die größte und langfristigste Wirkung hatten die so kurzlebigen Dadas im »Unterbrechen« des symbolischen Codes, in der Irritation und Überdehnung konventioneller und ritueller Sprechweisen. Hugo Balls Lautverse sind nur die berühmtesten Unterbrechungen sinnhaften Sprechens, die Dadaisten vollziehen ein ganzes Register von sprachlichen Lockerungsübungen, von denen wir heute noch zehren. Im Kapitel »Sprechen« flankieren diese sprachlichen Dehnungsübungen die Erzählung von den Versuchen des jüngsten Gründungsmitglieds des Cabaret Voltaire, des Rumänen Samuel Rosenstock alias Tristan Tzara, den Geist von Dada nach Paris zu exportieren.

Wenn zum Dadaismus der produktive Umgang mit den Unmöglichkeiten des eigenen Vorhabens gehört, dann sind die folgenden Seiten als durchaus dadaistisch zu begreifen. Jedes Kapitel gehört einem der Gründungsmitglieder des Cabarets, gehört der Stadt, der er die frohe Kunde von Dada bringt, und der Kunstform, die er in der Hauptsache praktiziert – dieser Plan ist natürlich viel zu schematisch, als dass er so ein spontanes und schillerndes Phänomen wie die Dada-Bewegung auch nur annähernd in den Griff bekäme. Deswegen geht das auch andauernd schief, deswegen hat sich schon im zweiten Kapitel mit Ascona ein dezidiert undadaistischer Ort hineingedrängelt, deswegen schieben sich zwischen die Kapitel auch Intermezzi, in denen Anekdoten angehäuft werden, die zwar nicht unbedingt alle wahr sind, aber unbedingt wahrhaftig. Und wenn sich das Wort »Dada« von der Zürcher Gründermannschaft emanzipiert und Künstler auf der ganzen Welt inspiriert, dann verlässt es die engen Grenzen dieses Buches.

»Auf die Verbindung kommt es an«, sagt Hugo Ball, »und dass sie vorher ein bisschen unterbrochen wird.« Nun denn. Raus aus den Kleidern, in denen es sich die Rezeption einiger Dadaisten bequem, aber müffelig gemacht hat, und hinein in die Indianergeschichten!

AUFTRETEN

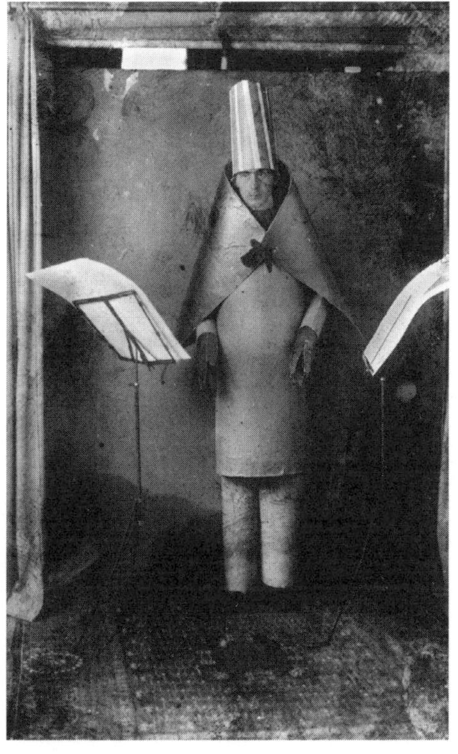

Hugo Ball im kubistischen Kostüm

ICH MÖCHTE TEIL EINER EIGENBEWEGUNG SEIN

Die Schweiz ist neutral, es herrscht Friedenszeit, deswegen sind im Jahr 1916 Menschen aus aller Herren Länder in Zürich angekommen. Die mondäne Bahnhofstraße bekommt den Spitznamen Balkanstraße, Franzosen und Deutsche, die nicht weit entfernt einander gegenseitig umbringen, können sich in den Straßen Zürichs noch freundlich grüßen, Russen sind in der Stadt, wie jener Wladimir Iljitsch Lenin, der mit einem »unbeweglich steinernen Gesicht, eine unscheinbare Aktenmappe unterm Arm«,[1] durch die Gassen läuft, aus Triest ist der Ire James Joyce nach Zürich gekommen. Aber auch Geschäftemacher sind angekommen, Kriegsgewinnler, Journalisten, Spione und solche, die behaupten, welche zu sein.

Zürich ist klein, und alles mag etwas langsamer als in den anderen europäischen Metropolen gehen, aber dennoch sind künstlerische Moderne, revolutionäre Umtriebigkeit und Morphinismus nicht nur Importe der Immigranten. Es gibt in Zürich Förderer der zeitgenössischen Kunst wie etwa den Lehrer, Schriftsteller, Buchhändler und Kunstliebhaber Han Coray, es gibt politische Zirkel wie die von dem Psychologen Fritz Brupbacher initiierten Treffen zur sozialistischen Arbeiterbildung im Restaurant »Zum Weißen Schwänli«, es gibt wichtige intellektuelle Umschlagplätze wie die Hacksche Buchhandlung, deren Inhaber an einer Überdosis stirbt.

Man darf also, wenn man an einem zentralen Ort wie dem Zunfthaus zur Waag eine irgendwie kulturelle Veranstaltung plant, auf ordentlichen Andrang und illustres Publikum hoffen. Noch dazu ist es eine besondere Veranstaltung: Zum ersten Mal treten die Autoren, Künstler, Sängerinnen und anderweitig Begabten, die sich als Cabaret Voltaire in der kleinen Meierei versammelt hatten, auf einer größeren, repräsentativeren Bühne auf. Und es ist der erste Abend, den sie mit jenem Wort betiteln, das irgendwann plötzlich aufgetaucht war, um dem, was dort vor sich ging, einen Namen zu geben:

Nur knapp zwei Monate bevor Kessler vergeblich das Cabaret sucht, am 14. Juli 1916, findet der »I. Dada-Abend« statt.

Viele der Gäste haben schon von Dada gehört, einige waren bereits bei den Abenden des Cabaret Voltaire zugegen. Man ist gespannt, denn in letzter Zeit ging es in der Meierei deutlich munterer zu als bei den vielen vergleichbaren Zürcher Kabaretts. Die Programmankündigung verspricht in nüchterner Aneinanderreihung allerlei: »Musik. Tanz. Theorie. Manifeste. Verse. Bilder. Kostüme. Masken« sind zu erwarten. Der Abend hat etwas Programmatisches, die Vielzahl von Manifesten deutet darauf hin, dass die Mitwirkenden ein für alle Mal klarstellen wollen, was Dada soll, will und kann.

Irgendwann im Laufe des Abends erscheint Hugo Ball auf der Bühne, die meisten kennen den großen, hageren Mann mit dem schmalen Gesicht, der mit seiner Ernsthaftigkeit und seiner scheinbaren Unerschütterlichkeit die durchschnittliche Betriebstemperatur des Boheme-Milieus stets etwas senkt. Auf den ersten Blick ist so ein Auftritt nichts Weltbewegendes für Hugo Ball, eigentlich ist er ständig auf der Bühne. Er hat sich das vergangene Jahr weitgehend mit Tingeltangel-Programmen über Wasser gehalten, sein Glück oder sein Pech ist, dass er ganz leidlich das Piano bedienen kann. Für die Untermalung eines Kabarettabends reicht es allemal. Nun aber tritt er nicht als Begleiter, sondern als Hauptakteur auf die Bühne. Er war es, der mit Emmy Hennings den Gründungsaufruf für das Cabaret Voltaire initiiert hat, deswegen verfügt er über die volle Autorität des Erfinders, wenn er seinen Auftritt mit den Worten beginnt: »Dada ist eine neue Kunstrichtung. Das kann man daran erkennen, daß bisher niemand etwas davon wußte und morgen ganz Zürich davon reden wird.« Seine Mitstreiter hätten sicher nichts dagegen, wenn er als Primus inter Pares das Programm bloß ankündigte, wenn er als Zirkusdirektor die Erwartungen an die Spektakel seiner Menagerie hochschraubte und die anderen dann mal machen ließe. Aber das ist nicht Hugo Balls Art. Wenn er schon eine solche Ansage macht, dann will er ihr auch beikommen, er möchte seinen Anteil tragen an dem, wovon morgen ganz Zürich reden soll.

Ein besonderer Auftritt also soll es werden. Hugo Ball hatte ausgiebig Gelegenheit, die Kunst des Auftretens einzuüben. Im Jahr 1910 beginnt er an der Schauspielschule des Deutschen Theaters Berlin eine Ausbildung als »Hilfskraft für Regie, Dramaturgie und Verwaltungsfragen«.[2] Er darf als angehender Regisseur die Schauspielschüler anleiten, einmal sogar als Vorbereitung zu den Regielehrstunden des Direktors Max Reinhardt, wobei ihm die Schauspieler zunächst mit der dem Anfänger gebührenden Missgunst begegnen. Eine Mischung aus »Kindergarten und Tollhaus«[3] sei diese Schule, schreibt Ball seiner Schwester Maria, aber bald beginnt er, das »excentrische Wesen des Schauspielers«[4] immer besser zu verstehen. Denn als Regieschüler hat man auch Spielverpflichtung, muss man sich selbst auf der Bühne behaupten. Launigkeit, Dünkel, mangelndes Verantwortungsgefühl: alles verständliche, ja unumgängliche Kollateralschäden der Schauspielkunst. »In diesem Schlüsselbund finde ich den Dietrich auch fürs verschobenste Seelenkunstschloss noch«, schreibt Ball, und: »Ich beginne das Theater zu lieben.«[5]

Eine schwierige, wechselvolle Liebe, die ihren Höhepunkt erfährt, als Ball vom Intendanten Eugen Robert als Dramaturg an das Münchener Schauspielhaus gerufen wird, dem er in einer seiner ersten Amtshandlungen zu dem von Reinhardts Bühne inspirierten Namen »Kammerspiele« verhilft. Vor Balls Verpflichtung hat Robert das Theater zu einem Forum der modernen Dramatik gemacht. Die erste Spielzeit unter neuem Namen wird im Oktober 1912 mit einem Stück von Leonid Andrejew eröffnet, das idealtypisch »Das Leben des Menschen« nachzeichnet. Noch unter verzweifelt ärmlichen Umständen braust der Held dieses Stückes gegen die graue Figur auf, die als Allegorie für das Schicksal, den Satan oder das Leben stets irgendwo im Eck herumsteht und die Stationen des Helden stumm begleitet:

»Kleinmütige Menschen beugen sich vor deiner rätselhaften Macht, dein steinernes Antlitz jagt ihnen Schrecken ein, in deinem Schweigen hören sie dräuende Nöte und grausigen Fall. Ich aber bin kühn und stark und fordere dich zum Kampfe heraus! Laß unsere Schwerter blitzen und unsere Schilde klingen, laß unsere Hiebe auf die Häupter niedersausen, daß die Erde davon erbebt!«[6] Es ist das Aufbäumen vor dem sich endlich einstellenden Erfolg, die letzte Station, bevor die Zeit des Helden gekommen ist und er zum begehrten, gesuchten Mitglied der höheren Gesellschaft wird.

Könnte das nicht Hugo Balls eigene Situation als junger, rühriger Dramaturg an einer aufregenden zeitgenössischen Bühne gut treffen? Er macht sich für die moderne Ausrichtung des Theaters unentbehrlich, organisiert Foyerausstellungen mit der Berliner Sturm-Galerie von Herwarth Walden, der den neuesten künstlerischen Strömungen wie Expressionismus und Futurismus ein Forum gibt, gewinnt Dichter wie Gerhart Hauptmann für Autorenlesungen und Matineen. Und er hat angefangen, selbst zu schreiben. Die Tragikomödie »Die Nase des Michelangelo« ist bereits 1911 erschienen, und er hat schon ein neues Stück, die Komödie »Der Henker von Brescia«, begonnen.

Ball ist ehrgeizig, er möchte etwas erreichen, »ich habe solche Sehnsucht, ein grosser Künstler zu werden!«,[7] schreibt er an seine Schwester. Natürlich würde er gerne den mütterlichen Sorgen, dass der Abbruch der Lehre in einer Lederhandlung und später auch noch der Promotion womöglich ungünstige Entscheidungen waren, die Grundlage entziehen. Doch das ist nicht der Hauptgrund. Ball beginnt zu einem Zeitpunkt seine wesentliche Lebens-»Station«, als eine ganze Generation danach drängt, an der Reihe zu sein. Die freien Verse, mit denen der amerikanische Dichter Walt Whitman im »Song of Myself« ebendieses Selbst befeiert (»I celebrate myself«), haben längst auch das lyrische Sprechen im alten Europa angesteckt. Max Stirner mit seinem radikalen Egoismus (»Mir geht nichts über Mich!«) wird um die Jahrhundertwende wiederentdeckt, der Kunstgewerbler Hermann Obrist webt eine Linie in einen Wandteppich, die man gerade noch als Pflanze identifizieren kann, die aber lieber als trotziger Namenszug »eines grossen Mannes, eines Eroberers, eines Geistes, der durch neue Urkunden, neue Gesetze gebietet«,[8] gesehen wird. Und die Schockwellen, die Nietzsches Ermordung Gottes und des alten Menschen ausgelöst hat, werden noch geraume Zeit für vielfältige Strömungswirbel sorgen. Balls Auseinandersetzung mit Nietzsches Schriften ist intensiver als die der meisten seiner Zeitgenossen: Nietzsches Zeit in Basel war das Thema von Balls nicht zu Ende gebrachter Promotionsschrift, und so hat sich Ball philologisch redlich an Nietzsches Umwertung herangetastet: »Ein anderes Prinzip der Wertschätzung war aufgestellt: das der schöpferischen Köpfe anstelle der gehorchenden, beziehenden; das des Geschmacks anstelle der Pflicht; das der persönlichen Freiheit anstelle der persönlichen Abhängigkeit«.[9]

Ball hat das Theatermachen und das Auftreten gelernt, und er hat sich den Furor einer »ästhetischen Kultur im Gegensatz zu einer moralischen« theoretisch erarbeitet. Aber es geht nichts über die Praxis. In seinen Münchener Kammerspielen erlebt Ball eine Art des Auftretens, die er nicht für möglich gehalten hätte. Eugen Robert ist es gelungen, die Uraufführung von Frank Wedekinds »Franziska« an die Kammerspiele zu holen, ein Stück, über das Harry Graf Kessler noch 1925 bemerken wird, wie »merkwürdig modern u. nachrevolutionär« es wirke: »Es riecht förmlich nach 1919/1920.«[10] Und weil Wedekind das Gefühl hat, dass die ausgebildeten Schauspieler seine Stücke verhunzen und ihn damit um den wohlverdienten Triumph bringen, spielt er die männlichen Hauptrollen am liebsten selbst. Hugo Ball staunt bei den Proben und den späteren Aufführungen zu »Franziska« nicht schlecht: Da ist einer, der denkt gar nicht daran, sich zu verwandeln, der stürmt auf die Bühne und nimmt sie vollends ein. Wenn Frank Wedekind, der nicht-schauspielernde Berserker, glüht und hackt und vibriert, dann kippen all die Einfühlungs- und Verwandlungsspezialisten, all die Virtuosen psychologischer

Schauspielkunst einfach um. »Donnerwetter«, ruft Ball aus: »Prägnanz im Superlativ.«[11]

Wäre das nicht das passende Vorbild für Ball bei seinem Auftritt im Zunfthaus zur Waag? Nicht länger gezaudert, heraus mit allem, was man ist! Man will ja nicht gefallen oder entzücken, man will Kenntnis davon geben, dass jetzt unwiderruflich etwas Neues beginnt. So wie es Wedekind als Nicht-Schauspieler in seinen Stücken exekutiert. Weg mit dem Maja-Schleier der Gesellschaftskonventionen, freier Blick aufs dionysisch Eigentliche. Wer will denn noch Frau Schmidt dabei bewundern, wie gut sie sich in Frau Huber verwandeln kann? »Wir suchen im Theater keine Seelenwanderung mehr; wir suchen Personagen: Neue Körper. Neue Seelen. Wir kommen uns Schauspieler ansehen, wie Sokrates zur Herodote kommt: Neugierig. Nicht auf das Stück. Sondern auf den Kerl, sondern auf das Weib oder Weibchen«,[12] schreibt Ball. Der Mensch lässt sich nicht mehr auf die Rollen reduzieren, die er zu spielen hat, Moral ist ein Unterwerfungsinstrument und Gott ist tot. Aber weil der Zweifel daran immer wieder aufzuflammen droht, ist es angebracht, Gottes Hinrichtung beständig zu inszenieren und die Werte immer wieder aufs Neue umzuwerten. Und so schießt Wedekind als Conférencier einer neuen Ära die Bühne frei von einem gemütlich gewordenen Naturalismus. Als Tierbändiger tritt er zum Prolog seines »Erdgeistes« auf die Manege gewordene Bühne und kündigt statt der abgehangenen Probleme des bürgerlichen Trauerspiels das »wahre Tier, das wilde, schöne Tier« an, die nackte, von allen Konventionen befreite Kreatur.

Aber schon 1914 ist das Hugo Ball nicht mehr genug. Wedekind: Das ist ein Theaterereignis, dass einem die Luft wegbleibt, es reinigt die Bühnenluft von allem Ach und Oh des psychologisch-realistischen Theaters. Allerdings ist er im Kampf gegen die alte Zeit selbst noch einer ihrer Protagonisten – Wedekinds Mission, sein Aufbegehren gegen die Moral macht ihn für Ball selbst zum Moralapostel. Graf Kessler wird angesichts einer Aufführung der »Büchse der Pandora« notieren, dass Wedekind nicht revolutionär sei, sondern »bloß rebellisch gegen Mächte, die er anerkennt, zum Beispiel sexuell«. Ein »Sklave, der an seinen Fesseln in höchst pikanter Weise rüttelt«, sei er: »mehr Sadist als Freiheitskämpfer.«[13] Für Hugo Ball ist Wedekind ein Schlusspunkt, ein grandioses letztes Mal, unwiederholbar, wenn man nicht zum bloßen Epigonen einer Geste werden will. Also was nun, nach dem Spektakel Wedekind? Ball schreibt: »Wir stellen als Gegenideal, zwecks Überwindung, den Expressionismus auf, der gar kein Objekt mehr kennen will; der mit wahnsinniger Wollust die eigene Persönlichkeit wiederfindet und deren Diktatur ausruft in hintergründigster Selbstschöpfung.«[14]

Expressionismus: Das ist noch nicht der Epochenbegriff, wie wir ihn heute kennen und benutzen, Das Wort ist ein Spaß, ein Wortspiel, um sich möglichst deutlich vom Impressionismus abzugrenzen, ein Wort, das die Lust anzeigt, einen eigenen Ausdruck unbelastet von aller ästhetischen Tradition zu finden, ein Wort, das inhaltlich erst noch gefüllt werden muss.[15]

Wenn Hugo Ball im Juli 1916 auf der Bühne des Zunfthauses zur Waag eine Art Diktator der eigenen Persönlichkeit zur Darstellung bringen wollte, dann hat er das in extrem elaborierter Hintergründigkeit vollzogen, elaboriert bis zur Parodie. Er hat sich in ein Kostüm stecken lassen, das er drei Wochen zuvor auf der kleinen Bühne der Meierei schon einmal ausprobiert hatte und das er wie folgt beschreibt: »Mein Beine standen in einem Säulenrund aus blauglänzendem Karton, der mir schlank bis zur Hüfte reichte, so daß ich bis dahin wie ein Obelisk aussah. Darüber trug ich einen riesigen, aus Pappe geschnittenen Mantelkragen, der innen mit Scharlach und außen mit Gold beklebt, am Halse derart zusammengehalten war, daß ich ihn durch ein Heben und Senken der Ellbogen flügelartig bewegen konnte. Dazu einen zylinderartigen, hohen, weiß und blau gestreiften Schamanenhut.«[16]

In diesen Kartonröhren schafft er es noch nicht einmal eigenfüßig auf die Bühne, man muss ihn heraustragen. Das passt doch nun gar nicht zur diktatorischen Selbstschöpfung, das ist doch wie Vollkaracho mit Handbremse, ein Auftritt, der schon auf der ersten Schwelle zur Bühne aus dem Tritt gekommen ist. Ist Hugo Ball der typische Diktatoren-Anfängerfehler unterlaufen: sich eine viel zu schrille Fantasieuniform zu wählen, die dann die Diktatur über den eigenen Körper übernimmt?

Hugo Ball ist kein Diktator und auch kein Propagandist der eigenen Persönlichkeit. Selten wird über einen Menschen so einmütig und vorbehaltlos positiv berichtet, wird seine Zurückhaltung, sein empathisches Abwägen, seine Vorsicht aus Gerechtigkeitssinn gelobt und bewundert. Selbst die, denen Balls strenge Gutmütigkeit suspekt ist, zollen ihm allergrößten Respekt. Die große Geste, der Auftritt, das Ausrufen irgendeines Programms: nichts für Hugo Ball. Emmy Hennings berichtet, wie schwer es schon war, Ball dazu zu bringen, sie in Gaststätten auf der Gitarre zu begleiten. Schüchtern und voll Scham muss er sich die Aufregung zunächst in geschützten Hauseingängen vom Leib üben. Der Weg auf die Bühne ist für Ball ein immens schwieriger. Alles an seinem Auftritt zeigt diese Schwierigkeit: Weniger selbstverständlich, selbstgewiss und vital ist kaum je einer aufgetreten. Ist möglicherweise genau das die Botschaft, ist das Hugo Balls Manifest? Dass all die diktatorischen Kraftprotze stolperanfällig sind, weil sie nicht so genau wissen, wohin mit der ganzen Kraft? »Da bin ich«, ruft der Stirner'sche Egoist. Na gut. Und nun? Hugo Ball ist in seinem Kostüm die Ikone einer Generation, die zwischen Aufbruchslust und Richtungslosigkeit feststeckt. Selbstbefeierung, dionysische Ekstase oder Wille zur Macht sind ja nun auch keine alltäglichen Aufgaben. Die Talente sind außerdem nicht durchweg gleichmäßig verteilt, manchmal öffnet sich ein weiter Raum zwischen der Lust an der Persönlichkeitsdiktatur und den zur Verfügung stehenden Mitteln, sie zum Ausdruck zu bringen.

Mit dem Apothekersohn und Medizinstudenten Richard Huelsenbeck begegnet Hugo Ball in den frühen 1910er Jahren in München jemand, der diesen Raum virtuos durchmisst. Huelsenbeck möchte Dichter sein, aber es hapert bei der Suche nach einem würdigen Gegenstand. Was Ball als Befreiung fasst, dass das »Gegenideal« des neu zu findenden Expressionismus keinen Gegenstand haben soll, wird für Huelsenbeck zum Problem. »Ehrgeiz soll die Peitsche meiner Entwicklung sein. Ich will hinauf«,[17] schreibt er in sein Tagebuch, aber dieser Ehrgeiz läuft mangels Objekt heiß. Huelsenbeck hat das Glück, über den Tellerrand seines Milieus schauen zu können und sich dabei keine allzu dramatischen Kämpfe mit seinem Elternhaus liefern zu müssen. Auf einer solchen freigeräumten Anhöhe kann es allerdings passieren, dass einem die Gegenwart nur so um die Ohren fliegt: »Heute Socialist, morgen Egoist, heute Catolik morgen Anarchist. Herrje, das hurt, seufzt, brüllt und taucht in Meere meiner Meinungen, dass ich die Ohren verlieren könnte, aber die Ohren des feineren Gehörs, das Gefäss der Seele, die Poesie«,[18] schreibt Huelsenbeck im Tagebuch. Auch wenn er weiß, dass die Poesie unter diesen Umständen anfällig ist für das Produzieren von bloßen Klischees und sprachlichen Versatzstücken, peitscht ihn sein Ehrgeiz trotzdem dazu, es zu probieren. Das Gedicht »Gebet«, mit dem er es zu einer ersten Veröffentlichung schafft, beginnt so: »Fülle meine Seele mit dem stillen Sehen/ leuchte über meinen Wegen,/ Du, Du gibst den Tränen/ Kraft und gibst den Schmerzen Segen.«[19]

Mit seinem kubistischen Kostüm hat Hugo Ball einen Standard an extravagant unpraktischer Bekleidung gesetzt, an dem sich zu messen die Dada-Bewegung nicht müde werden wird. Wenn Huelsenbeck Dada später nach Berlin weiterträgt und die Frage nach der Handlungsmächtigkeit und Autonomie des Einzelnen durch die unterdrückte Novemberrevolution politisch brisant wird, wird der Persönlichkeitsdiktatorenuniformkollektion ein weiteres Glanzstück hinzugefügt. Wieland Herzfelde bebildert, als er 1919 mit dem Maler George Grosz und seinem Bruder John Heartfield den politisch kämpferischen Malik-Verlag aufzubauen beginnt, den hintergründigen Befreiungsslogan »Jedermann sein eigner Fußball« mit aller tragikomischen Konsequenz.

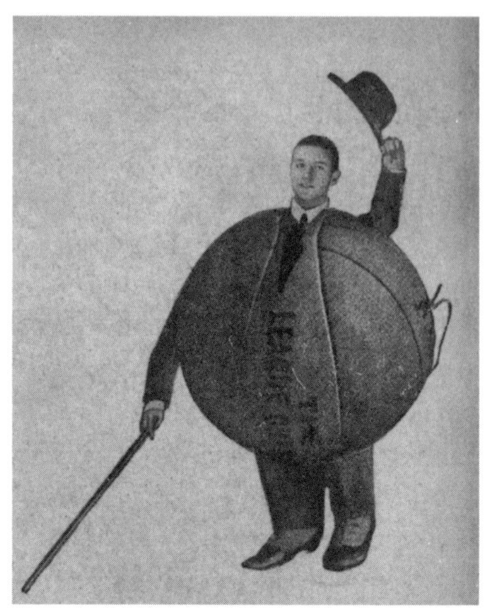

Wieland Herzfelde, von seinem Bruder John Heartfield in seinen eigenen Fußball montiert, 1919

SCHÖNES NEUES PATHOS

Szenenwechsel. Eine Art Privatsalon. Müdigkeit. Es herrscht große Müdigkeit. Alle sind schon da, und eigentlich könnte man anfangen, aber ein Mitglied des Clubs fehlt noch. Muss das denn sein, immer diese Entscheidungen, warten oder nicht, gerade heute, am Gründungsjahrestag. Der Hausherr ist unsicher, außerdem ist er unendlich müde, aber schließlich ringt er sich durch, dann fange man eben an. Die Anwesenden sind froh, endlich können sie ihre Liegeplätze im Speisesaal einnehmen, die durch spanische Wände voneinander separiert sind, so dass man sich nicht der Störung eines zufälligen Blickkontaktes aussetzen muss. Es ist das Treffen der sogenannten Differenzierten, der dermaßen Differenzierten, dass ihre Zusammentreffen weit außerhalb des normalen sozialen Lebens stattfinden. Der

Kern ihrer Satzung, wenn sie denn so etwas Profanes wie eine Satzung hätten: dass nichts, was sie tun, erwartbar, gewöhnlich, konventionell sein darf. Unendlich schwierig ist es, in dieser Liegerunde das Wort zu ergreifen, denn jedes Anheben, jedes Ergreifen ist sofort umstellt von Floskeln, möglicherweise sogar von Pathos, vom Ruch des schon mal Dagewesenen. Als es dann aber doch ein paar von ihnen geschafft haben, mit verbalen Verrenkungen, die die Verrenkungen des letzten Jahres natürlich noch einmal überbieten mussten, Wortbeiträge in die Buchten der anderen Betten hinein zu verteilen, kommt endlich der verspätete Gast. Walder, der Hausherr, ist froh und hocherfreut, denn es ist ein besonderer Gast, bei ihm darf man sich sicher sein, dass er sich wieder etwas ganz besonders Schrilles hat einfallen lassen, dass er die Subtilität der »Differenzierten-Loge« um eine bedeutende Drehung weiterschrauben kann.

Und jawohl, er enttäuscht auch dieses Mal nicht, er hat sich in ein köstliches Kostüm geworfen, köstlich, weil nicht etwa elegant, sondern die längst gewöhnlich gewordene Eleganz durch krasse Unvorteilhaftigkeit überbietend. So entzückend ungeschickt ist sein kubistisches Obelisken-Kostüm, dass er darin nicht einmal laufen kann, das ist ja wohl der Gipfel. Der Hausherr ist begeistert, als die Diener den Nachzügler hereintragen und er mit einem unverständlichen Gestammel beginnt.

Dies hat sich in der Wirklichkeit nie zugetragen, es ist der Beginn von Max Brods erstem Roman *Schloß Nornepygge*. In unserer Schilderung hat sich Hugo Ball in eine Szenerie auf die Spitze getriebener *décadence* hineingemogelt, in die er mit seinem Kostüm erstaunlich gut passen würde. Die Figur, die in der Romanwirklichkeit den Differenzierten-Club so sehr in Begeisterung zu setzen vermag, heißt Guachen. Die Aktionen, die er mit großem Aufwand für ein sogenanntes satanisches Varieté in Szene setzt, würden umstandslos als dadaistische Performances durchgehen. Einen Pianisten sperrt er ein, so dass dieser auf keinen Fall üben kann, und wenn er zum Vorspielen endlich am Klavier sitzen darf, entwendet Guachen ihm die dringend benötigte Brille, so dass das dargebotene Stück zum mühsamen Desaster wird. Das Ballett, für das er die magersten, knochigsten und ungelenkigsten jungen Frauen aussucht, darf nur in den späten Nachtstunden proben, auf dass die gemeinsamen Tanzfiguren niemals geschmeidig werden und Verletzungen zur Nachtordnung gehören.

Für eine Gruppe junger Studenten, die im Berlin der 1900er Jahre eine alternative, nicht-schlagende Verbindung organisieren, ist Max Brod, den man heutzutage meist nurmehr als Kafka-Vertrauten und Retter von dessen Manuskripten kennt, ein literarischer Shooting-Star, und seinen Roman *Schloß Nornepygge* lesen sie als bezwingende Analyse ihrer Gegenwart. Kurt Hiller, der maßgebliche Betreiber für die Gründung des »Neuen Clubs«, wie die Studenten ihre Vereinigung bald nennen, beschreibt die Lektüre des Romans als einen »Donner, eine Raserei, eine Betäubung«, sie war ihm »stärkstes, wesentlichstes, heiliges Erlebnis«.[20]

Brods Roman ist der Roman der Stunde, er gibt dem Suchen der Studenten nach einem Platz in ihrer Gegenwart eine ausdrucksstarke Bebilderung. Wie Andrejews Stück »Das Leben des Menschen« ist der Roman eine Art Stationendrama, aber statt der allegorischen, abstrakten Expressivität des Theaterstücks fährt Brod die ganze Welt in ihrer gegenwärtigen Ausprägung auf. Der Club der Differenzierten ist nur die erste Station, in die Brod seinen Helden Walder schickt – das erste Angebot, wie der Gesellschaft zu Beginn des 20. Jahrhunderts zu begegnen wäre. Es ist, trotz aller Überzeichnung, nicht das unplausibelste. Denn wie soll es einem gelingen, sich inmitten des Hurens, Seufzens, Brüllens, das ja nicht nur Huelsenbeck auf die Ohren schlägt, Gehör zu verschaffen? Die deutschen Großstädte sind in den Jahrzehnten um den Jahrhundertwechsel dermaßen gewachsen und randvoll mit Persönlichkeiten, da wartet keiner auf Hugo Ball, Huelsenbeck oder Hiller. Man muss ungewöhnliche Wege finden, um sich bemerkbar zu machen. Also »greift man zu qualitativer

Besonderung, um so, durch Erregung der Unterschiedsempfindlichkeit, das Bewußtsein des sozialen Kreises irgendwie für sich zu gewinnen: was dann schließlich zu den tendenziösesten Wunderlichkeiten verführt, zu den spezifisch großstädtischen Extravaganzen des Apartseins, der Kaprice, des Pretiösentums, deren Sinn gar nicht mehr in den Inhalten solchen Benehmens, sondern nur in seiner Form des Andersseins, des Sich-Heraushebens und dadurch Bemerklichwerdens liegt«,[21] wie ein zeitgenössischer Philosoph bemerkt. Guachen ist die böse zu Ende gedachte Karikatur einer solchen Überlebensstrategie.

Nach dem Differenzierten-Club probiert der Romanheld Walder die bürgerliche Ehe aus, Dolce Vita, Askese, am Ende gibt es die veritable Option auf Volksführerschaft. Walder geht auf den Dachboden und hängt sich auf. Aber zuvor nutzt er die Gelegenheit, in ausgreifenden Monologen den jungen Studenten aus dem Herzen, oder besser gesagt, aus dem Hirn zu sprechen: »Ich weiß, was ich bin. Ein Kind unserer Tage, Zeitgenosse der Eisenbahnen und großen Kolonialreiche, krank von den einströmenden Schätzen des Weltverkehrs, krank von allzuviel Empfängnis, von allzuvielen Möglichkeiten, unabgeschlossen, ein Opfer des geistigen Freihandels, durchfurcht von allen Dampferlinien und Telegraphendräten der Welt. Ich weiß, was ich bin. Der moderne Mensch.«[22] Faust und Hamlet waren wenigstens noch Heroen. Gut, Hamlet war auch schon angekränkelt von seiner Unschlüssigkeit, aber der neue moderne Typus – Walder – weiß noch nicht mal, »ob ich unschlüssig oder des wahren Weges wohl bewußt sein soll. Ich wehe mit dem Winde dahin, ich bin durchsichtig, ich bin überhaupt nichts mehr als ein warmer Luftzug, eine fragende Betonung, ein stummes h...«[23]

Walder leidet an dem Modernisierungsschub zu Beginn des 20. Jahrhunderts. Um die Jahrhundertwende erfährt Deutschland eine Art erstes Wirtschaftswunder, die Gesamtproduktion von Industrie und Handwerk verdoppelt sich, die Volkswirtschaft insgesamt wächst um 75 Prozent, Kapitalgesellschaften, chemische Industrie und Elektroindustrie machen das Land zu einem der führenden Industriestaaten.[24] Walder nennt ein paar der Phänomene, mit denen diese Entwicklung in den alltäglichen Erfahrungsbereich des einzelnen Menschen eindringt. Warum aber führt diese Erfahrung zu so viel Leid? Was ist es, das den »modernen Menschen« in den Suizid treibt? Was hindert daran, das Mehr an Freiheit, das die neue Vielzahl an Möglichkeiten doch bringen könnte, lustvoll auszunutzen und produktiv zu machen?

Am 8. November 1909 hält Kurt Hiller im »Neuen Club« eine programmatische Rede, in der er den Gästen (und später, 1910, den Lesern der Zeitschrift *Der Sturm*) die kulturkritische Diagnose präsentiert, die hinter dem Krankheitsbild des Nichtzurandekommens mit den allzu vielen Möglichkeiten steckt. Sie ist aus der *Philosophie des Geldes* von Hillers Berliner Philosophie-Professor Georg Simmel, von dem auch das Zitat über die »tendenziösesten Wunderlichkeiten« stammt: Simmel konstatiert, dass jetzt, zu Beginn des 20. Jahrhunderts, die Dinge mehr Kultur als die Menschen hätten. Die Arbeit und das Wissen, das durch den Fortschritt der letzten Jahrzehnte in den Dingen gespeichert seien, ließen den Menschen blass aussehen. Denn dieser hätte an der Kultur höchstens zu einem kleinen Teil mitgewirkt, im Rahmen seines arbeitsteiligen Spezialgebietes, aber niemand besitze mehr den Überblick und die Verfügungsgewalt über das Ganze der Dinge. »Im Vergleich mit der Zeit vor hundert Jahren sind die Dinge, die unser Leben sachlich erfüllen und umgeben: Geräte, Verkehrsmittel, die Produkte der Wissenschaft, der Technik, der Kunst … unsäglich kultiviert; aber die Kultur der Individuen, wenigstens in den höheren Ständen, ist keineswegs im selben Verhältnis vorgeschritten, ja vielfach sogar zurückgegangen.«[25]

Der Einzelne sieht sich einer Welt gegenüber, die immens vielfältiger, reichhaltiger, kultivierter ist als er selbst. Den drei großen Kränkungen des Menschen, die Freud für die Neuzeit konstatiert hat, wird eine vierte hinzugefügt: Nachdem der Mensch akzeptieren musste, dass er nicht Mittelpunkt der Welt, nicht Krone der Schöpfung und noch nicht mal Herr des eigenen Bewusstseins ist, muss er nun auch noch feststellen, dass sich die von ihm gemachten Dinge emanzipiert haben. Er kommt der Überfülle der Welt nicht mehr bei, was ein wesentlicher Grund für die von den Neuen Clubianern konstatierte grassierende Erschöpfung und Müdigkeit ist. Der Freud-Schüler Otto Gross erlebt in seiner praktischen Arbeit am realen Menschen, was passiert, wenn die Fähigkeit zur Differenzierung der Umwelt abhandenkommt. Denn erst die »erworbene Abstufung [in der Gefühlsbetonung der einzelnen Wahrnehmungen] hilft jene komplizierten Vorgänge regeln, die wir als *Aufmerksamkeit* zusammenzufassen pflegen«.[26] Wenn nun aber »alle äusseren Reize mit gleicher Intensität in das Bewusstsein ein[dringen], so muss es zu einer grösseren Summation von Eindrücken kommen, als das Gehirn zu assimilieren in der Lage sein kann.«[27]

Die »Abstufung« der einzelnen Dinge ist verlorengegangen: Überwertig wird die Umwelt, weil alles mit der gleichen Intensität daherkommt, weil Differenzierungen und Hierarchisierungen nicht mehr greifen. Mit dem Untertitel »Der Roman des Indifferenten« macht Brods *Schloß Nornepygge* klar, dass er eine Versuchsanordnung sein soll: Was passiert mit einem Menschen, wenn man ihn, ausgestattet mit unbegrenzten pekuniären Mitteln und überdurchschnittlicher Intelligenz, auf diese derart ungeordnete Welt loslässt? Bereits vor dem Roman hat Brod diese Utopie einer adäquaten Haltung zur kompletten Gleichberechtigung aller Dinge in einer Novelle ausprobiert, die den programmatischen Titel »Indifferentismus« trägt. Und schon an dieser Novelle kann man sehen, dass Brod mit dem Fehlen jeglicher Differenzierung einer Utopie nachhorcht: Könnte in einer adäquaten Haltung gegenüber der kompletten Gleichberechtigung aller Dinge nicht doch die Chance einer ganz neuen, zeitgemäßen, unverzopften Erfahrung stecken? Könnte die Welt dadurch zu einer ganz anderen werden? Man habe die Rede vom Indifferentismus missverstanden, schreibt Brod in der Rückschau über seine frühe Prosa, »und als ›Passivismus‹ in Umlauf gesetzt. Der Indifferente ist nicht quietistisch, nicht inaktiv. Ihm gelten vielmehr alle Dinge der Welt als gleichberechtigt.«[28]

Der Held der Novelle »Indifferentismus«, der junge Leo, ist denn auch ein Virtuose dieser Art von unhierarchischem Materialismus, nichts ist ihm zu banal oder zu beiläufig, alles ist ihm gleichermaßen Bewunderung, Begeisterung, helle Freude wert. Leo ist ein Hymniker auf die Welt, wie sie ist – er ist ein König Midas der Indifferenz: »Was er anrührte, was er nur leise betupfte, überzog sich mit einer geschmeidigen, aber harten Firnisschicht; deshalb konnte er so erfreulich mit allem hantieren. Aber selbstverständlich verlor nichts unter dieser Hülle seine Farbe, seine Eigenschaft, eine Spur von Nüance«.[29] Und so kann Leo ein immenses Glücksarsenal anlegen – »Palmen in einem Wurstladen, patriotische Bilder in unzüchtigen Lokalen oder Buttersemmelpapiere an idyllischen Ausflugsorten«[30] mögen als Beispiel gerade für die kleinen, unauffälligen Dinge dienen.

Allein es klappt ja nicht. Leo könnte ein leuchtendes Vorbild sein für ein emphatisches Verhältnis zur neuen Welt, würde er nicht an ihr zugrunde gehen. Er ist tatsächlich eine Art König Midas, mit allen negativen Konsequenzen. Er ist dem Übermaß der gleichwertig gemachten Dinge nicht gewachsen. Und auch Walder gibt sich am Ende, wir haben es gehört, den Strick.

Was haben nun Hiller und seine Clubmitglieder angesichts dieser Gesellschaftsdiagnose anzubieten? Das Vorhaben ist so klar wie schlicht: Sie setzen der Müdigkeit trotzig und flugs eine neue Vitalität entgegen. Sie nennen sich »Neopathetiker« nach Stefan Zweigs Essay »Das neue Pathos« von 1909, in dem gefordert wird: »Wer die Menge zwingen will, muß den Rhythmus ihres neuen und unruhigen Lebens in sich haben, wer zu ihr spricht, muß beseelt sein von neuem Pathos.«[31] Hiller fordert eine »erhöhte psychische Temperatur«[32] und neues Pathos als »universale Heiterkeit«.[33] Sein Mitstreiter Erwin Loewenson definiert unter dem *nom de guerre* Golo Gangi dieses Pathos als den »Gegenpol der décadence, das Sich-ausstrahlen, das prachtvolle Aufleben, das tobende Mächtigsein«.[34]

Man stelle sich vor: Golo Gangi packt die Lust, diesen Gegenpol an einem der Club-Abende auch einmal schauspielerisch zu veranschaulichen und seine etwas überspannte Wortneuschöpfung vom Condomismus[35] am eigenen Leib darzustellen. Man stelle sich vor, er bastelt sich aus kubischen Röhren eine Art Ganzkörperpräservativ, in dem er sich kaum bewegen kann, um damit die »Selbstzerobachtung« des müden modernen Menschen in ihrer ganzen passiv machenden Gefährlichkeit zu präsentieren. Auf dem Höhepunkt dieser Performance reißt sich Gangi das Kostüm vom Leib und schmettert dem Publikum einen neuen Vitalitätspathos entgegen. Das ist im Rahmen der Neopathetiker im Berlin zu Beginn des 20. Jahrhunderts nicht passiert. In der Züricher Soiree vom Juli 1916 gibt es später, nach Hugo Balls Auftritt, eine Nummer, in der sich die Mitwirkenden ebenfalls in Kartonkostüme gezwängt haben, die sie sich am Ende vom Leib reißen. Wobei man das nicht mit letzter Sicherheit sagen kann. Denn das berichtet Tristan Tzara, einer der Mitwirkenden, der an diesem Abend seinerseits ein Manifest verkünden wird und der berüchtigt ist für seine lautschreierischen Übertreibungen. Auf die Erzählung von der Kostümzerreißung folgt bei ihm direkt die Beobachtung, dass sich das Publikum ins Kindbettfieber gestürzt habe.

Hugo Ball reißt sich das Kostüm bei seinem Auftritt auf jeden Fall nicht vom Leib. Er zieht es durch. Am Ende muss man ihn wieder von der Bühne tragen. Inszeniert er mit seinem Auftritt eine Erzählung vom Scheitern an den Forderungen von Vitalität und Aufbruch? Sollte es wirklich keine Möglichkeit geben, sich am eigenen Schopf aus dem Müdigkeitssumpf herauszuziehen?

SIMULTANITÄTSDOLMETSCHER

Ein Mann namens Theodor Däubler betritt den Kölner Dom. Daran ist nichts Besonderes. Däubler geht gern in den Kölner Dom, er schätzt ihn ungemein, sein Hymnus auf ihn ist ohne Maß, mit »steinernen Sehnsuchtshälsen« gipfele er »über alle Menschlichkeit empor ins ewige Sanftblau«. Und wenn sich Däubler direkt an den Dom wendet, dann klingt das so: »Du bist ein Sinai, Kölner Gebirgswelt, Bekennerhand hat dich aufgebaut, du bist der Berg aus unseren Gesetzen hervorgetürmt: du, du birgst unsere heilige Wolke in Pfeilerhut.« Auch an dieser Begeisterung ist nichts Verwunderliches, Däubler ist seinerseits ein Gebirgsmassiv für seine Freunde und die staunenden Teilnehmer der künstlerischen Zusammenkünfte, in denen Däubler qua Leibes-, Haar- und Machtfülle im Zentrum steht. Däubler kann Karrieren befördern, wie beispielsweise die von George Grosz, wenn er eine Lobeshymne in einer der einschlägigen Zeitschriften platziert. Von den Zeitgenossen aber wird er hauptsächlich als Naturereignis gezeichnet, als Figur von gargantueskem Ausmaß. Bei einer großen Gesellschaft hat es sich einmal als ungeschickt erwiesen, die für die Gäste extra großzügig bemessene Portion Spaghetti zunächst Däubler hinzustellen. Er vertilgte sie mühelos alleine, was umso bemerkenswerter ist, als er dabei unablässig Verse deklamierte. Vorzugsweise die eigenen.

Däublers Begeisterung für den Dom ist auch deshalb nicht erstaunlich, weil er auch im eigenen Schaffen ein Freund von waghalsig großen Konzeptionen ist. Däubler ist Kunst- und Kulturkritiker, vor allem aber ist er Dichter. In seinem Hauptwerk, *Das Nordlicht*, ein 1910 erschienenes lyrisches Epos in drei Bänden, besingt er eine gewaltige Vision: die Erde soll wieder zur Sonne werden, von der sie kommt, das Glimmen des Nordlichts gibt dieser Sehnsucht eine Richtung, aber bis dahin wälzen sich Mythen, Religionen und Menschheiten umeinander, verschlingen sich, erstehen auf. Der massige Theodor Däubler mit seinen weit ausgreifenden Versen: ein nicht ungern gesehener Gast aus der guten alten Zeit, ein Ereignis, das man sich gönnt, ein Antidot gegen die Nüchternheit evolutionärer und anderer rationalistischer Welterklärungen.[36] »Es ist so tief, wie die Zeit flach, so groß, wie die Zeit klein, so voll des göttlichen Geistes wie die Zeit leer davon; die Kompensation des Zeitalters der Geistlosigkeit; mehr als ein Buch der Zeit: das Buch des Aeons«,[37] schreibt über das *Nordlicht* einer von dessen größten Bewunderern, der angehende Jurist Carl Schmitt.

Tatsächlich scheint Däubler mit seiner Gegenwart auf Kriegsfuß zu stehen. Wenn er in den Dom geht, dann nicht zuletzt, um sich von ihr zu erholen. Ihn treibt ein architektonisches Problem um: die Unansehnlichkeit der Städte. Die Gründerjahre haben seiner Meinung nach Deutschlands Baustil gehörig zugrunde gerichtet, jeder durfte sich einen beliebigen Stil aus der Geschichte heraussuchen und ins Heute zwängen, jeder »angestiefelte Emporkömmling konnte seiner Frau zu Weihnachten eine Gotenburg schenken, jeder Streber als Baumeister hatte auf der Kunstschule das Recht, Neigung zur Renaissance zu fühlen oder sich Rokoko zu wünschen«.[38] Selbst der Dreißigjährige Krieg habe Deutschland nicht so zugerichtet wie diese Mode: »Ein Jammer ohne Ende, ein nie zu tilgendes Verbrechen gegen die erlauchten Vorfahren.«[39]

Ein Beobachter aus Frankreich gibt ihm recht. Der junge Architekt Charles-Édouard Jeanneret, der unter dem Namen Le Corbusier berühmt wird, wurde 1912 nach Deutschland geschickt, um die Gründe für den Aufschwung des deutschen Kunstgewerbetums herauszufinden. Seine Analyse: Dem Sieg über Frankreich hinkt Deutschland mental hinterher. Das Drama der Deutschen ist, dass der Sieg von 1871 sie dazu verleitet, sich für die führende Kulturnation zu halten. »Deutschland schloss sich zusammen, breitete sich aus, blähte sich auf und manifestierte sich objektiv und unübersehbar als neue Macht; das bewies es mit seinen unglaublichen Bauten – Kriegsschiffe, Kasernen und großartige Werften, dann gigantische, übergroße Paläste ohne jedes Maß. Bezogen auf die Kunst brachte die aufgebauschte Bautätigkeit Architekten hervor, die jäh aus ihrer bürgerlichen Beschaulichkeit herausgerissen wurden, und mit ihnen entsetzliche Bauten.«[40]

Däubler regt sich auf über die Architektur, aber sie ist ja nur ein Symptom für ein allgemeines Problem der Zeit. Das Durcheinander, die Gleichzeitigkeit von eigentlich Unvereinbarem, zeigt sich nicht nur in der Kunst und an Baustilen, es ist längst zu einer Haltung des modernen Lebens geworden. »Simultanismus ist ein Zustand«,[41] sagt Däubler. Längst kann einer alleine nicht mehr alles wissen, und die »simultanistische Überfülle von Gelerntem, nur flüchtig Aneigenbarem, führt zu Abstraktionen, nervischen Erkenntlichkeitszeichen«.[42] Von all den Spezialgebieten des Wissens bekommt man nur Fetzen mit, und man muss zusehen, wie man mit ihnen hantiert. »Wir tragen ganze Namenregister herum, auch lieber auf den Tastorganen, als im Großhirn: hinter jedem Namen eine Wichtigkeit, oft ganz winzig, aber doch stenogrammatisch in uns eingesetzt, versponnen.« Die Menschen spielen mit ihren Wissenspartikeln, »setzen sie nach dem Schönheitsgefühl willkürlich, aber eigenrhythmisch ein«.

Das hat auch schon Hiller aus dem Simmel'schen Abgrund zwischen Mensch und Ding herausgelesen. Kein Mensch kann mehr das immens angewachsene Wissen bewältigen, also muss improvisiert und geblufft werden mit dem »Gebrauch von Ausdrücken, die eigentlich wie verschlossene Gefäße von Hand zu Hand gehen, ohne daß der tatsächlich darin verdichtete Gedanke sich für den einzelnen Gebraucher entfalte«.[43] In Däublers Essay »Simultanität« lässt sich beobachten, wie dieser unwillkommenen Diagnose etwas Positives abgewonnen wird. Däublers Essay ist das Protokoll eines Exerzitiums, das die Simultanität am Ende zu akzeptieren, ja vielleicht sogar fruchtbar zu machen vermag.

Dabei ist der Dombesuch das wesentliche Scharnier. »Ich habe den Kölner Dom betreten. Ein Schritt, und ich war in eine himmelhohe Sphäre entrückt«, gibt Däubler zu Protokoll. Die Anrufung des Heiligtums, des Kölner Gletschers aber hat nur den Zweck, sich abzukühlen von der Vehemenz der Einleitungstirade. Im nächsten Abschnitt bekennt er, dass das Jammern mindestens 20 Jahre zu spät kommt. Er entschuldigt sich für die Jeremiade und rechtfertigt sie zugleich. Denn das Durcheinander als der Kern des Kritisierten wird in der Folge zum Grundstein einer neuen Kulturtheorie.

Und so kommen Däubler jetzt, nach der Dom-Beruhigung, ein paar Beispiele in den Sinn, wo so ein Nebeneinander von eigentlich unvereinbaren Stilen ja doch etwas gebracht hat. Kleine Beispiele, aber immerhin. Da »fällt einem auf einmal das Erhaschen fremdartigster, grundverschiedener Konnexmöglichkeiten auf irgendeiner verkraust impressionistische[n] Steinlaune mit gotischem Hierarchiegefühl ein«.[44] Und wenn er sich dieses kleine Lob schon einmal abgerungen hat, dann schnell das nächste hinterher: »Oder renaissancehafte Ausgewogenheit einer Hausabsicht befenstert sich geschickt kleinerkerig maurisch.«[45] Also nun doch alles gut mit der Simultanität der Stile, möglicherweise sogar mit der Simultanität als Stil? Sollte eine »Klitterung, Verschmelzung eklektisch wiederbelebter Stile durch großstädtische Zusammenfassung« doch möglich sein? Aber nein. Denn es gibt sie für Däubler doch: die erfolgreichen, hoffnungspendenden Beispiele für eine Anknüpfung an den Klassizismus. Däubler ist da in seinem Element, sein Namedropping-Parcours ist rasant. Es ist doch wichtig, so Däubler, dass gerade wir »aufgepeitschte Menschen«[46] in den Genuss einer Beruhigung kommen, die aus seiner Sicht nur von etwas Klassizistischem ausgehen kann, das die Verschiedenartigkeit der Elemente in eine ordnende Spannung zu bringen weiß. Aber der Simultanismus ist nun einmal in der Welt. Dann eben beides.

Däubler konstatiert eine Meta-Simultanität: die zwischen Einheitlichkeit und Simultanität, die paradoxe Gleichzeitigkeit von Gleichzeitigkeit und ihrem Gegenteil, und damit nicht genug: Auch das Klassische ist längst von der Simultanität infiziert. Wenn Däubler etwa den symphonischen Zusammenhalt von François Rudes Relief »Marseillaise« feiert, dann tut er das mit dem Adjektiv »simultan«.

Däubler ist moderner, als das so dankbare Bild vom bärigen Epiker suggeriert. Schon im *Nordlicht* schließt er die Sternensehnsucht der Erde mit der Elektrifizierung der modernen Großstadt kurz. Und als Publizist ist der Vielreisende einer der einflussreichsten Vermittler moderner Kunst und eine nicht mehr wegzudenkende Stimme während der wesentlichen Modernisierungsschübe. Doch Däublers Erkämpfen der Simultanität ist gerade deshalb ein so wertvolles Zeugnis, weil hier eben kein begeisterter Avantgardist programmatisch spricht. Sondern ein Synästhet, ein Zusammenhangsfanatiker, der unter der Zersplitterung leidet. Däubler jammert und lobpreist, er wechselt die Ansicht, die Perspektive, die Genres und die Kunstformen, manchmal im selben Satz – indem er die Simultanität diagnostiziert, performt er sie. »Man kann zugleich erhoben sein und schimpfen, loben und beinahe die Hoffnungslosigkeit als das Beste ansehen«,[47] das ist auch eine Beschreibung der eigenen Textstrategie. Däubler ertanzt, erschwitzt, erschimpft sich eine Haltung, mit der man ihn geradewegs zum Programmpunkt des neopathetischen Cabarets machen könnte. Denn mit ihr kommt Däubler der Lösung des Problems nahe, mit welchen Mitteln der Müdigkeit eine neue Vitalität entgegengesetzt werden könnte.

Stefan Zweig hatte in seinem Essay angedeutet, wie dem »neuen und unruhigen Leben« beizukommen wäre: indem man dessen Rhythmus internalisiert. Erreicht wird die Augenhöhe mit den Gegenständen, indem man deren Ausdifferenziertheit nachahmt. Wenn es in der Außenwelt keine Ordnungskriterien, keine Hierarchisierungen mehr gibt, muss man den eigenen Wahrnehmungsapparat lockern, um die Gleichwertigkeit und Gleichzeitigkeit auszuhalten. Und wenn es denn verlorene Liebesmüh sein sollte, den Dingen ihren Vorsprung in Sachen Kultur abzuluchsen, dann sollte man laut Hiller zumindest versuchen, die Kultiviertheit in sich selbst zu steigern. »Nicht das, was verfeinert ist, sondern die Verfeinerung auszuschöpfen«[48] ist Hillers Rezept.

Hiller gelingt damit ein wesentlicher Schritt. Er hat mit der zu erlernenden Vitalität den modernen Menschen abgekoppelt von den Gegenständen, er hat mit »zielfreier Zersägeabsicht«[49] die Außenwelt irrelevant gemacht. Kultur hat keine Inhalte mehr, sondern ist ein beständiges Training an sich selbst, Bildung ist keine Ansammlung von Wissen, sondern eine Einübung in die bloße Möglichkeit, disparate Sachverhalte auszuschöpfen. Kultur ist nur mehr ein »Fluidum, das die Gesamtpersönlichkeit durchdringt«,[50] eine Akzeptanz des Durcheinanders der Umwelt, wie sie Däubler vorgemacht hat.

Der neue Club soll im Berlin der 10er Jahre diese Eigenrhythmisierung ermöglichen, also gilt es, eine adäquate Bühne zu schaffen, auf der das Simultane sich produzieren kann. Golo Gangi veröffentlicht zur Gründung des Neuen Clubs der späteren Neopathetiker einen »Aufruf«, der aus sechs Sentenzen verschiedener Geistesgrößen besteht. Was in diesen Sentenzen zum Ausdruck kommt? Unwichtig! Wichtig ist, dass die Autoren in ihrer Unterschiedlichkeit nebeneinanderstehen: »›Aufruf.‹ Das ist das Ganze. Und das Ganze ist durchzittert von einem heimlichen, hintergründigen Lachen. Von einem Lachen über das Ganze. Und mittendrin steht, daß man das Leben ernst nehmen müsse. Dies sind die 6 Männer: Spinoza: Oscar Wilde: Nietzsche: Frank Wedekind: Goethe: Hugo von Hofmannsthal. Ein friedliches Beieinandersein dieser Menschen, wie es im großen Bereich der Universität Berlin noch nicht stattgefunden haben dürfte.«[51] So erklärt Golo Gangi den Aufruf und fügt hinzu, welche Art von Adressat er sich dafür vorstellt: »heutige Menschen: die sich nicht scheuen, den Namen Oscar Wilde neben den hohen Namen Spinozas zu setzen, die ›Goethe und Hofmannsthal‹ sagen dürfen, weil ihnen Hugo von Hofmannsthal vielleicht eben so viel bedeutet«.[52]

Natürlich ist das auch Kulturpolitik. Man möchte die Autorenlieblinge aus der eigenen Generation auf derselben Stufe sehen wie die kanonisierten Klassiker. Aber unterhalb dieses strategischen Ansatzes bereitet Gangi die Definition für das namengebende neue Pathos vor: Es bedeute, »das Weltgebäude noch einmal zu baun«, die

»Pracht der Zusammenhänge als furchtbarstes Glück zu erleben«.[53] So ist die Bühne zum Nachschaffen der Simultanität bereitet. Zunächst finden auf ihr konventionelle Autorenabende statt, die theoretischen und literarischen Hausgöttern wie Nietzsche, Wedekind, Hofmannstahl oder George gewidmet sind. Zu einem Max-Brod-Abend wird der Autor selbst eingeladen und bringt neben Eigenem erstmals Gedichte des noch unbekannten Franz Werfel zu Gehör. Mit der Zeit werden die Abende zu »kuriosen Verschränkungen von weitausholendem Geist, flammendem Temperament und sprengender Ausgelassenheit«,[54] die in Berlin immer mehr interessierte junge Leute anziehen. Da ist noch keiner der gesamthaft kultivierte Mensch, wie ihn sich Hiller vorstellt, aber jeder bringt zumindest irgendein Teiltalent dafür mit. Und irgendwann ist eine Mischung aus Theoretikern, Poeten und Interpreten beisammen,[55] die es möglich macht, auch an so etwas wie ein Cabaret zu denken: Das neue Pathos wird Performance-fähig, es verteilt sich, solange sich noch keiner einfindet, der den neuen Typus Mensch gesamthaft verkörpern kann, auf mehrere Schultern.

Und dann tauchen Lyriker auf, die Hillers Pathos-Vorstellung zumindest im Medium ihrer Gedichte nahekommen. Sie haben die Eigenrhythmisierung vollzogen, haben ihre Einbildungskraft gelockert und können nun der tumultuös gewordenen Welt ebenso tumultuöse Weltneuschaffungen entgegensetzen. Palmen in einem Wurstladen, patriotische Bilder in unzüchtigen Lokalen oder Buttersemmelpapiere an idyllischen Ausflugsorten? Nett, aber da geht noch mehr, da lassen sich noch größere Disparatheiten zu neuen, bisher unvorgestellten Bildern zusammenfügen. Während die Dachdecker abstürzen, steigt zugleich die Flut, die Menschen haben einen Schnupfen, während die Eisenbahnen von den Brücken fallen, dem Bürger fliegt vom spitzen Hut der Kopf, während es in allen Lüften hallt wie Geschrei. Der Dichter, der sich Jakob van Hoddis nennt, braucht nur acht Zeilen, die disparate Elemente auf solche Art zusammenzwingen, um mit seinem Gedicht »Weltende« den Hymnus seiner Epoche zu verfassen.

Er bietet mit seinen Versen einen Heroismus »nicht als Symbol einer fernen Utopie, sondern als sinnlich-transformierte Möglichkeit unseres Städtelebens zu Farbe und Kraftrhythmus«,[56] meint Golo Gangi und stellt damit wiederum die Weltneuschöpfung im Medium der Einbildungskraft in den Fokus. Ein anderer Lyriker, Georg Heym, hat ebenfalls eine Musik für die Millionen der Großstadt gefunden, bei ihm ist es eine düstere, apokalyptische, die in der Rezeption bis heute das Bild des Expressionismus beeinflusst. Dabei rührt die Neigung zum Katastrophischen und Drastischen in den Gedichten von der Lust her, dass man die Welt zumindest in der Vorstellung wieder im Griff hat, so wie Heyms »Gott der Stadt«, der breit und mächtig auf den Häuserblöcken der Großstadt hockt. Eine Schöpferleistung, die sich am furiosesten mit Zerstörungswut befeiern lässt.

Simultanität macht das Aufeinanderprallen von heterogenen Dingen, das zu Beginn des 20. Jahrhunderts nicht mehr zu negieren ist, produktiv: Nun kann göttergleich mit all den Versatzstücken der modernen Welt gespielt werden. Die tödlich verlaufende Indifferenz des Novellenhelden Leo wird mit diesem Begriff zur gestalterischen Parole einer neuen Generation umgewidmet. »Ein neues Weltgefühl schien uns ergriffen zu haben, das Gefühl von der Gleichzeitigkeit des Geschehens«,[57] schreibt Becher. Nervös blättert diese Lyrikergeneration am Erscheinungstermin die druckfrischen Zeitschriften auf oder lauscht den Kollegen bei ihren Auftritten im Neuen Club, ob einer eine noch ungewöhnlichere Zusammenstellung gefunden hat. Dabei geht es nicht nur um die besungenen Gegenstände, das Simultane herrscht auch in der Heterogenität der Stile. Nun kann man Eichendorff und Asphalt in einem Gedicht versammeln, hohen Ton und Argot, apokalyptische Vision und satirischen Schwank.

All die Lyriker, die später zum Kanon der frühen Expressionisten gehören werden, wie Ernst Blass, Georg Heym oder Jakob van Hoddis, versetzen an den Club-Abenden mit dieser neuen Lust an der neuen Welt ihre Bühne in eine für Vortragsabende unerhörte

Schwingung. Auch das Cabaret Voltaire, in dem Dada entsteht, wird von dieser neuen Weltlust durchzuckt werden: »Das Wahrheitspathos dieser Strömung ist es, die Zeit in den Nerven zu haben und in ihrem Rhythmus zu denken und zu leben«,[58] schreibt Peter Sloterdijk über die Dada-Bewegung. Und das Nebeneinanderstellen von Dingen, die ursprünglich nicht zusammenzupassen scheinen, das Aushalten von Heterogenität, ist eine Einübung in die Moderne, der jede Generation aufs Neue, also auch die unsere, ausgesetzt ist. »Der größte Feind ist heute das eigene Nervenkostüm, das vor zu viel Positivität, zu vielen Anregungen, zu vielen Multitasking-Reizen kapituliert«,[59] schreibt *Die Zeit* über die von Byung-Chul Han vorgelegte Gegenwartsdiagnose im Essay *Müdigkeitsgesellschaft*.

MUSIK LIEGT IN DER KUNST

Bald ist Simultanität zum Slogan geworden, und das Aufsuchen möglichst origineller Gegensätze zur routiniert gehandhabten Schablone.[60] Aber das darf einen nicht dazu verleiten, den Begriff als bloßes Modewort, als aufgepeitschte Selbstbeschreibung abzutun. Denn er verweist auf einen Umbruch, der weit mehr als die lyrische Produktion einer Generation umfasst, der vielmehr zum Signum eines neuen Verhältnisses zu einer als neu empfundenen Welt wird, ein Umbruch, der ganz Europa in Schwingung versetzt.

Die Italiener beispielsweise haben mit einer weitaus größeren Kluft zwischen prägender Nationalkultur und dem Antlitz der Gegenwart zu ringen als der Italienliebhaber Däubler. Deswegen ist dort die Eruption eine massivere. 1909 veröffentlicht *Le Figaro* Filippo Marinettis Manifest zum sogenannten Futurismus, das in allen europäischen Metropolen gelesen oder übersetzt wird. Dieses Manifest bestimmt bis heute die Rezeption des Futurismus; schnell fallen einem die anstößigsten Punkte ein, Verherrlichung des Krieges, die Zerstörung von Museen, Verunglimpfung des Feminismus nebst weiteren »Feigheiten«. Dass ein heulendes Automobil schöner sein soll als die Statue der Siegesgöttin von Samothrake, bringt das Programm des Futurismus auf den Punkt. Mit provozierenden Autritten verschafft Marinetti dem Manifest gebührend lärmende Aufmerksamkeit und bereichert die künstlerische Selbstpropaganda um wesentliche Strategien, die die Dadas später zu nutzen wissen. Aber Marinetti war nur der lauteste Futurist, nicht der einzige.

Als Herwarth Walden 1912 eine Ausstellung der Futuristen in seine Berliner Sturm-Galerie holt, nutzen die Maler Umberto Boccioni, Carlo D. Carra, Luigi Russolo, Giacomo Balla und Gino Severini die Gelegenheit, in der Zeitschrift *Der Sturm* Manifeste zu publizieren, die neben der Programmatik auch ins Detail gehen. Sie propagieren keine blindwütige Feier von Geschwindigkeit und Materialschlacht. Vielmehr diktiert ihnen ein »immer wachsendes Wahrheitsbedürfnis«,[61] die Gegenwart in ihrer Komplexität künstlerisch möglichst exakt zu erfassen. Deswegen kann es nicht darum gehen, Gegenstände immerzu in Bewegung darzustellen. Der vielbeschworene Dynamismus ist ein Aufzeigen der Bewegungen, die *in* den Gegenständen sind: »Wir haben in unserem Manifest erklärt, daß man die *dynamische Empfindung* geben müsse, das heißt, den besonderen Rhythmus jedes einzelnen Gegenstandes, seine Neigung, seine Bewegung oder besser gesagt: seine innere Kraft.«[62]

Und diese bewegte Spannung wird dann auf die dargestellten Gesamt-Ensembles übertragen. Wenn beispielsweise eine Person auf einem Balkon sitzt, dann zeigen die Futuristen alles, was diese Person sehen könnte, zugleich: »das sonnendurchflimmerte Gesumm der Straße, die beiden Häuserreihen, die sich zu seiner Rechten und Linken entlangziehen, die blumengeschmückten Balkons; das heißt: Gleichzeitigkeit der Atmosphäre, folglich Ortsveränderung und Zergliederung der Gegenstände, Zerstreuung und Ineinanderübergehen der Einzelheiten, die von der laufenden Logik befreit, eine von der anderen unabhängig sind«.[63] »Simultane Visionen« lautet eines der von Boccioni in dieser Manier gemalten Bilder.

Auf seiner Reise nach Dresden besucht Hugo Ball die aus Berlin weitergewanderte Futuristenausstellung und gerät beim Anblick der Bilder außer sich. Die freigelegten inneren Bewegungen versetzen Balls Nervensystem in Raserei. Die Bilder wollen nichts erklären, also gibt es auch nichts zu verstehen, jubelt Ball. Stattdessen läuft alles heiß, was für den Prozess des Verstehens angeworfen wird und kein Ende findet. Der Weltneuschöpfungsprozess, der bei den Neopathetikern die eigene Vitalität garantierte, tobt hier in Reinform – weil er, anstatt etwas zu schaffen, nur den Prozess des Schaffens in Gang hält. Diese Bilder »in ihrer losbrechenden ungeheuren Dynamik, ihrer Kraftstrahlenherrlichkeit, ihrer geheimen elektrischen Vibration und Radioaktivität verkünden die Revolution der Unterminierung, der ekstatischen Krankheit, die sich nach Ausbruch sehnt; die Nervenfächer und Rhythmusfelder des Todes, des Lichts, der Dynamos und der Uratome. Eingefangene psychische Telefunken zetern, schreien und kreisen in zinnobergrünem Getöse. Bewegung der Spermatozoen alles Seins ist festgehalten. Urkraft effulguriert in singenden Linien. Aktiv gewordene zerfetzte Körper tanzen, Lichtgranaten in platzender Wut, Sinfonien und Schwaden von Blut und Gold.«[64] All das passiert in Hugo Ball, als er in Dresden vor den Bildern der Futuristen steht.

In Frankreich gibt es auch so eine Jahrhundertübergangsfigur wie Däubler, die ebenfalls zum Ausrufer der Simultanität wird. Guillaume Apollinaire unterscheidet sich auf eine Weise von Däubler, als wollten die beiden die gegensätzlichen Klischees ihrer Länder möglichst deutlich verkörpern. Beide sind Kosmopoliten und zugleich Zentralgestirne der lokalen Boheme. Apollinaire gerät mit seinem Freund Picasso kurzzeitig in Verdacht, die Mona Lisa aus dem Louvre gestohlen zu haben, ist bekannt mit Alfred Jarry und Max Jacob, entdeckt Henri Rousseau und nimmt teil an den Treffen der Puteaux-Gruppe um die Brüder Duchamp-Villon. Däubler wie auch Apollinaire sind Dichter und haben sich als Impresario für ihre jeweilige

Malerei-Szene etabliert. Aber während der eine als Natureruption erlebt wird, beschreibt man Apollinaires Augenbrauen als Kommata; als wäre sein Körpermassiv ebenso aus Buchstaben zusammengesetzt wie eines seiner Kalligramme, jene aus Worten gezeichneten Bildgedichte. Während Däubler sich die Simultanität mühsam erarbeitet und die moderne Welt unter den mythischen Landschaften seines dreibändigen lyrischen Epos nicht auf Anhieb zu erkennen ist, ist Apollinaire eifrig bemüht, immer den neuesten ästhetischen Ideen auf der Spur zu sein, »er glich einem genialischen, gerissenen und geschmeidigen Kater, der, auch wenn er aus dem sechsten Stock stürzt, auf die Pfoten zu fallen kommt«,[65] schreibt eine Zeitgenossin.

So ist zum Beispiel sein Gedichtband *Alcools* eigentlich schon fertig, Apollinaire hat bereits die Druckfahnen zur Korrektur, als ihn die Modernität von Blaise Cendrars' Realitätszugriff in dessen Gedicht »Les Pâques à New York« dermaßen in Erregung versetzt, dass er die Interpunktion aus dem Band komplett eliminiert und ein neues Gedicht an den Anfang zwängt. »Zone« ist ein Abgesang auf die Welt des 19. Jahrhunderts und zeigt den unbedingten Willen, auch im lyrischen Sprechen den Auswüchsen der Moderne nicht nachzustehen. »Am Ende bist du müd dieser früheren Welt«, lautet eine zeitgenössische Übersetzung des ersten Verses (»A la fin tu es las de ce monde ancien«), der Eiffelturm ist als Hirte der Brückenherde bukolisch eingemeindet, und selbst das Automobil »nimmt sich überlebt aus«. In der Folge werden alle möglichen Alltagsfetzen integriert, die bisher nicht unbedingt als lyrikaffin galten: »Du liest Prospekte Kataloge Affichen die singen mit kräftigen Lungen/ Das ist dir Dichtung heut Morgen und als Prosa hast du Zeitungen«. In einem späteren Gedicht zieht Apollinaire daraus die stilistische Konsequenz: in »lundi rue christine« gibt es nicht wie noch in »Zone« eine Zentralinstanz für die Gesamtschau. Das Gedicht besteht nur mehr aus einem Wirrwarr von Konversations- und Gedankenfetzen, wie er sich möglicherweise an einem Montag in der Rue Christine zugetragen haben könnte.

Apollinaire pendelt wie Däubler mühelos zwischen den Medien Lyrik und Kunstkritik hin und her, er fasst alle Maler, die ihn interessieren, in einem Buch zusammen, dem er den Titel *Ästhetische Meditationen* (*Méditations esthétiques*) geben will, der aber vom Untertitel *Les peintres cubistes* (*Die kubistischen Maler)* überwuchert wird – ein starkes Indiz dafür, wie viel Strahlkraft von dieser neuen Kunstrichtung ausgeht. Apollinaire beschreibt seine Künstlerzeitgenossen mit weit ausgreifender Geste und lässt sich von der eigenen Begeisterung mitreißen. Spekulativen Schwung verknüpft er mit der vermeintlichen Pedanterie der Unterscheidung von vier verschiedenen Arten des Kubismus. Allen gemeinsam sind der Abschied von der bloßen Nachahmung und die Rekonstruktion der inneren, strukturellen Gesetzmäßigkeiten des Darzustellenden – was immer es ist. Manchmal handelt es sich um Gegenstände und Begebenheiten der äußeren Realität, die in ihrer geometrisch gebrochenen Anordnung noch deutlich zu erkennen sind, manchmal werden gedankliche, metaphysische, innere »Dinge« zu einer adäquat abstrakten Darstellung gebracht. Apollinaire favorisiert deutlich den von ihm so genannten »orphischen« Kubismus seines Freundes Robert Delaunay, der – auch wenn eines seiner berühmtesten Bilder den Eiffelturm zeigt – die Darstellung durch bloße Verteilung der Farbigkeit am weitesten fortentwickelt hat. Delaunays Frau Sonia hat zu Cendrars' Gedicht »Les Pâques« einen Umschlag gestaltet, und gemeinsam entwickeln sie ein »livré simultané«, das die Idee der Gleichzeitigkeit mittels der Medien Malerei und Lyrik gleichsam simultanisiert. Wenn man das Buch *La Prose du Transsibérien* ausklappt, kommt es auf zwei Meter Länge und 36 Zentimeter Breite. Einem Streifen Text ist ein Streifen farbiger Abstraktionen zur Seite gestellt. Geplant war eine Auflage von 500 Stück, dann hätte man mit den aneinandergelegten Blättern die Höhe des Eiffelturms erreicht.

Expressionismus, Futurismus und Kubismus waren im Moment ihres Entstehens durchlässige Begriffe. Auch wenn sie weidlich zur gegenseitigen polemischen Abgrenzung genutzt wurden, gab es ständig Überlappungen, wechselten sie sich als Überbegriff der jeweils anderen ab, schoben sich ineinander. Expressionismus diente lange Zeit als Sammelbegriff für alles, was nach dem Impressionismus irgendwie neu war; wenn sich Hugo Ball mit einem aus heutiger Sicht deutlich expressionistischen Gedicht vor Gericht zu verantworten hatte, dann konnte es durchaus als futuristisch zu den Akten gelegt werden.[66] Deswegen eignet sich die Simultanität viel besser als Beschreibungskategorie für das Neue, das sich durch all die verschiedenen Kategorisierungen hindurchzieht. Die Linearität, die große Erzählung, die Zentralperspektive wird kassiert zugunsten eines Geflechts aus Beziehungen. »Wir werden breitspurig«,[67] sagt Däubler, denn plötzlich wird das, was alles neben einem auf der Straße so unterwegs ist, viel wichtiger als das Ziel, das man vielleicht früher einmal angesteuert hat.

Und so breitet sich die Simultanität in allen möglichen Kunstgenres aus. Auch in der Prosa – eigentlich die Domäne der Darstellung einer behaupteten äußeren Realität – vollzieht sich der Wechsel hin zu einem inneren Weltaufbau und einem Ausbalancieren heterogener Elemente. Max Brods *Schloß Nornepygge* zum Beispiel ist stilistisch reich orchestriert, Fantastik und Realismus wechseln sich ab, und über weite Strecken tritt die Handlung zugunsten essayistischer Passagen zurück. Aber es gibt noch Handlung, es gibt noch Personen, die zumindest anpsychologisiert werden. Auch der von der jungen Literatengeneration verehrte Heinrich Mann spielt mit der ästhetisch flirrenden Romantrilogie *Die Göttinnen*, dem Realismus von *Die kleine Stadt* und der Satire *Der Untertan* ein breites Register an literarischen Zugriffen aus. Wobei es in jedem dieser Register eine lineare Erzählung und klar konturierte Heldinnen und Helden gibt. Von Juli 1912 an erscheint in der Zeitschrift *Aktion*, neben dem *Sturm* die zweite wichtige Publikationsmöglichkeit für die Generation der Expressionisten, als Fortsetzungsroman Carl Einsteins *Bebuquin oder Die Dilettanten des Wunders*. *Bebuquin* wird zum

Kultroman, weil er genau diese scheinbaren Grundbestandteile erzählender Prosa aufgibt. Das Erzählen entlang des dünn gewordenen Fadens der Kausalität, entlang von scheinbar schlüssig aneinandergereihten Anekdoten, mittels psychologisch scheinbar plausibel gemachte Protagonisten verfälscht die Realität, ist »stets tendenziös und moralisch«,[68] wie Einstein im Essay »Über den Roman« schreibt. Und so begegnet der Leser in *Bebuquin* denn auch einem bunten Potpourri an angedeuteten Schauplätzen, die sich zu Spiegelkabinetten, Varietés oder einem Zirkus fügen könnten, wenn sie denn konventionell auserzählt würden. Mit Bebuquin gibt es einen als solchen klar zu erkennenden Helden, aber selbst dieser Held ist immer nur eine momentane Bestandsaufnahme der Außenreize und Selbstwahrnehmungen, und die ändern sich schnell. Man sieht das an Bebuquins Alter Ego Nebukadnezar, der gleich zu Beginn des Romans aus dem Leben scheidet. Aber was heißt schon »aus dem Leben scheiden« für ein aufbrausendes Bewusstsein, und so darf Nebukadnezar seine Rolle als Störenfried und philosophischer Sparringspartner in diesem Gedankenspektakel weiter mitspielen. Sprache, Figurenzeichnung und Handlungselemente emanzipieren sich davon, der großen Erzählung des konventionellen Romans untergeordnet zu sein, und führen ein eigenständiges Sprachtheater auf.

Mit dem Tanz entledigt sich eine weitere Kunstform vom Zwang einer Erzählung oder Repräsentation. 1910 gründet der ungarische Tänzer Rezső Laban de Váraljas unter dem Namen Rudolf von Laban in München eine Schule, die aus den Elementen des Tanzes ein eigenständiges Kunstwerk entwickeln will. Der Tänzer als Medium dieser Kunst ist für Laban »jener neue Mensch, der seine Bewußtheit nicht einseitig aus den Brutalitäten des Denkens, des Gefühls oder des Wollens schöpft. Es ist jener Mensch, der klaren Verstand, tiefes Empfinden und starkes Wollen zu einem harmonisch ausgeglichenen und in den Wechselbeziehungen seiner Teile dennoch beweglichen Ganzen bewußt zu verweben trachtet.«[69] Auch hier antwortet die Kunst auf die Erkenntnis der Welt als eine simultan gebaute: Das

Weltgeschehen präsentiert sich als ein Reigen,[70] der Reigen ist »das reinste Abbild des Tanzes der Tänze«, und als Reigen, als Nebeneinander der einzelnen Elemente, ist auch das Buch komponiert, in dem Laban von dieser Tanzauffassung berichtet. Im Frühjahr 1916 verlegt Laban seine Tanzschule von München nach Zürich.

Die ästhetische Gestaltung nach simultanen Grundsätzen wird oft mit Begriffen aus der Musik metaphorisiert, als Rhythmus und Polyphonie gleichzeitiger Stimmen. Aber auch die Musik selbst vollzieht dieses Umkippen von Hierarchie in Beziehung. Arnold Schönberg arbeitet in der ersten Dekade des neuen Jahrhunderts daran, den einzelnen Ton aus dem Korsett der klassischen Tonalität zu befreien. Bei der Wiener Uraufführung seines zweiten Streichquartetts, das Satz für Satz atonaler wird, ist es zu einem riesigen Skandal gekommen. Und auch im Januar 1911, als er es in München zusammen mit Klavierstücken, die bereits gänzlich atonal komponiert sind, erneut aufführt, reagiert das Publikum deutlich reserviert. Aber mindestens einen begeisterten Zuhörer gibt es: Der Maler Wassily Kandinsky ist aufgewühlt, da er im musikalischen Medium dieselbe Unternehmung am Werk sieht, die ihn in der Malerei umtreibt. Kurzerhand schreibt er an Schönberg: »Sie haben in Ihren Werken das verwirklicht, wonach ich in freilich unbestimmter Form in der Musik so eine große Sehnsucht hatte. Das selbständige Gehen durch eigene Schicksale, das eigene Leben der einzelnen Stimmen in Ihren Compositionen ist gerade das, was auch ich in malerischer Form zu finden versuche.«[71]

Irgendwann im Jahre 1913 taucht ein junger, ehrgeiziger Dramaturg in Kandinskys Atelier auf: Hugo Ball. Es läuft für Ball gerade nicht besonders gut, im April 1913 wurde Eugen Robert geschasst, Ball verliert an den Münchener Kammerspielen an Einfluss und Gestaltungsmacht. Seine Reise nach Dresden hatte den Zweck, sich am dortigen Albert-Theater zu bewerben, er versucht sich als Lektor in Theaterverlagen, gründet mit Freunden eine Zeitschrift. Daneben dürfen, solange sich eine grundsätzliche Lösung noch nicht abzeichnet, die Aufgaben des angestellten Dramaturgen nicht allzu sehr vernachlässigt werden. Aber Dresden sagt ab, die Lektorenoption wird in strategischen Unbilden zerrieben, die Zeitschriften kommen über ein paar Ausgaben nicht hinaus. »Es ist trostlos. Alles stockt«,[72] schreibt Ball, aber er gibt nicht auf. Es bedarf nur einer besonderen Begegnung, eines Anstoßes, dass er für eine seiner Ideen neuen Mut fasst. Seit geraumer Zeit denkt er schon darüber nach, was das Theater, ideal konzipiert, jenseits der täglichen Praxis zu leisten imstande wäre. »Daneben bin ich mit Abfassung einer modernen *Theaterschrift* beschäftigt, die von Claudel, Wedekind, Gorsleben und Kyser ausgehen wird und in der ich für diese Schriftsteller neue Direktoren, neue Schauspieler, ein neues Theater postuliere.«[73]

Dann aber begegnet er Kandinsky, der diesem Nachdenken eine neue Fallhöhe gibt. Nicht mehr von den Schriftstellern soll nach einer neuen theatralen Form gesucht werden – das Theater selbst wird zum zentralen Medium. Was Kandinsky laut Ball zu dieser Zeit beschäftigt, ist »die Wiedergeburt der Gesellschaft aus der Vereinigung aller artistischen Mittel und Mächte«.[74] Dieses Zusammenwirken der artistischen Mittel kann nur vom Theater, als Gesamtkunstwerk, aus geleistet werden. So, wie es Richard Wagner unternommen hat, bloß besser. Und nicht so, dass alle künstlerischen Mittel dann doch wieder zu einer zentralen Intention zusammengezwungen werden. Sondern Ziel ist das wirkliche Zusammenführen gleichwertiger Stimmen von ganz unterschiedlicher Provenienz. Ball schreibt über Kandinsky: »Ihm schwebt ein Gegeneinander der einzelnen Künste, eine symphonische Komposition vor, in der die einzelnen auf ihr Wesentliches zurückgeführten Künste als Elementarformen nur die Noten abgeben zu einer Konstruktion oder Komposition auf der Bühne, die jede der einzelnen Künste als selbständiges Darstellungsmaterial gelten läßt und aus der Mischung dieses gereinigten Materials ein neues Kunstwerk, das Monumentalkunstwerk der Zukunft schafft.«[75]

»Das eigene Leben der einzelnen Stimmen«, das Kandinsky bei Schönberg als sein eigenes Ziel wiedererkannte, hat er als Gestaltungsprinzip über die Malerei hinaus nutzbar gemacht, auch bei kleineren Unterfangen als dem Monumentalkunstwerk. Als er mit seinem Freund Franz Marc über die Idee eines Kunstalmanachs spricht, nennt Kandinsky als Vision ebenfalls das bunte Nebeneinander von disparaten Elementarformen: »Da bringen wir einen Ägypter neben einem kleinen Zeh [der Name eines begabten Kindes], einen Chinesen neben Rousseau, ein Volksblatt neben Picasso u. drgl. noch viel mehr!«[76] Einen Titelvorschlag hat Kandinsky auch bereits, »Die Kette« würde nicht schlecht zu dem reigenartigen Charakter dieser Versammlung passen. Doch schließlich wird diese Anthologie »Der Blaue Reiter« heißen. Flankiert von den zwei gleichnamigen Ausstellungen 1911 und 1912 wird sie zu einer der einflussreichsten künstlerischen Programmschriften des 20. Jahrhunderts werden.

Ball ist von dieser Idee enthusiasmiert, sie durchhaut den Knoten, in den sich seine kreativen Anstrengungen verwickelt hatten. Denn diese Idee ruft ja geradezu nach jener Art von dramaturgischer Instanz, die Ball eingeübt hat. Gerade wenn es als Nebeneinander verschiedenster Kunstformen und Medien gedacht ist, bedarf das Gesamtkunstwerk eines Gleichgewichtskünstlers, der die Bälle im Spiel hält, beziehungsweise der einen ersten Impuls gibt, also die Bälle überhaupt ins Spiel bringt. Diese Leistung wird umso größer, je mehr die Bälle auf ihre Eigenständigkeit pochen und je stärker die Wetterlage die Flugbahn der Bälle unberechenbar macht. Wenn man es ernst meint mit der Selbständigkeit des Materials, dann muss man als Machinator des Gesamtkunstwerks die eigene Planungssicherheit immer wieder zugunsten ebendieser Selbständigkeit beschädigen lassen. Und die wirkliche Probe aufs Exempel findet erst statt, wenn es Zufälligkeiten und Widrigkeiten zu integrieren gilt. Bevor der Zufall zum programmatischen Moment des künstlerischen Prozesses wird, muss ihn Ball aus purem Zwang in seinem Cabaret ausprobieren.

Es macht Ball zur Idealbesetzung des Dada-Gründungsvaters, dass er die immense Belastung seines Gesamtkunstwerk-Traums zumindest ein paar Monate lang durchhält. Denn schlechtere Bedingungen für die erste eigene künstlerische Unternehmung sind kaum vorstellbar. Völlig mittellos, nach einem Jahr anstrengender und quälender Tingeltangelei durch Schweizer Varietés, will Ball Anfang 1916 in einem der kleinen Räume im Amüsierviertel Zürichs, wo schon einige vor ihm auf die Idee gekommen sind, Varietés und Cabarets zu gründen, eine eigene Künstlerkneipe aufmachen. Die einzige eingeübte Partnerin ist seine Freundin Emmy Hennings, deren Nummern er das vergangene Jahr über als Pianist begleitet hat. Ball ist im Jahre 1916 immerhin ein erfahrener Planer und betreibt alles unter den Umständen Mögliche. Er weiß, als Mann der zweiten Reihe hat er Rampensäue nötig, deswegen bemüht er sich von Beginn an darum, Richard Huelsenbeck nach Zürich zu holen. Und was kann ihm Besseres passieren, als dass der junge Elsässer Künstler Hans Arp in der Stadt ist, der sich durch seine Mitarbeit am *Blauen Reiter* bereits als ästhetischer Komplize ausgewiesen hat?

Darüber hinaus muss er sich aber auf das einlassen, was ihm zufällig widerfährt. »[Es] ergeht an die junge Künstlerschaft Zürichs die Einladung, sich ohne Rücksicht auf eine besondere Richtung mit Vorschlägen und Beiträgen einzufinden«,[77] lanciert Ball in der *Neuen Zürcher Zeitung* sein Cabaret-Vorhaben. Und wenn dann am Nachmittag des Eröffnungsabends tatsächlich drei junge Männer aufkreuzen und sich für die Aufführung empfehlen, so rekrutiert sich aus dieser Zufälligkeit ein Gutteil der Gründungsmannschaft des Cabaret Voltaire.

Man muss davon ausgehen, dass Hugo Ball dieses Aufeinandertreffen in seinem Tagebuch dramaturgisch zugespitzt hat. Er inszeniert es wie eine Szene aus einem Comic von Goscinny, so als würde eine kleine Truppe aus einem ebenso unterdrückten kleinen Land schüchtern in einem widerständigen Dorf vorstellig, wo man eine Weile braucht, um auf sie aufmerksam zu werden, weil man sich wieder einmal anderweitig amüsiert: »Gegen sechs Uhr abends, als man noch fleißig hämmerte und futuristische Plakate anbrachte, erschien eine orientalisch aussehende Deputation von vier Männlein,

Mappen und Bilder unterm Arm: vielmals diskret sich verbeugend. Es stellten sich vor: Marcel Janco der Maler, Tristan Tzara, Georges Janco und ein vierter Herr, dessen Name mir entging.«[78] Der vierte Herr, an den man sich nicht mehr erinnert, ist ein wesentliches Detail. Er ist das personifizierte unberechenbare und womöglich tatsächlich wirkungslos bleibende Element, ohne das die künstlerische Zusammenstellung aber eine zu starre wäre, weil sie zu sehr dem Plan des Künstlers entspräche. Wenn am zweiten Tag der Künstlerkneipe Voltaire ein Russenchor vor der Tür steht: Rauf auf die Bühne mit den Herren. »Es waren viele Russen da. Sie richteten ein Balalaika-Orchester von reichlich zwanzig Personen ein und wollen ständige Gäste bleiben.«

In *Cabaret Voltaire*, der ersten Publikation, die die Gruppe herausgibt, kann man diese lässige Variante von Kuratorenschaft nachlesen. Hugo Ball setzt die Gründungsarbeit zu seinem Cabaret als vorsätzlich naiv aneinandergereihtes Aufsammeln von freundlicher Mitarbeiterschaft in Szene: »Ich ging zu Herrn Ephraim, dem Besitzer der ›Meierei‹ und sagte: ›Bitte, Herr Ephraim, geben Sie mir Ihren Saal, ich möchte ein Cabaret machen.‹ Herr Ephraim war einverstanden und gab mir den Saal. Und ich ging zu einigen Bekannten und bat sie: ›Bitte geben Sie mir ein Bild, eine Zeichnung, eine Gravüre. Ich möchte eine kleine Ausstellung mit meinem Cabaret verbinden.‹ Ging zu der freundlichen Züricher Presse und bat sie: ›Bringen sie einige Notizen. Es soll ein internationales Cabaret werden. Wir wollen schöne Dinge machen.‹ Und man gab mir Bilder und brachte meine Notizen. Da hatten wir am 5. Februar ein Cabaret.«[79]

Auf dem Gemälde von Marcel Janco, einem der Männer der »orientalisch aussehenden Deputation«, lässt sich die Offenheit nachempfinden, die ein solches Nebeneinander erzeugt. Das Zentrum ist leer, es wird umkreist von Leuten unterhalb wie auf der Bühne, das Publikum wirkt fast noch eine Spur agiler als die Mitglieder des Cabarets, die – etwas statuarisch – nahezu sämtlich gleichzeitig auf der Bühne versammelt sind, und an der Wand im Hintergrund setzt sich das Alles-auf-einmal fort in den verschiedenen futuristischen, expressionistischen, kubistischen und eigenen Plakaten, Gemälden, Manifesten und Zeitschriften.

Dass auf Jancos Bild alle gemeinsam auf der Bühne sind, entspricht dem von Ball formulierten Selbstverständnis vom »Nebeneinander der Möglichkeiten, der Individuen, der Anschauungen«. Es gibt aber auch einen Programmpunkt, der *tatsächlich* einige der Akteure zugleich aufs Podium bringt und die Idee der Simultanität auf schlichte wie wirkungsvolle Weise in eine Show-Nummer übersetzt. Es ist eine der Nummern, die bald zum festen Repertoire dessen gehört, was man von den Dadaisten erwartet; von der die Dadaisten in ihrer Selbsterzählung immer wieder stolz berichten; die sie in ihrer Zeitschrift doppelseitig abbilden; und die sie, was die Anzahl der Teilnehmer anlangt, später auf die Spitze treiben: das Simultangedicht. Der großgewachsene feine Marcel Janco, der Kraftkerl Huelsenbeck und der kleine listige monokolbewehrte Tristan Tzara sprechen, singen, pfeifen durcheinander, Janco auf Englisch (»I love the ladies, I love to be among the girls«), Huelsenbeck auf Deutsch (»In Joschiwara dröhnt der Brand und knallt mit schnellen Peitschen um die Lenden«), Tzara auf Französisch (»Il déshabilla sa chair quand les grenouilles humides commancèrent à bruler«), ein rhythmisches Zwischenspiel sorgt für kurze Synchronie. »Der Admiral sucht ein Haus zur Miete« (»L'amiral cherche une maison à louer«) heißt das Gedicht, und es überrascht einen nicht, dass der Admiral nicht fündig wird, »L'Amiral n'a rien trouvé«.

Aber so weit sind wir noch nicht. Noch ist Hugo Ball Dramaturg in München und steckt nach den Begegnungen mit Kandinsky voller Tatendrang. Ball jongliert mit derart vielen Projekten, dass er sie in einem Jubelbrief an die Schwester nurmehr aufzählt und durchnummeriert: moderne Matineen an den Kammerspielen, eine Anthologie zur expressionistischen Lyrik, Aufsätze in der *Aktion*, vor allem aber das Vorantreiben eines gemeinsamen Projektes mit Kandinsky. Erste

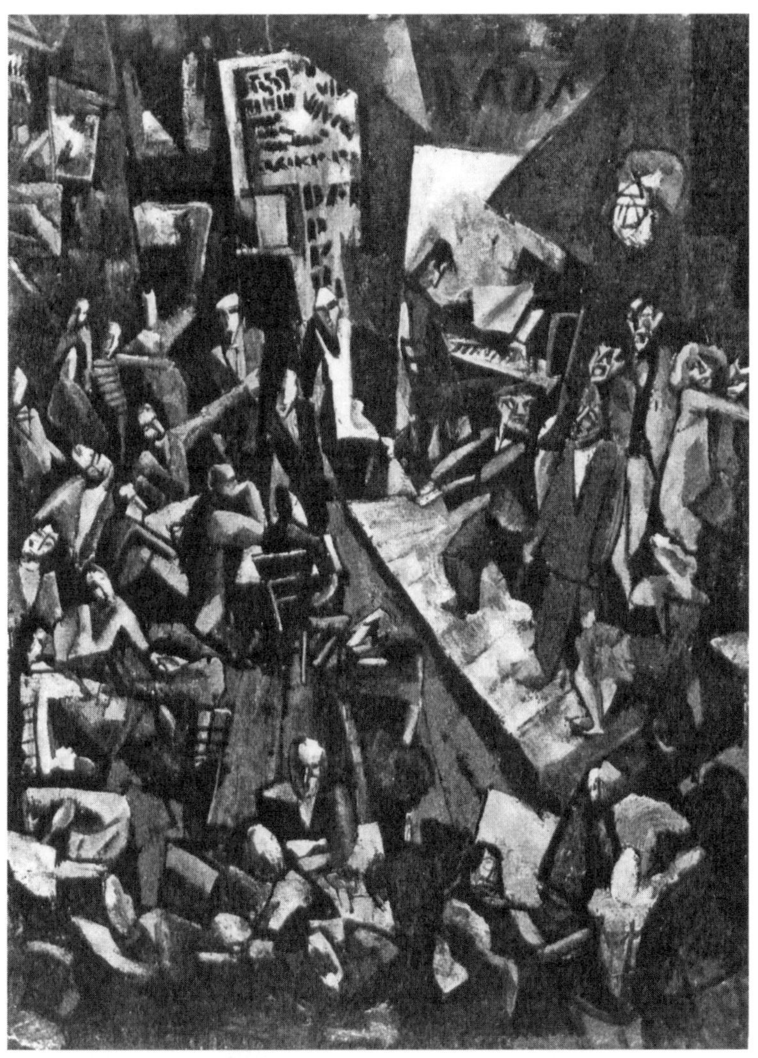

Marcel Janco: Cabaret Voltaire, 1916
(Stadtarchiv Zürich)

Etappe: eine Anthologie zum »Expressionistischen Theater« nach dem Muster des *Blauen Reiters*. Ball ist derart beschwingt, dass davon auch die Dramaturgenarbeit profitiert: »Unser Theater wird 1914/15 vielleicht das *interessanteste* Deutschlands sein.«[80] Damit hätte Hugo Ball möglicherweise sogar recht gehabt. Wenn nicht der Krieg dazwischengekommen wäre, der all seine Pläne zu Makulatur machte.

POLITIK ODER KUNST. ODER BEIDES?

Rosa ist keine moralisch gefestigte Frau. Die Hemmungen, mit einem x-beliebigen feschen Mann ihre Ehe zu brechen, sind nicht allzu groß, allein sie schafft es einfach nicht. Denn ihr Mann ist Schutzmann, und Rosa ist derart dem Fetisch Uniform erlegen, dass gar nicht daran zu denken ist, mit einem anderen Mann etwas anzufangen: Diese Uniform erst macht sie »zum Weibe, zu etwas Weichem, Bleichem, Zitterndem, Ueberwältigtem«.[81] So steht es 1913 in einer Glosse eines damals beliebten Autors im *Sturm*.

Ball lässt sich 1916 in einem Kostüm, das seine Bewegungsfreiheit stark einschränkt, auf die Bühne tragen, das Gesicht ist das Einzige, was als Rest von Lebendigkeit und Menschlichkeit noch übrig ist, ansonsten steht eine lebensgroße Puppe vor den Zuschauern. Balls Outfit stehe für die »höchste Betonung von Körperverneinung, ein einziger Stehkragen der wilhelminischen Sexualangst«,[82] meint der Schriftsteller Thomas Kling. Die Geburt der (wilhelminischen Polizei-)Uniform aus dem Geiste einer fragwürdigen Erotik wird in der Glosse erahnt. Und Erich Mühsam schreibt in seiner Zeitschrift *Kain*: »Das Rückgrat der Menschen passt sich verkrümmten Uniformen an.«[83] Ist Balls eingeschnürter Bewegungsverhinderungsauftritt also eine politische Demonstration: Seht her, hier stehe ich, ich kann nicht anders in dieser Gesellschaft, die das Individuum und seine Vitalität einschnürt, unifomiert?

Das wäre doch die einzige denkbare Rechtfertigung für solch einen Nicht-Auftritt. Denn was soll die Müdigkeit, wozu die Verkomplizierung, was bringt das innere Noch-mal-Aufbauen der Welt? Gibt es nicht genügend Anlass, die *reale* Welt neu zu bauen, wäre das nicht ein probater Gegenstand für all die Jünglinge, die nicht so recht wissen, wohin mit ihrer Kraft? Die Vielzahl der Möglichkeiten, mit der sich die Welt zu Beginn des Jahrhunderts präsentiert: Steht sie nicht in schreiendem Kontrast zur Muffigkeit des Kaiserreichs? Die rasante Industrialisierung brachte den Adel, der mit der Landwirtschaft seine ökonomische Basis schwinden sah, dazu, nur umso beharrlicher an seiner politischen Vormachtstellung festzuhalten, und führte am anderen Ende des Gesellschaftsspektrums zu einer Verschärfung der prekären Lage der Arbeiter. »Es ist dieselbe breite Bettelsuppe armer und kümmerlicher Existenzen, auf der die paar Reichen wie Fettaugen schwimmen«,[84] schreibt Werner Sombart. Und Heinrich Mann hat mit seinem Roman *Der Untertan* der Obrigkeitshörigkeit im Kaiserreich ein bitteres Denkmal gesetzt.

»Nolo will ich mich nennen – nolo: ich will nicht! Nein, ich will in der Tat nicht! Nein, ich will nicht mehr all die unnötigen Leiden sehn, deren die Welt so übervoll ist; mich all den Torheiten fügen, die uns die Freude rauben; das Glück in all den Ketten hängen, die unsere Füße hindern, auszuschreiten, und unsere Hände, zuzugreifen. Ich will nicht mehr mit ansehen, wie ungerecht und chaotisch des Lebens höchste Güter – Kunst und Wissen, Arbeit und Genuss, Liebe und Erkenntnis – verstreut liegen. Ich will nicht mehr – nolo!«[85] So hatte es bereits 1902 der 24-jährige Erich Mühsam in die Welt gerufen und ließ dem Verneinungspathos Gestaltungslust folgen: »Lindern will ich die Leiden und sprengen die Fesseln, soweit meiner Sprache Kraft reicht.« Gesagt, getan: Mühsam, mit seiner wilden Mähne »Feind aller Friseure« und sonstiger Beschneider, schließt sich dem Sozialistischen Bund um Gustav Landauer an und bringt seiner Sprache Kraft in der Ein-Mann-Zeitschrift *Kain* zum Ausdruck.

Das ist vorbildlich, gerade für einen Schriftsteller aus deutschen Landen. Denn die stehen spätestens seit Heinrich Manns Essaysammlung *Geist und Tat* unter dem Verdacht, sich lieber in eine heimelige Mystik zurückzuziehen, anstatt sich auf das Schlachtfeld des Politischen zu begeben, so wie es laut Mann immer schon zum Selbstverständnis des französischen Schriftstellers gehört und wie es die Zeit erfordert.

Auch der Publizist Ludwig Rubiner liest in den Jahren vor dem Krieg den deutschsprachigen Schriftstellern in seinem programmatischen, auf zwei Ausgaben der *Aktion* verteilten Essay »Der Dichter greift in die Politik« gehörig die Leviten. Der deutsche Dichter dürfe sich nicht zu schade sein, sich im Getümmel der gesellschaftlichen Auseinandersetzungen auch mal schmutzig zu machen. »Schreiben Sie; wozu sind Sie denn da!«, ruft Rubiner in einem anderen Essay den Dichtern zu: »Pathetisch, rhetorisch, mit Lärm, ganz gegen Ihre Gewohnheit; auch wenn Sie sonst den vornehm Zurückgezogenen markieren. Machen Sie diese Sache öffentlich, benutzen Sie alle Mittel, die Ihnen einfallen, von den direkten bis zu den schmierigsten!«

Hugo Ball ist für einen solchen Aufruf tatsächlich nicht der schlechteste Adressat, denn das Lärmende, die direkte politische Aktion sind seine Sache so gar nicht. Aber stellt nicht auch dafür das Konzept der Simultanität eine reizvolle Lösung bereit? Ist sie nicht möglicherweise das wahrhaft zeitgenössische Instrument für die politische Subversion, jenseits allen Geschreis und Aktionismus? Ein wirkliches Nebeneinander kann es ja nur geben, wenn die Elemente gleichberechtigt sind, wenn sie aus allen hierarchischen Beziehungen herausgelöst wurden. »Alles was System, Organisation, Charakter etc heisst fordert ›Subordination‹. Alles dagegen, was Kunst, Freiheit, Kultur heisst erfordert ›Co-ordination‹, Nebeneinander der Möglichkeiten, der Individuen, der Anschauungen etc. Das ist doch so klar!«,[86] schreibt Ball. Simultanität ist, so verstanden, auch eine politische Figur. In Kandinskys Bildern entdeckt Ball eine »grandiose Freiheit«, denn: »Jede Form, die hinzudrängt, hat Platz, findet ihren Platz im

Kosmos. Nichts wird unterdrückt. Alles darf blühen, schweben, dasein, mit Jubel, Schrei und Trompete.«[87] Der junge Intellektuelle Walter Benjamin schreibt in den ersten Jahren des neuen Jahrhunderts anhand eines scheinbar unzeitgenössischen Gegenstands – der Lyrik Hölderlins – von dem umstürzlerischen Potential, das darin liegt, wenn eine Subordination zu einem Nebeneinander gemacht wird: »So daß hier, um die Mitte des Gedichts, Menschen, Himmlische und Fürsten, gleichsam abstürzend aus ihren alten Ordnungen, zu einander gereiht sind.« Und auch Schönberg spielt in seiner Harmonielehre, die das Zwölftonsystem inauguriert, mit der Bildwelt vom gesellschaftlichen Umsturz: »Die Tonalität muß in Gefahr gebracht werden, ihre Herrschaft zu verlieren, den Selbständigkeitsgelüsten und Meutereibestrebungen muß Gelegenheit gegeben werden, sich zu betätigen«.[88] Die Akkorde, die die Tonalität zu sprengen drohen, nennt er »vagierende Akkorde«, die »sozusagen überall heimatsberechtigt und doch nirgends seßhaft« seien: Der Akkord wird zum »Kosmopolit« oder »Landstreicher«.

Wie aber lässt sich das auf die echten Vagabunden und Landstreicher übertragen? Der Schriftsteller Erich Mühsam mag vielleicht nicht sonderlich musikalisch sein, aber er ist enttäuscht genug von den organisatorischen Monstren und dem reformatorischen Kleinmut, zu dem die große Erzählung des Sozialismus verkommen ist, um Anarchist zu werden. Was dem marxistischen Intellektuellen das Proletariat, ist dem Anarchisten die Schicht darunter, das Lumpenproletariat: »Kainsöhne sind das, deren Opfer nicht verlangt, nicht angenommen wurde; so wurden sie zu Brudermördern und irren nun durch die Welt als Gezeichnete – unstet und rastlos. Ich frage mich: Sind unter diesen Arbeitsscheuen, Verbrechern, Lumpen, Vagabunden, Gesunkenen nicht solche, denen man durch Aufzeigen eines neuen menschlichen Ziels Halt und Hoffnung geben könnte?«[89] Aus dem Abhub der gegenwärtigen Gesellschaft will Mühsam die Kerntruppe einer besseren rekrutieren: »Das ist euer Wert: diese trotzige Entschlossenheit, euer Drang nach unbedingter Unabhängigkeit«,[90] ruft er ihnen zu. Mit denen, deren einzige Gemeinsamkeit darin liegt, aus der Gesellschaft herausgefallen zu sein, eine neue Gemeinschaft bilden zu wollen ist ein paradoxes Unterfangen. Für Mühsam ist es gerade die Entfaltung dieses Paradoxons, was die so schon von den Zeitgenossen vielbestaunte und vielkommentierte Boheme im Kern ausmacht. Denn die Boheme lebt das einzige Merkmal, das sich in der Selbstinterpretation Mühsams aus einem kompromisslosen »Nebeneinander der Möglichkeiten« herausdestillieren lässt: Sie will kein wie auch immer gestaltetes Unter- und Übereinander zulassen und keinerlei Definition haben, die ja nur wieder zu »System, Organisation, Charakter« führen würde. »Immer wird der Bohémien ein Sonderling sein, und schon deshalb wäre es lächerlich, ein Schema für die Lebensweise der Bohême aufzeigen zu wollen«,[91] schreibt Mühsam, denn: »Was in Wahrheit den Bohémien ausmacht, ist die radikale Skepsis in der Weltbetrachtung, die gründliche Negation aller konventionellen Werte, das nihilistische Temperament.«

In München und Berlin gibt es Hauptquartiere für solche Sonderlingsansammlungen. Das Café Stephanie und der Alte Simpl sind in München nur ein paar Häuserblöcke voneinander entfernt, das Café des Westens am Berliner Kurfürstendamm hat mit »Café Größenwahn« einen adäquaten Spitznamen bekommen. Weil nach dem Kriegsausbruch die Bohemiens aus den Cafes aller Städte nach Zürich kommen, wird es dort enger. Im Café de la Terrasse und vor allem im Café Odeon, nur eine Straße entfernt am Platz Bellevue am Ende des Zürichsees, sind sie in der Hauptsache anzutreffen. Und wenn dann einige der Sonderlinge zusammen eine Unternehmung in Angriff nehmen, wenn sie also als nihilistische Temperamente dazu gezwungen sind, gemeinsam an etwas zu arbeiten, dann erproben sie ein anarchistisches Gemeinwesen en miniature.

Die kleine Gruppe, die sich aus der Zürcher Boheme heraus zusammenfindet, das Cabaret Voltaire bespielt und bald den Namen »Dada« erfindet, erbt das paradoxe Pathos einer Gemeinschaft aus Menschen, die keiner Gemeinschaft mehr angehören wollen. Und setzt es programmatisch ins Zentrum ihrer künstlerischen Unternehmung. Tzara wird sich 1918 in seinem großen Manifest zu Dada, das semantische Verwirrungen auf die Spitze treibt, einige wenige einfache und klare Sätze gönnen, darunter: »So entstand Dada aus einem Bedürfnis von Unabhängigkeit, des Mißtrauens gegen die Gemeinsamkeit.« Und er destilliert aus der gemeinschaftslosen Gemeinschaft das Maximum an Pathos: »Die zu uns gehören, behalten ihre Freiheit.«[92]

Noch bevor die Mitglieder des Cabaret Voltaire also irgendetwas auf der Bühne veranstalten, bilden sie schon die Keimzelle des gesellschaftlichen Projekts einer Vergemeinschaftung, die keinerlei Regelwerk für ihr Gemeinschaftswesen akzeptiert. Dada entsteht in der kurzen Zeit, in der die unterschiedlichen Charaktere des Cabarets ihren anarchischen Mini-Staat bevölkern und es schaffen, ihren fragilen Zusammenhalt auszubalancieren: »Wir sind fünf Freunde, und das Merkwürdige ist, daß wir eigentlich nie gleichzeitig und völlig übereinstimmen, obgleich uns in der Hauptsache dieselbe Überzeugung verbindet. Die Konstellationen wechseln. Bald verstehen sich Arp und Hülsenbeck und scheinen unzertrennlich, dann verbinden sich Arp und Janco gegen H., dann H. und Tzara gegen Arp usw. Es ist eine ununterbrochen wechselnde Anziehung und Abneigung. Ein Einfall, eine Geste, eine Nervosität genügt, und die Konstellation ändert sich, ohne den kleinen Kreis indessen ernstlich zu stören.«[93]

»Die zu uns gehören, behalten ihre Freiheit« – dieses Vergemeinschaftungsparadox fordert auch angemessene Verkehrsformen. Es hilft, sich gegenseitig nicht zuzuhören, denn dann ist die Gefahr viel zu groß, dass einer die anderen unter irgendeine Programmatik zwingen will. Die Cabaretisten diskutieren die ganze Zeit, über den verschwundenen Gott und die verkommene Welt, vor allem aber über sämtliche Kunsttheorien der letzten Jahrzehnte, und reden sich in eine produktive statt verstrittene Rage, weil man so genau nicht hinhört. Huelsenbeck ist auch in dieser Disziplin meisterhaft.[94]

Im München von 1913 kann Hugo Ball die Idee vom Nebeneinander noch gut für sein Lavieren zwischen Künstlertum und gesellschaftlichem Engagement benutzen – das Kandinsky'sche Konzept ist das ideale Instrument zur Rechtfertigung von Balls Unentschiedenheit im politischen Engagement. »Kandinsky ist Russe«, eine Tatsache, die ihn für Hugo Ball automatisch mit gesellschaftsrevolutionärer Kompetenz ausstattet: »Die Idee der Freiheit ist bei ihm sehr ausgeprägt, auf das Gebiet der Kunst übertragen. Was er über Anarchie sagt, erinnert an Sätze von Bakunin und Kropotkin. Nur daß er den Freiheitsbegriff ganz spirituell auf die Ästhetik anwendet.«[95] Diese Anwendung hat bei Kandinsky eine deutliche Schlagseite. Anarchie verstehe man fälschlicherweise als »planloses Umwerfen und Unordnung«, schreibt er im *Blauen Reiter*, dabei sei diese vielmehr »Planmäßigkeit und Ordnung, welche nicht durch eine äußere und schließlich versagende Gewalt hergestellt, sondern durch das Gefühl des Guten geschaffen werden«.[96] Dieses Gefühl des Guten aber wird als »innere Notwendigkeit« zur Privatethik des Künstlers.

Der Typus des Kandinsky'schen Künstlers ist laut Ball der Mönch, eine Rolle, die Ball durchaus gut anstehen würde und die er nur zu gern mit politischer Relevanz nobilitiert sähe. Aber Ball ist zu begabt in der Tugend der Selbstbefragung, als dass es ihm leichtfiele, sich auf diese Weise aus der gesellschaftlichen Verantwortung zu stehlen. Also doch hinein in den Tumult der gesellschaftlichen Wirklichkeit. Das Lärmende ist Hugo Balls Sache nicht, aber das ist nicht das Problem. Für den Lärm hat er gute Freunde, noch vor Huelsenbeck ist das Hans Leybold, der aus Ball spielerische Subversion herauskitzelt: Unter dem Pseudonym »Ha-Hu-Baley« verfassen sie gemeinsam sinnverrückte Gedichte. Leybolds Lust an der Provokation ähnelt der Huelsenbecks, aber Leybold ist wendiger, sprachverliebter, charmanter. Mit Leybold gründet Ball die Zeitschrift *Revolution*, unmissverständlicher kann ein Titel nicht sein. Aber *Revolution* ist keine politische Zeitschrift, der Titel ist »mehr stilistisch gemeint als politisch«.[97] Erich Mühsams gleichnamiger Beitrag gibt die Marschrichtung vor, Revolution sei wie ein ausbrechender Vulkan, wie eine Bombe, aber eben auch wie eine sich entkleidende Nonne, heißt es da. Und unter den verschiedenen Formen des Revoltierens finden sich neben dem Tyrannenmord unter anderem das Schaffen eines Kunstwerks und der Geschlechtsakt. Gott und Leben seien Synonyme für Revolution, aber eben auch: Brunst, Rausch, Chaos. Die Handlungsanweisung, mit der Mühsam seine Leser aus diesem Kurzmanifest entlässt, lautet denn auch: »Laßt uns chaotisch sein!«

Man möchte meinen, dass sich unter diesem kleinsten gemeinsamen Nenner zahlreiche Sympathisanten zusammenfinden könnten. In einschlägigen Boheme-Kreisen kommt das neue Blatt auch gut an: »Zeitungspapier, zehn Pfennig, ohne Bibliophilie und Linienschmus –: bravo, bravo!«, applaudiert das in diesen Dingen kenntnisreiche Café Größenwahn. Aber: Wo bleibt die Revolution? »Zu wenig Dolche, Schwerter, Fahnen«, heißt es, und vernichtend: Keine Raubtiere stünden hinter den Zeilen, sondern »zart-diffuse Egozentriker«.

Leybold lässt sich nicht lange bitten und antwortet mit einer wortreichen, aber von aller inhaltlichen Konkretion entleerten Geste des Widerstands, »Kampf gegen Seiendes, für Keimendes«. Es soll ein Wall gegen die »Sintflut des Bestehenden« gebaut werden. Wenn der aber erst mal steht, ist er ja seinerseits Bestandteil des Bestehenden und soll ebenfalls wieder eingerissen werden. Das zu bekämpfende Seiende lässt sich nun beliebig auffüllen, und der Spaß besteht zu nicht geringem Anteil darin, die Armada der Agenten des Seienden durch immer weitere Skurrilitäten anzureichern: »Gegen Kunstportiere, Kulturportiere, Avenariusse, Scharrelmänner, Obskuranten, Schwärzlinge, Hertlinge, Hohlwege, Panteutschisten, Stagnaten, Kastraten.«

Ball und Leybold treffen sich mit Mühsam in der inhaltlichen Entleerung politischer Aktion, aber sie kommen aus entgegengesetzten Richtungen. Mit Leybold und Ball haben sich zwei gefunden, die einiges unternehmen würden, um möglichst lange im Modus der bloßen Spielerei verbleiben zu dürfen, um möglichst lange den

Moment hinauszuzögern, wo man um eine klare politische Aussage oder gar Tat nicht mehr herumkommt. Von Ernst Mühsam, den sie in dieser Hinsicht als Kronzeugen anrufen könnten, unterscheidet sie das Ausmaß der Erfahrungen und Enttäuschungen in der politischen Organisation.

Mühsam muss erleben, dass die Vagabunden die in sie gesetzten Hoffnungen nicht im Ansatz erfüllen. Dass sich die Kainssöhne nicht in eine politische Organisation zusammenpressen lassen, war ja der Plan, aber das komplette Fehlen irgendeiner Vision vom gemeinsamen besseren Leben überrascht Mühsam dann doch. Mühsam erklärt ihnen den Zusammenhang zwischen repressiver Gesellschaft und Verbrechen, aber sie verstehen das nur als Rechtfertigung, ihre unpolitischen, kleinkriminellen Unternehmungen fortzusetzen. Mühsam ist frustriert. Auch die Gründung einer eigenen Aktionsgruppe namens »Tat« mit dem Maler Georg Schrimpf und den Schriftstellern Oskar Maria Graf, Leonhard Frank und Franz Jung erweist sich als wenig zielführend, die Gruppe verliert sich in Debatten und inneren Streitereien. Eine Erfahrung, der sich Leybold und Ball nicht ausgesetzt haben. Gleichwohl arbeiten oder spielen sie genau an dem Punkt weiter, den Mühsam erreicht, wenn er Anarchismus nurmehr strukturell definiert als Widerstandsformation gegen jegliche Vereinnahmung, und sei es von sozialistischer Seite. Die bloße Geste der Negation ist das, was übrig bleibt, wenn sich jede Form der politischen Organisation als strukturell unterdrückend herausgestellt hat.

Der Krieg lässt für Ball diese Extremverknappung politischer Energie wieder aufbrechen. Ball ist wie die meisten seiner Generationsgenossen kriegsbegeistert und stellt sich mit dem Schriftsteller Klabund als Kriegsfreiwilliger. Beide werden aus gesundheitlichen Gründen abgewiesen, Ball fährt trotzdem in Frontnähe. Sein Bericht für die Lokalzeitung ist emotionsbefreit und nüchtern, nur ganz schüchtern dringt ein erwachendes Interesse an den grausamen Absurditäten durch, die der Krieg erzeugt. So wie André Breton als Hilfsarzt im

Lazarett die Fehlfunktionen bei Kopfverletzungen beobachten kann, berichtet Ball von einem »schwerverwundeten Dragoner, Kopfschuß, mit blauem Gesicht und hervorgequollenen Augen, den man spät in der Nacht am Waldrand noch gefunden hatte. Man brachte ihn unter in einem mit Stroh bedeckten Schuppen, wo er auf allen Vieren zwischen Toten und Verwundeten unstät umherkroch.«[98] Im September nimmt sich der Soldat Leybold das Leben, obwohl die Syphilis, die man bei ihm diagnostizierte, eine heilbare war.[99]

Ball fährt nach Berlin, eine Stadt, die ihm jetzt besser gefällt als München mit seiner Gemütlichkeit, die sich spätestens mit Kriegsausbruch überlebt hat: »Die Stadt hat Initiative, Energie, Intellekt. [...] Wenn es stimmt, dass mein Temperament revoltäre Instinkte hat, so wird mir allmählich klar, weshalb ich in München auf die Dauer hätte verkommen müssen.«[100] Und jetzt wird das Revoltäre auch ideologisch unterfüttert, Ball beginnt eine intensive Lektüre der Klassiker des Anarchismus, liest Kropotkin und Bakunin, kommt in Kontakt mit Gustav Landauer. »Hier geht ein neues Leben los: anarcho-revolutionär (so heisst mans glaub ich). Widersprechend (ohne eigne Widersprüche). Aktiv. ›Taten will ich sehen‹. Immer wieder von unten anfangen. Untersuchen, bohren, bohren bohren. Gedichte? – Dieses verlange nicht, mein Sohn!«[101] Ball schraubt die Erwartungen an sich hoch. Die erste Tat, die er bei sich selbst sehen kann, ist ein Brevier zum Werk von Michail Bakunin. Natürlich, auch das ist wieder »nur« ein publizistisches Projekt. Aber Ball erhöht den Einsatz.

Mit Huelsenbeck veranstaltet er im Februar 1915 eine Gedächtnisfeier für gefallene Dichter, an Ernst Stadler soll erinnert werden, Kurt Hiller spricht über Ernst Wilhelm Lotz, Ball über Leybold. Sie verschicken mit der Programmankündigung ein Manifest, das mit derselben Technik der bloßen Geste des Widerstands operiert, wie sie Leybold in seinen Statements zur *Revolution* vorgemacht hat: »Wir werden immer ›gegen‹ sein«,[102] lautet der Kernsatz, der auch hier von einer Typologie von Rollen umspielt wird, die für das zu Bekämpfende stehen: »Wir werden zu Felde ziehen gegen die Gehirnwesen, Geistlinge, Systemlinge. Gegen die ›Programmatiker‹ und Sektenbildner.« Allerdings überwiegt bei weitem die Aufzählung all jener Rollen, die dieses Dagegen auszufüllen imstande sind. Die Negationisten, die Ball und Huelsenbeck sein wollen, haben einen ganzen Schrank voll Gewänder: »Mystiker des Details, Bohrlinge und Hellseher, Antikonzeptionisten und Literaturstänker.« Und in dieser fröhlichen Parade stecken ebenso vielfältige Tätigkeitsmöglichkeiten: »Aufreizen, umwerfen, bluffen, trietzen, zu Tode kitzeln«, ja sie hat sogar eine Art Programmatik: »Wir propagieren den Stoffwechsel, den Saltomortale, den Vampyrismus und alle Art Mimik.« Das Negationistische ist bunter geworden, aber es tänzelt seinen Verweigerungstanz immer noch auf ein und derselben Stelle.

Allerdings ist diese Geste in dem Maße politischer geworden wie die Welt, in der sie stattfindet. Huelsenbeck und Ball gedenken auch des französischen Autors Charles Peguy. Und egal, in welcher Form sie das tun – allein *dass* sie es tun, ist im ersten Jahr des Ersten Weltkriegs eine politische Manifestation. Ball war der engere Freund Leybolds, insofern war klar, dass er die Rede auf Leybold hält. Huelsenbeck ist kein besonderer Spezialist für Peguy, auch dessen Würdigung wäre bei Ball, der Peguys Schriften kennt und schätzt, gut aufgehoben gewesen. Aber Huelsenbeck braucht auch jemanden, den er würdigen kann, und wo wäre die Rede auf einen französischer Autor besser platziert als bei Huelsenbeck, der allein diese Tatsache als Provokation weidlich ausgenutzt haben wird.

Der zweite Abend, den Ball und Huelsenbeck in Berlin gemeinsam bestreiten, hat abermals eine klare politische Ausrichtung, Huelsenbeck spricht über Spaniens Politik, Ball unter dem Titel »Rußlands revolutionäre Idee« über Bakunins Sicht auf Bismarck und Marx. Aber es kommen kaum Zuhörer, und die Presse verschweigt den Abend komplett.

Trotzdem veranstalten sie einen Monat später eine dritte, als »Expressionistenabend« annoncierte Zusammenkunft. Nach dem politischen Abend sind wieder mehrere Akteure involviert, es kommen musikalisch begleitete Gedichte unter anderem von Rilke und Nietzsche zum Vortrag, Johannes R. Becher und Emmy Hennings lesen eigene Gedichte. Als die bewährte Vortragskünstlerin Resi Langer Gedichte des gefallenen Alfred Wolkenstein vorträgt, empört sich ein Freund des Verstorbenen, der die Art und Weise des Vortrags als unangemessen empfindet. Es entsteht ein Gerangel zwischen Bühne und Publikum. Der Tumult ist ein idealer Nährboden für Huelsenbecks Auftritt, der zum ersten Mal eigene Gedichte zum Vortrag bringen wird. »Nacht, Nacht, sternenklar,/ du bist die Liebe, die ewig war«, beginnt ein Gedicht noch aus der Phase des bereits zitierten »Gebets«. In der Zwischenzeit hat sich Huelsenbeck dem lyrischen Zeitgeist angenähert, und es klingt wie eine direkte, expressionistisch korrekte Antwort auf den früheren Versuch, wenn ein in der *Aktion* gedrucktes Gedicht mit den Zeilen anhebt: »Wir kennen nicht die Sterne und die Nacht,/ Und nicht den Nebel, der sich wiegt auf Grüften;/ Wir wiegen uns in unsern fetten Hüften,/ Die Zimbel klittert und die Pauke kracht.«[103]

Aber jetzt, beim Expressionistenabend, dreht Huelsenbeck die Wortschraube noch eine Windung weiter und spricht in den Tumult erfundene »Negergedichte« hinein. Das Interesse an außereuropäischen Kulturen als Gegenentwurf zu einer sich kompromittiert habenden Zivilisiertheit ist groß, Primitivismus en vogue. Carl Einsteins Buch *Negerplastik* ist dafür ein vielrezipiertes Beispiel. Aber für Huelsenbeck ist dieser Primitivismus purer Anlass, purer Stoff. »Ich las selbstverfertigte Negergedichte, umba-umba-umba, die Neger tanzen auf den Bastmatratzen, obwohl mich die Neger einen Dreck angehen und ich sie wirklich nur aus Büchern kenne«,[104] notiert er in der Rückschau über den Abend. Endlich hat Huelsenbeck ein Mittel gefunden, nicht mehr den Umweg über irgendeine Bedeutung gehen zu müssen, sondern nun kann er die richtungslose Kraft direkt in klanglautlichen Primitivismus stecken. Die vorgetragenen Gedichte sind leider nicht überliefert, womöglich klangen sie so ähnlich, wie es später in den *Phantastischen Gebeten* umba-umbat: »Tschupurawanta burruh pupaganda burruh/ Ischarimunga kamo.«[105] Zumindest, so viel ist sicher, endete jede Zeile mit einem »Umba! Umba!« Ins Umba hat sich die ganze Energie des Negationistischen zusammengezogen. Es gibt kein Gegenrezept, kein alternatives System, sondern nur Bluff, Trietz, Kitzelei, ach was, viel zu viel der unschön unrhythmischen Worte, lieber ein »Umba! Umba!«. Das Publikum reagiert adäquat, es ist aufgeregt in allen Wortsinnen, es ist in seiner Empörung angesteckt. »Als er endete und hinausging, rief ihm der ganze Saal ›Umba! Umba!‹ nach«.[106] Es ist kein verstocktes, per se konservatives Publikum, »ernste junge Männer mit schwarzumrandeten großen Brillengläsern«[107] hat die Presse gesichtet und vermerkt maliziös, dass die Modernen sich nun schon untereinander zerfleischten. Aber genau das ist die ins Ästhetische gestülpte politische Aktion: das Sich-Aufregen, In-Wallung-versetzt-Werden, man grölt mit, egal auf welcher Seite. Was ein anständiges Ritual ist, das hat seinen zu verlachenden Bösewicht, und es hat die Selbstbefeierung seiner Teilnehmer in der Ekstase. Das Publikum in Bewegung zu bringen, es an der Show teilhaben zu lassen ist für Huelsenbeck kein wohlüberlegtes Programm, es entsteht im Ausprobieren der Kunstform Bühne.

Völlig klar, dass Ball sein Cabaret Voltaire auf Dauer nicht ohne den Aufreger Huelsenbeck sehen will. Anfang Februar 1916 kommt dieser endlich in Zürich an und macht Balls Ruf alle Ehre. Sofort wird der Rhythmus verstärkt (mit Huelsenbecks Worten: der Negerrhythmus), er »möchte am liebsten die Literatur in Grund und Boden trommeln«,[108] »Hoosenlatz« ruft Tzara voller Begeisterung in seiner *Chronique* der Zürcher Dada-Zeit aus, seine Freude an diesem schrägen deutschen Wortungetüm ist schier unerschöpflich. »Hoosenlatz«: viel besser noch als »Umba-umba«, weil rhythmisch raffinierter, wie ein Peitschenknall, der sich mit dem »oo« nach Belieben herauszögern lässt. Dass es der offene Hosenlatz eines Priesters ist: Klar doch, geschenkt, das macht die Lust an der übertriebenen Artikulation nur noch größer, aber im Grunde ist »Hosenlatz« eines dieser Wörter, die eine ideale Begleitung sind für die Trommel, das Brüllen, das Pfeifen und Gelächter. Ball nennt im Tagebuch alle Lärmquellen auf einmal, denn natürlich gehören sie zusammen, wer will so kleinlich sein und bemerken, dass nur die Trommel das bald nicht mehr wegzudenkende Begleitinstrument Huelsenbecks ist und der Rest vom Publikum kommt. Es ist eine gemeinsame Nummer unter Aufgeregten.

VIVA EMMY

Rudi Dutschke war kein großer Kinogänger, aber einen Film hat er sich gerne und immer wieder angesehen: Louis Malles »Viva Maria«. Das erstaunt insofern, als dem mit allen Wassern des historischen Materialismus gewaschenen Theoretiker die unbedarfte Energie und Attraktivität, mit der Jeanne Moreau und Brigitte Bardot die Revolution in einem lateinamerikanischen Land zum Erfolg führen, doch eigentlich etwas suspekt gewesen sein müsste. Aber der Film durchschlägt mit großem Spaß den gordischen Knoten, in den sich die Achtundsechziger mit ihrer Theorie von der repressiven Toleranz und dem allgemeinen gesellschaftlichen Verblendungszusammenhang gefesselt haben. Was tun, wenn die spätkapitalistische Gesellschaft ihre Teilnehmer so dicht in ihren Kokon eingewoben hat, dass es unmöglich geworden ist, einen Ort außerhalb einzunehmen, von dem aus Kritik geleistet werden könnte? Man entdeckt den kolonial Unterdrückten, ihm kommt nach dem Proletarier die Rolle des historisch entscheidenden Subjekts zu. Ebenso wie dem Kolonisierten, den man mittels sorgsamer Exerzitien in sich selbst aufspürt. Otto Gross, der Psychoanalytiker, von dem das Zitat über die Probleme der menschlichen Assimilationsfähigkeit angesichts einer unsortierten Umwelt stammt, formuliert in den 1910er Jahren diese theoretische Figur zum ersten Mal. Er ist alles andere als überrascht darüber, dass Mühsams Vagabundenhoffnung enttäuscht wurde. Er geht ohnehin davon aus, dass Revolutionen wirkungslos verpuffen und in einem »hastenden

Sicheinordnenwollen in allgemein geltende Normalzustände«[109] enden. Warum? Weil sie den Kern des Problems nicht treffen. Weil jeder Revolutionär das Reaktionäre in seinem Inneren mit sich herumschleppt, da kann er gesellschaftlich so viel revolutionieren, wie er will. Für eine wirkliche Umkrempelung der Verhältnisse bedarf es noch einmal einer Zuspitzung des Subjekts der Revolte. Es ist: die Frau.

Der Freud-Schüler Gross wird seinem Lehrer in einer entscheidenden Hinsicht widersprechen: Er wendet die klinischen Befunde der jungen Wissenschaft ins Gesellschaftskritische. Seine Nacherzählungen der Adoleszenzgeschichten sind keine kunstvollen Exegesen, sondern klare Kampfansagen. »Zur Differentialdiagnostik negativistischer Phänomene« oder »Das Freud'sche Ideogenitätsmoment und seine Bedeutung im manisch-depressiven Irresein Kraepelins« lauten seine vielbeachteten wissenschaftlichen Wortmeldungen, aber er kann auch anders. Wenn er das Feld der Wissenschaft verlässt – und für ihn wird die Psychologie prädestiniert sein, um ihre wissenschaftlichen Erkenntnise für die Gesamtgesellschaft fruchtbar zu machen –, dann heißen seine Essays »Zur Überwindung der kulturellen Krise« und »Vom Konflikt des Eigenen und Fremden«. Mit dem letzten Titel sind die Fronten klar benannt. In Gross' Erzählung der individuellen menschlichen Entwicklung werden alle eigenständigen Regungen von den Agenten der Gesellschaft, in die das Kind hineinwächst, niedergemacht. Das Kind aber ist wehrlos und auf die Fürsorge derer, die es umgeben, angewiesen. »Sei einsam oder werde, wie wir sind«, lautet die Nicht-Alternative. Also nimmt das Kind das Fremde an, die äußere Autorität wandert ins Innere, und da ist sie auch noch, wenn der inzwischen junge Mann die gesellschaftlichen Umstände umgewälzt haben sollte. Deswegen klappt das laut Gross nie.

Der Agent der Autorität ist die Familie, sie wird in ihrer momentanen Organisation zur Angriffsfläche für Gross. Auch hier modifiziert er Freud. Sexualität, so wie sie am Anfang des 20. Jahrhunderts organisiert und praktiziert wird, ist aus seiner Sicht keine anthropologische Konstante, sondern gesellschaftlich vermittelt. Und so rückt die Rolle der Frau ins Zentrum aller Fragen nach einer besseren Gesellschaft. Denn Gross folgt den zu der Zeit modischen Annahmen eines Mutterrechts als Urorganisation menschlicher Gemeinschaft: »Das Mutterrecht gewährt der Frau die wirtschaftliche und damit die sexuelle und menschliche Unabhängigkeit vom einzelnen Mann und stellt die Frau als Mutter in ein Verhältnis der direkten Verantwortlichkeit der Gesellschaft gegenüber.«[110] Alles Übel begann laut Gross in einer Art menschheitsgeschichtlicher Urvergewaltigung, als die Männer dieses Verhältnis umkehrten. Die Wut auf die Vätergeneration, die für die junge Generation vor dem Ersten Weltkrieg so charakteristisch ist, findet in Gross' Schriften ihre theoretische Beglaubigung.

Dass es mit der wirtschaftlichen und sexuellen Unabhängigkeit der Frauen zu Beginn des 20. Jahrhunderts nicht weit her ist, dafür ist die Geschichte von Emmy Hennings ein Beispiel unter vielen. In den bescheidenen Verhältnissen, in denen sie in Flensburg nahe der dänischen Grenze aufwächst, ist nach einer Dienstmädchenkarriere die Verheiratung das relativ rasch erreichte Ziel. Freud hat in seiner Theoriebildung die Gefährdung eines solchen Lebensentwurfes schon früh aufnotiert. Das Tagträumen, zu dem »z. B. die weiblichen Handarbeiten soviel Anlaß bieten«,[111] disponiere zur Hysterie, ebenso wie der »in monotonem Familienleben und ohne entsprechende geistige Arbeit unverwendete […] Überschuß von psychischer Regsamkeit und Energie, der sich in fortwährendem Arbeiten der Phantasie entladet«.[112] Als Cheftheoretiker der bürgerlichen Gesellschaft pathologisiert Freud den Zustand, in den diese Gesellschaft die Frauen hineinzwingt. Ist es dann für eine junge Frau von Vorteil, wenn das laut Freud durch hauswirtschaftliche Langeweile hervorgebrachte »Privattheater«[113] in der Realität zur Anwendung kommt?

Hennings' Ehe könnte eine fortschrittliche sein. Ihr Mann ist Schriftsetzer von Beruf, Sozialist und Atheist von Gesinnung, er möchte kein Heimchen am Herd, sondern eine ebenbürtige Partnerin, mit der er die neuesten wissenschaftlichen, politischen und philosophischen Entwicklungen diskutieren kann.[114] Hennings ist traditionell erzogen, Heine- und Goethe-Lektüre würden ihr genügen, für eine bürgerliche Musterehe wäre sie ein Glücksfall: »Gern wäre ich, wenigstens noch eine kleine Weile, in einer stillen, märchenhaften Welt geblieben.«[115] Das Märchenhafte, das »Privattheater«, wird zur Lebensoption. Dazu muss Hennings ihrer Ehe nicht groß entfliehen. Theater ist ein solides Angebot, schon früh reüssierte sie bei einer vom Stenografen-Verein organisierten Aufführung, ihren Mann hatte sie kennengelernt, als ihr vom Naturheilverein die Hauptrolle in einem Lustspiel angetragen wurde. Als ihr Mann wieder ein Engagement hat und seinen Beruf aufgibt, folgt sie ihm auf die Bühne.

Wer mit so einem fatalen Talent ausgestattet ist, Hingerissenheit hervorzurufen, wie Emmy Hennings, dem fällt es leicht, von einem Engagement zum nächsten zu wechseln. Aber die Gesellschaft, die sich den Traum von Ungebundenheit, von naiver Koketterie und weiblicher Unschuld für die Dauer einer Aufführung gönnt, hat der Person, die diesen Traum so eindringlich personifiziert, nichts anzubieten. Wie in einem parabelhaften Drama fällt Hennings Stück für Stück aus der bürgerlichen Gesellschaft heraus, »Stationen des Lebens« als Gang in die Gosse. Hennings bettelt, kommt ins Gefängnis, prostituiert sich.

»Nicht Vergewaltigtwerdenwollen«, das ist eine der zentralen Forderungen von Otto Gross für eine wirklich, also nicht nur äußerlich befreite Gesellschaft. Was könnte es für eine junge Frau wie Hennings anderes als ein großes Glück, ja eine Befreiung sein, wenn sie in die Boheme-Kreise gelangt, die Gross mit seiner Lehre prägt? An Frauen wie ihr entscheidet sich laut Gross die Zukunft der Gesellschaft. Außerdem ist sie jetzt dort, wo sie ins Revolutionsbeuteschema von Mühsam passt: ganz unten, sozusagen der Supervagabund. »Hier ist nicht mehr Debatte. Hier ist die Zeit, am Körper erlebt und erlitten«, schreibt Hugo Ball über Hennings' Buch *Brandmal*, in dem sie die

Zeit beschreibt, als sie sich prostituierte. Und tatsächlich, was für eine Geschichte: Weil sie, inzwischen in der Münchener Boheme angekommen, als Maler-Modell zu den Sitzungen immer wieder zu spät oder gar nicht erscheint, schreibt sie dem Maler Rudolf Reinhold Junghanns kleine Entschuldigungsverse. Der findet die Verse talentiert und vermittelt Hennings an Franz Werfel, seines Zeichens Lektor des Kurt Wolff Verlags, bei dem ihre Gedichte 1913 als fünfter Band der Reihe »Der jüngste Tag« erscheinen. Die Autoren der ersten vier Bände sind: Werfel, Hasenclever, Kafka, Hardekopf.

Ein Glück für Frauen wie Hennings, wenn sie in Kontakt mit der Boheme kommen, fürwahr, aber erst wenn klar ist, dass sie sie überleben. Was beileibe keine Selbstverständlichkeit ist. Denn die von Otto Gross diagnostizierte Korrumpierung des Eigenen durch das feindlich Fremde setzt eine ganze Generation unter das Diktat der Autoaggression. Der Weg zum autoritätslosen Ich führt über das Abtragen all dessen, was das Ich fälschlicherweise zu sein meint. Was bleibt dann anderes übrig, als sich selbst in Brand zu setzen: Hegels bacchantischer Taumel der dialektischen Verwandlung oder Bakunins Zerstörungslust befeuern nicht nur die dichterische Einbildungskraft, sondern auch die eigene Lebenswelt. Und weil Gross mit der Verknüpfung von Befreiung des »Eigenen« und Wiederherstellung des Mutterrechts die Utopie komplett an das weibliche Geschlecht delegiert hat, werden die Frauen in den Strudel mit hineingezogen. Bevor Albert Einstein die Theorie vom Äther abschafft, lässt sich dieser als Rauschmittel noch ausgiebig für die Zerstörung des feindlichen Ichs benutzen, wahlweise verstärkt und/oder ersetzt durch Morphin. Aber auch direkt tödliche Mittel werden bereitgestellt. Gross besorgt 1906 das Gift für den Suizid einer Ascona-Immigrantin. 1911 nimmt sich ebendort seine damalige Geliebte Sophie Benz das Leben. Franz Jung begeistert die Boheme mit seinen Romanen, in denen er den Geschlechterkampf als rohes, wüstes Ringen von grob gezeichneten Archetypen inszeniert, in *Sophie. Der Kreuzweg der Demut* dient ihm Gross als Stoff. Auch Becher hat mit einem kleistisch-verschwärmten Doppelselbstmord, den er schwer verletzt überlebt, eine junge Frau auf dem Gewissen: Für sie hat die Revolverzielgenauigkeit noch gereicht.

Die Utopie ist an die Frauen delegiert. Das Ausprobieren alternativer Geschlechterverhältnisse übernehmen die Männer aber doch lieber selbst, manchmal in entlarvend eigensüchtiger Regie. Otto Gross selbst verstrickt sich derart in seine amourösen Experimente, dass man eigentlich einen Übersichtsplan bräuchte, um sie auch nur im Ansatz nachzuvollziehen. Gross heiratet 1903 Frieda Schloffer, ihr Sohn wird im selben Jahr geboren wie das Kind, das er mit Friedas Freundin, Else Jaffé, gemeinsam hat. Auch mit Elses Schwester, Frieda Weekley (beide geborene Richthofen) hat er ein Verhältnis – sie wird später, als sie sich entschließt, ihr Leben mit D. H. Lawrence zu verbringen, dem Autor von *Lady Chatterley's Lover,* ihrem Mann die Liebesbriefe von Gross überlassen, um diesen Schritt als gelebte libertinäre Philosophie begreiflich zu machen.

Wenn Frauen sich das Gleiche herausnehmen, dürfen sie nicht mit allzu großem Respekt rechnen: Mühsams Tagebücher geben ein nicht allzu rühmliches Zeugnis seiner Fähigkeit ab, mit Eifersuchtsanwandlungen umzugehen. Dass Hennings mit nahezu allen hier genannten Mitgliedern der Boheme zusammen war, bezeichnet Mühsam mit herablassender Despektierlichkeit als »naive Hurenhaftigkeit«: »Das arme Mädel kriegt viel zu wenig Schlaf. Jeder will mit ihr schlafen, und da sie sehr gefällig ist, kommt sie nie zur Ruhe.«[116] Von Bechers wüstem Bericht über Hennings haben wir bereits zu Anfang gehört.

1912 ist ein junger französischer Maler namens Marcel Duchamp in München, der, anstatt sich ins Getümmel der Boheme zu werfen, lieber die Cranach-Gemälde in der Pinakothek studiert. Und doch versucht er sich zu dieser Zeit an einem Themenkomplex, der das Getümmel ganz gut zum Ausdruck bringt. Mit Bleistift und Tinte zeichnet er auf Tonpapier etwas, das er später »Première recherche

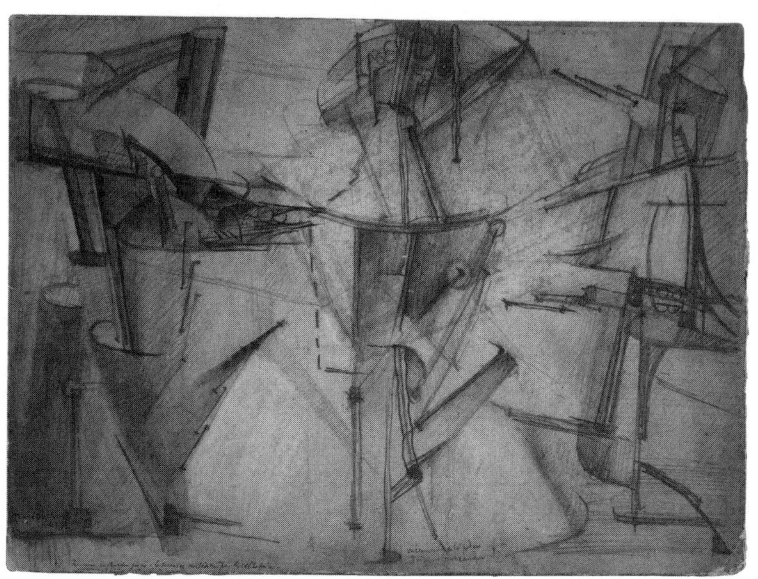

Marcel Duchamp: Erste Studie für
»Die Braut nackt entblößt von den Junggesellen«, 1912

pour: La Mariée mis à nu par les célibataires« (Erste Studie für: Die Braut nackt entblößt von den Junggesellen) nennen wird. Dieses Entblößen ist alles andere als ein erotischer Vorgang, die Junggesellen scheinen als Kartonreste von Balls Kostüm die Braut mit spitzen, technoiden Tentakeln zu bedrängen. »Mit dem Lasso haben wir gefangen/ Schöne Frauen, die wie Rehe sprangen«,[117] dichtet Klabund über die Münchener Boheme: Jagdfieber in Wahnmoching.

Hennings überlebt die Boheme, weil sie die Lücke zwischen der brutalen Authentizität der erlittenen Erniedrigungen und dem Spiel, das sie daraus macht, offenhält. Die Frau Emmy Hennings gänzlich nackt in ihrer Verletzlichkeit, »die Zeit, am Körper erlebt und erlitten«, wie Ball schreibt: Das ist ein Wunsch-, ein Trugbild – der Körper, den Ball zu lesen vermeint, er ist ein medial vermittelter. Niemand weiß das besser als Hennings selbst. Sie, die einmal in einem Fotoladen gearbeitet hat, vergleicht sich in ihren Büchern mit Kodakpapier und der Grammophonplatte, Medien, auf die sämtliches Geschwätz, sämtliche Gesten der Verführung und ihrer verführerischen Abwehr geschrieben und abgelichtet werden. Klabund vergleicht die Freier in einem Gedicht einmal mit Parlographen – einer heute vergessenen Frühform des Diktiergeräts – in denen das Geplauder aufgespeichert sei, mit denen die Prostituierten die peinliche Schweigsamkeit der Freier erträglich gequatscht haben. »Übrigens ist die Vorstellung ganz hübsch, dass in Berlin ein Parlograph zum Telefon geht und in Prag ein Grammophon, und diese zwei eine kleine Unterhaltung miteinander führen«,[118] schreibt ein Prager Freund von Max Brod, Franz Kafka. Eine solche Unterhaltung findet in diesen Zeiten ständig statt, Freier und Hure übertrumpfen sich gegenseitig im Zurückspielen dessen, was der andere in sie eingeschrieben hat. Manchmal gewinnt dabei die Hure.

Vor allem wenn zu ihren besten Freundinnen in der Münchener Boheme Lotte Pritzel gehört, die mit ihrer filigran-erotischen Puppenkunst das Körperspiel zur Profession gemacht hat. Die zarten »Wachs- und Stoffgebilde von raffinierter Eleganz, denen immer ein kindlich-verderbter Zug anhaftete«,[119] sind ideale Brunftableiter, alle Zumutungen erotischer Virtuosität lassen sich von einem selbst auf die Puppe abladen. Als Puppenspieler seiner selbst gewinnt man Souveränität über die eigenen Rollenklischees. Mühsam schwärmt von den Festen, in denen Pritzel und Hennings wirbelten, schwärmt vom »Stil des Gehabens, der in leichter Überspitzung von Gesten und Ausdrucksweisen sich selbst geistreich ironisierte. Die bekannten Wachspuppen sind Sinnbilder dieses Stils, und ein Fest bei ihr oder von ihr inspiriert, war stets in dem zu solchen Lebensformen abgestimmten Ton gehalten, der zwischen Filigran und Wortwitzen und erotischen Delikatessen schwang.«

Hennings führt ihre imaginäre Puppe eng am Körper, das macht die männlichen Teilnehmer der Münchener und Berliner Feste fast allesamt wuschig. Aber die Kluft zwischen ihr und ihrer Puppe ist dennoch breit genug, dass sie alle hineinfallen und dort ihr Selbstzerstörungswerk munter fortsetzen können.

Und wenn dann alle Dämonen freigesetzt sind, wenn sich die Nebel- und Morfinschwaden wieder lichten, wenn sich die Augen allmählich an das »resolut und mit allen Kräften erwirkte Chaos«,[120] so Hugo Ball, gewöhnt haben, was ist dann zu sehen? Ein paar haben es nicht überlebt. Einige bleiben auf dem Trip hängen. Dass das Puppen-Spiel keine kleine Kunst ist, zeigt ex negativo der »Weltende«-Dichter van Hoddis. Golo Gangi, der ihn in seiner Atelierwohnung in Berlin-Halensee besucht, erschrickt, als van Hoddis die Tür aufmacht: »das Gesicht grüngelb-changierend geschminkt, die Lippen lackiert, in einem knabenhaften Matrosenanzug mit kurzen Hosen«.[121] Nach dem Abklingen der ersten Verstörung wird Loewenson alias Gangi klar, dass diese Aufmachung nicht der Vorbereitung auf eine »erotische Orgie« galt, sondern auf »das Gruselerlebnis der leibhaftigen Identifizierung mit einer Lotte Pritzel-Puppe« zurückging.

Und irgendwo anders wird ein schmächtiges Samtkleid sichtbar, eine starr getürmte Spitzenkrause, darin aufbewahrt ein unheimliches Wesen, von aller Menschlichkeit entfernt: das Gesicht wächsern umschnürt, die gelben Haare pagenhaft gekürzt, vierjährig und verwüstet – wir begrüßen auf dem Varieté der umgekippten Verzweiflung: Emmy Hennings. Diese apokalyptische Beschreibung der Kabarett-Diseuse steht 1912 in der *Aktion*, Autor ist ein gewisser Ravien Siurlai. Das ist eines der Pseudonyme des Schriftstellers Ferdinand von Hardekopf, der als Parlamentsstenograf ein Ereignis wie den Auftritt der Hennings politisch einordnen kann: als katastrophal. Denn dieses von aller Menschlichkeit entfernte Wesen markiert die Grenze aller politischen Unternehmungen. Er hat stenografierend wohl schon einige Male erlebt, wie im parlamentarischen Verfahren »Verzweiflung und Zerstörungswut der Unterdrückten verpuffen können, gefahrlos, ohne Spuren zu hinterlassen und die Geschäfte fördernd«. Mit der Hennings wird diese Beschwichtigungspraxis Makulatur. »Denn wer kann dieses Mädchen, das die Hysterie, die Gereiztheit und die Hirn zerreissende Intensität der Literaten besitzt, hindern, zu einer Lawine anschwellend, sich auch gegen den Parlamentarismus zu wälzen«?«

Am Ende fantasiert Hardekopf gar ein von Hennings besungenes Massensterben: «Und während Emmy Hennings, sehr geschminkt, von den erbrechenden Blicken der Gestorbenen hypnotisiert [...], gefrieren wird, wird ihre Stimme über den Leichen hüpfen und sie wie ein gelber Kanarienvogel seelenvoll trällernd verhöhnen.«

Hennings auf der Bühne ist Opfertier und die Hohepriesterin zugleich. Sie zelebriert die Verruchtheit ihrer Gemeinde und verhöhnt die Erbärmlichkeit von deren Sehnsüchten, ach was, sie ist die ganze Kathedrale, der Däubler'sche »Sehnsuchtshals« des Kölner Doms ist lebendig geworden und will es bleiben: »in äußerster Verbiegung der Gotik« sieht sie Hardekopf und endet seine Schilderung mit der Warnung: »Man nehme es nicht leicht.«

Hugo Ball hat es nicht leichtgenommen, als er in den 1910er Jahren Emmy Hennings im Münchener Alten Simpl auftreten sieht. Ball wird Hennings' Lebensmensch, gemeinsam gehen sie in die Schweiz und stehen als Pianist und Sängerin in kleinen Varietés in Basel und Zürich eine Zeit voll bitterer Armut durch. »Einige von uns lebten in grauen Klausen und bekamen die irdischen Freuden spärlich zugemessen«,[122] schreibt Arp. Ball hat ohnehin das Talent zum Asketentum, jetzt kann er es weidlich pflegen, und Hennings kann ihre Technik der Verwandlung von Erniedrigung in scheinbar naives Staunen weiter verfeinern. Gemeinsam perfektionieren sie die Solidarität von Geklimper und Gesang.

Im Mikrokosmos der fahrenden Gesellen durchlaufen die schönen Theorien von Anarchie und Menschlichkeit den Praxistest in aller Härte. Gespielt wird täglich, auch vor kläglichen drei Leuten, die eigentlich nur etwas trinken wollten. Abends gilt es, die Krankheiten und Verletzungen rasch zu kurieren, so dass sie sich tagsüber wenigstens gut verstecken lassen. Wenn die Wunden des Entfesselungskünstlers nicht einigermaßen abgeheilt sind, dann kann es noch länger dauern, als die manchmal ohnehin schon dreißig Minuten, bis er stricklos aus der zugenagelten Kiste kommt. Dass der Kautschukmann nicht so viel essen darf, um seine Gelenke biegsam zu halten, trifft sich gut, es ist sowieso kaum etwas da.

Der Pianist hat es da doch noch gut. Der Pianist hat es gut? Der Pianist hat als Erstes die Pflicht, das Publikum davon zu überzeugen, dass jetzt etwas kommt, das sich anzuschauen lohnt. Er ist der Einzige, der niemals Pause hat, denn die Pausen muss er durchspielen, schwungvoll, damit die Atmosphäre erhalten bleibt, aber auch nicht zu schwungvoll, damit noch eine Steigerung möglich ist. Der Pianist spielt die ganze Zeit, all die Ranschmeißer, Einzug der Gladiatoren, Mississippi-Marsch, und am Ende das Ganze noch mal von vorne, denn es wird zweimal täglich gespielt. Und mittendrin in der Aufführung ist er der Dirigent der jeweiligen Nummer, ist er Komplize der Tagesform des Auftretenden, muss die dramaturgischen Bögen gestalten, muss auf Notfälle reagieren.

Hennings beispielsweise hat mit der weissagenden Spinne eine ebenso spektakuläre wie herausfordernde Nummer im Programm. Sie steht dazu auf einem schmalen kleinen Tisch, »die Arme sind nach rückwärts gebogen, die Hände stecken wie in einem Pflock«,[123] den Kopf kann sie nicht bewegen, ja, sie ist vertraglich verpflichtet, »die Augen geradeaus zu richten«.[124] Aber etwas anderes beschäftigt sie weit mehr als ihre unbequeme Lage. »Ewige Wahrheit, nur zwanzig Centimes!«,[125] so preist Flamingo, der Varieté-Chef, Hennings' Dienste an. »Die ewige Wahrheit kommt natürlich von mir und das finde ich komisch. Und daß sie so billig sein soll. Als wäre nicht viel wert, wonach wir verlangen«, beschreibt Hennings in der Rückschau ihre gedanklichen Fluchten während eines solchen Auftritts. Und sie erinnert sich, dass Fantasien über die Erhöhung des Einsatzes ihr Freude bereiteten. Denn so körperlich stillgestellt, wie sie die Nummer vollziehen muss, fallen die Gedanken darüber leicht, wie es wäre, »unter dem Wahrsagen zu verenden«: »Ein Theatertod, ein richtiger Varietétod wäre eigentlich das Gegebene für mich. Man möchte doch die Wahrheit sein, nicht nur scheinbar und wenn man mich in meinem Netz erdrosselt vorfände, wäre ich die Wahrheit. Noch im letzten maskiert.« Während sie so weiterdenkt und weiter wahrsagt, fällt sie in Ohnmacht, Hugo Ball merkt es sofort, denn da sie nicht zu ihm gucken darf, haben sie einen Blinzelcode verabredet, er trägt sie in die Garderobe, das Spinngewebe hängt ihr noch um den Hals.

Im Juli 1916 also erscheint Hugo Ball auf der Bühne des Zunfthauses zur Waag, bewegungsunfähig, wie er kostümiert ist, muss er die Bühne hinauf- und heruntergetragen werden, das Einzige, was man von ihm sieht, ist sein Gesicht. So ein seltsames Wesen braucht einen Bändiger, einen Ansager, einen Zeremonienmeister. Wedekind, den Ball in seiner Auftrittskunst so bewundert hat, hat vorgemacht, wie man einen solchen Auftritt zelebriert, er ließ als Zirkusdirektor seine Lulu, das »wahre Tier, das wilde, schöne Tier«, auf die Bühne tragen. Auch die bewegungsunfähige Spinne Hennings steht nicht alleine auf der Bühne, sondern wird vom Chef des Varietés angepriesen. Natürlich, so ein Dompteur wäre auch für das wahre, wilde, schöne Wesen Hugo Ball wünschenswert gewesen. Tristan Tzara, der immer mehr in die Rolle des listigen Spektakel-Direktors hineinwächst, wäre eine Idealbesetzung, Huelsenbeck könnte Ball ebenfalls mit angemessen dämonischer Emphase präsentieren. Aber wie sehr Hugo Balls Rolle auch die hinter der Bühne ist, wie sehr alles in ihm dagegenstrebt, auf die Bühne zu gehen – es hilft ja nichts. Er ist der Direktor, er hat das Cabaret Voltaire aufgezogen, er muss all die Widersprüche, die er damit aufgerissen hat, auch am eigenen Leib ausbaden – wenn es physisch möglich wäre, müsste er sich selbst auf die Bühne tragen. Die Pianistenrolle ist eine ungemein anstrengende, aber die wirkliche Prüfung steckt im Auftritt: Einmal, wenigstens einmal muss er sich dem aussetzen, worin sein Lebensmensch Hennings so nervenzerreißend virtuos ist. Die wilden, schönen Tiere, die von den Conférenciers angesagt werden, sind allesamt weiblich. Aber auch das kann Hugo Ball – Frau zu sein, hat er schon geübt: Wenn er in seiner Totenrede auf Leybold die mit ihm gemeinsam verfassten Gedichte als Frucht einer Liebesbeziehung fantasiert, dann ist natür-

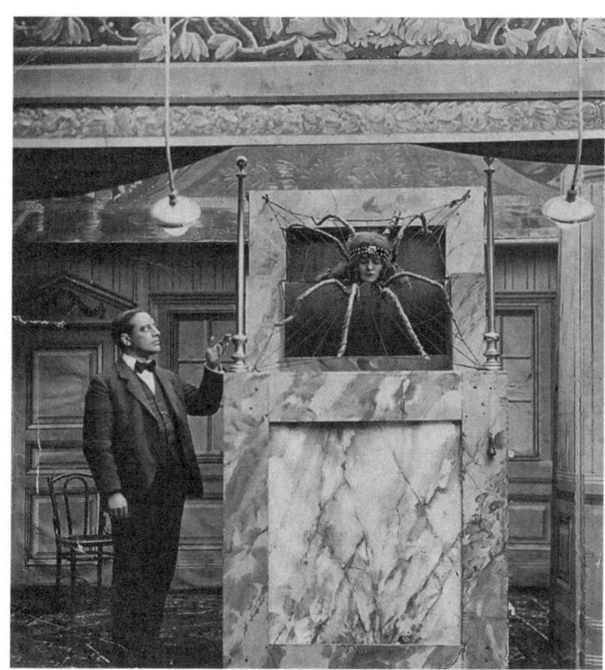

Emmy Hennings als Spinne

lich er der weibliche Part: »Er warb um mich, vorsichtig und höflich, wie um eine obszöne Frau. Wir erkannten einander und setzten ein Psychofakt in die Welt, das wir Baley nannten.«[126] Und zum Unterschied zwischen Tingeltangel und Cabaret bemerkt der Autor eines Züricher Polizeiberichts im März 1916: »Naturgemäss werden die Cabarets die jüngeren, hübscheren, tüchtigeren & mit sicherer Kleiderausstattung versehenen Kräfte beschäftigen.«[127] Außer Rand und Band wäre dieser Polizist, könnte er jetzt, drei Monate später, diese Cabaret-Kraft in ihrem kubistischen Kleid bewundern: Hier ist nicht irgendein Tingeltangel, hier ist das Cabaret Voltaire, hier schizophrenisiert der Chef noch selbst. Auftritt Hugo Ball: Exorzist der Dekadenz, gut verschnürte Gleichzeitigkeit, femme veritale, Historiker der Anarchie. Man nehme es nicht leicht.

INTERMEZZO I: STELL DIR VOR, ES IST KRIEG

Ball und Klabund melden sich freiwillig zum Kriegsdienst und werden aus gesundheitlichen Gründen abgelehnt.

Huelsenbeck meldet sich freiwillig und scheidet nach zwei Monaten wegen Krankheit aus.

Ball meldet sich ein zweites Mal freiwillig, er hat sich inzwischen alle möglichen Uniformbestandteile selbst gekauft. Nutzt nichts.

Als sich Huelsenbeck mit einem Attest zu seiner geistigen Erschöpfung bei der Militärbehörde meldet, um seine Übersiedelung in die Schweiz genehmigen zu lassen, trifft er auf einen Militärbeamten, der Probleme macht. Doch der wird während des Gesprächs plötzlich herausgerufen.

Ball fährt, nachdem er ein drittes Mal vertröstet wird, auf eigene Faust an die Front.

Huelsenbeck wartet.

Else Lasker-Schüler versucht zu verhindern, dass John Heartfield, der Bruder von Wieland Herzfelde, ins Feld muss, und instruiert ihre Freunde im Cafe Größenwahn, dass, wenn Heartfield auftaucht, alle so offensichtlich besorgt mit ihm umgehen sollen, dass er denkt, er rede wirr und gehöre in ein Lazarett für Nervenkranke. Klappt. Am nächsten Tag meldet sich Heartfield beim Appell krank, er wird Briefträger und wirft als aufrührerischen Akt Feldpostbriefe in den Müll.

Huelsenbeck wartet.

Der aus Barcelona stammende französische Maler, Dichter, Lebemann und Autonarr Francis Picabia lässt sich bei Kriegsausbruch einen Job als Chauffeur zuschanzen. Außerdem erhält er den Auftrag, nach Kuba zu fahren, um den Zuckernachschub zu sichern. Auf der Zwischenstation New York trifft er sich mit seinen alten Bekannten Marcel Duchamp und Alfred Stieglitz, malt, feiert, stellt aus, erklärt jungen New Yorkerinnen den Kubismus und vergisst seinen Auftrag. Seine Frau muss im Herbst nach New York reisen, um ihn eigenhändig zu verschiffen.

Huelsenbeck wartet.

Hans Arp schafft es mit dem letzten Zug aus Deutschland heraus, die Grenzschließung teilt die letzten Waggons ab, daher Arps gespaltene Persönlichkeit, wie Max Ernst meint. Als er in Zürich auf dem Generalkonsulat auf seine Kriegsdiensttauglichkeit untersucht wird, beantwortet er die Frage nach seinem Geburtsdatum, indem er ein Papier mit der Ziffernfolge »16.9.87« vollschreibt, die Summe addiert und den beiden Ärzten das Resultat reicht. Klappt.

Als Tzara den Stellungsbefehl erhält, weil Rumänien mobilisiert, fährt er mit einem Gutachten des Zürcher Psychologen Dr. Strasser zur Kommission nach Bern, lässt das Kinn hängen und zarte Speichelfäden auf seine Krawatte tropfen. Dass es sich bei ihm um einen besonders krassen Fall von Verblödung handelt, wird im Gutachten durch Zitierung eines seiner Gedichte glaubhaft gemacht.

Ein anderer Beamter kommt in die Stube, in der Huelsenbeck wartet, und lässt ihn ausreisen.

Der französische Schriftsteller Raymond Roussel will seine geistige Angegriffenheit den Ärzten gegenüber dadurch glaubhaft machen, dass er aus der Unterhaltung ein Wort aufgreift, ein gleichklingendes mit anderer Bedeutung dazusucht, daraus zwei Sätze bildet, die gleich klingen, aber unterschiedliche Bedeutungen erzeugen können und in diese beiden Sätze eine Geschichte zwängt. Zu *billard* (Billardtisch) fällt ihm beispielsweise *pillard* (Plünderer) ein und die Wortfolge: »Les lettres du blanc sur les bandes du vieux b(p)illard«, aus der Roussel den Anfang seiner Geschichte macht (»Die weißen Buchstaben auf den Randstreifen des alten Billardtisches«) und das Ende (»Die Briefe des Weißen über die Banden des alten Plünderers«). Klappt. Die Ärzte wollen gar nicht erst die ganze Geschichte hören.

Nicht jede dieser Geschichten ist wahr.

KUNST MACHEN

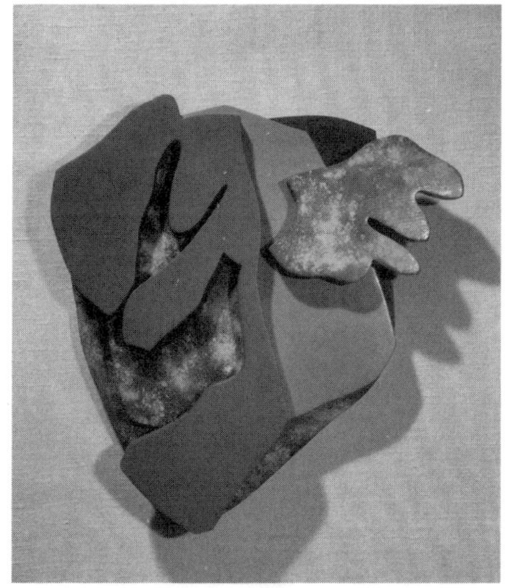

Hans Arp, Die Grablegung der Vögel und Schmetterlinge

VORBEI, VORBEI

Es ist nicht so einfach, wie es scheint, zu den Kieselsteinen zu gehen. Die meisten Kiesel haben das Wissen über ihr Kieselsein verloren. Sie tummeln sich zu sehr unter ihresgleichen, das Kieselsein ist weggesickert. Aber das wissen sie nicht, sie denken, sie sind prallvoll von Kieseligkeit, nichts täten sie lieber, als allen, die sich dafür interessieren, davon zu erzählen, und bitte: Wer sollte sich dafür nicht interessieren können? Hans Arp muss also, wenn er zu den Kieseln geht, vorsichtig sein, dass er ihrem verführerischen, lustigen Gequassel nicht erliegt. Er mag die Kiesel ja, auch die, die ihre Kieselvergessenheit überquatschen, aber dafür geht er nicht tagtäglich ans Ufer des Sees, das wäre wieder nur eine Ablenkung von seiner Arbeit. Gefährlich sind die Kiesel, die sich an den Künstler klammern, sie behindern seinen Weg zu Gott.[1]

Es sind nicht irgendwelche Kiesel, zu denen Arp da geht, das Wasser, das sie abschleift, ist das Wasser des Lago Maggiore, so südlich Schweizerisches Wasser, dass es schon mit italienischem Wasser gemischt ist. Zürich ist in Kriegszeiten ein Fluchtpunkt, aber wem es dort zu eng wird, der kann weiterflüchten nach Ascona ins Tessin, wo sich dem Gefühl des Entkommenseins die landschaftliche Entsprechung beigesellt. »Die Idee des natürlichen Paradieses – nur in der Schweiz hat die geboren werden können. Die entrückteste Urwelt begegnet hier dem lieblichsten Idyll, die eisige Schneeluft der Höhe dem mildesten Glockentone des Südens«,[2] schreibt Ball.

Das führt dazu, dass es neben dem Geplaudere der Kiesel noch weitere Ablenkungsgefahren gibt. Die Idylle Asconas hat sich herumgesprochen, die Schule von Laban beispielsweise hatte ihre Sommerresidenz schon hier, bevor sie von München nach Zürich gezogen ist. Es kann also durchaus passieren, dass das Ufer des Sees von den Stammtischen des Café Odeon oder des Café de la Terrasse bevölkert wird. Außerdem arbeitet im Sommer 1917, als Arp zu den Kieseln geht, gleich nebenan Hugo Ball in der Casa Poncini an seinem Brevier zu Bakunin.

Aber die potentiellen Ablenkungen machen Arp nichts aus. Man stelle sich einen freundlichen Außerirdischen vor, mit mehreren Händen und Augen und dem Talent, sie alle gleichzeitig zu benutzen, ohne dass eine Tätigkeit zu Lasten der anderen ginge. Solch ein Außerirdischer würde einen zum Beispiel herzlich begrüßen können, ohne dabei unterbrechen zu müssen, woran er gerade arbeitet.

»Während er sich mit uns unterhielt«, erinnert sich Claire Goll an Hans Arp, »hörte er nicht auf, mit unglaublicher Leichtigkeit zu zeichnen. Nicht selten brachte er unter unseren Augen zehn, zwanzig, dreißig Zeichnungen hintereinander hervor: Kleckse, die Beine bekamen, Köpfe, die sich in Bäuche oder Hüte verwandelten. Manche Freunde warfen ihm Übermaß vor, aber er konnte nicht anders.«[3]

In seinem Tagebuch findet Hugo Ball sehr schöne Worte für diese Art von Übermaß. Er meint nicht Arp damit, es ist eine Fantasie nach einem »Gespräch über Grazie«[4] um fünf Uhr in der Früh mit Emmy, die sich darüber beschwert, dass es im Deutschen zu wenig Wörter für Zärtlichkeit und Verliebtheit gibt. Schmerzhaft, was den Deutschen laut Ball dabei verloren geht: Grazie ist »jene tausendfältige Erfindung von kleinen schmückenden, schenkenden und bereichernden Zärtlichkeiten. Begütigung in jedem Augenblick. Ein kleiner beständiger Aufwand, eine Erfindsamkeit um des Zierats willen. Alles Bosseln und Spielen schafft Grazie, und alle Grazie verbindet, verpflichtet. Wer bosselt, hat in jedem Augenblick Dinge bereit, die er verschenken kann. Das humanisiert die Beziehungen, verursacht ein Wiederschenken, Gespräch, Unterhaltung. Grazie ist das eigentliche Lebenselement produktiver Naturen.«[5] Freundlichkeit und Freigebigkeit als innerer Motor des künstlerischen Schaffens – das klingt so gar nicht nach dem, was man gemeinhin mit dem verweigernden, provokanten Gestus von Dada verbindet.

Zu den vielen Eigentümlichkeiten von Dada gehört, dass es immer schon vorbei ist, bevor es überhaupt richtig angefangen hat. Als Ball und Hennings dieses Gespräch über Grazie führen, sind sie das erste Mal vor den gemeinsamen Züricher Unternehmungen geflohen. Ein knappes halbes Jahr nach der Eröffnung des Cabaret Voltaire, und nur ein paar Tage nach der Soiree im Zunfthaus zur Waag, haben sie sich im Juli 1916 vom gegenüberliegenden Ufer des Lago Maggiore an Ascona herangepirscht, von Vira und Magadino aus: »Wir landeten hier, von Locarno kommend, wie Robinson an seiner Papageien-Insel. Diese ganze unberührte Landschaft – quanto è bella!«[6]

Und gleich nach der Ankunft schreibt Ball zwei Postkarten an Arp und Tzara. Das Bildmotiv dieser Karten: er selbst im kubistischen Kostüm. Denn die Fotografie, die uns ermöglicht, auf Hugo Ball beim Vortrag seiner Verse zu blicken, ist eine Fotopostkarte, wie sie die meisten Kabarettkünstler von sich anfertigen ließen, hauptsächlich um sie gleich nach ihrer Nummer im Publikum verkaufen zu können. Jetzt benutzt Ball sie, um postalisch seinen Abschied von dem anzuzeigen, was darauf zu sehen ist und was doch gerade erst stattgefunden hat. Er verschickt sich selbst als kubistisches Ungetüm und berichtet auf der Rückseite mit provozierender Lakonie von der Landschaft, die er genießt: »Man predigt den Fischen im Lago Maggiore und es gibt etwas zu viel Steine in den Bergen.« Aber so steinig kann es gar nicht sein, dass es nicht »schöner als Zürich, Dada und alle verwandten Themata«[7] wäre.

In seinem Tagebuch ist der Auftritt des kubistischen Schamanen der Höhepunkt einer ausgeklügelten Dramaturgie, die vom Ende des Cabaret Voltaire erzählt. Das Kapitel, das von der Kabarett-Zeit handelt, arbeitet auf diesen Auftritt als Endpunkt hin, danach wird mit dem Tessin ein neues Kapitel aufgeschlagen: ein Durchatmen, das Ball im echten Leben mit der augenzwinkernden Selbsthistorisierung in Form eines postalischen Abschiedsgrußes beginnt. Ball zelebriert den Aufenthalt im Tessin als Befreiung. Im Tagebuch heißt es dazu: »Sie schreiben mir über die neuen Materialien in der Kunst (Papier,

Sand, Holz und so). Und ich antworte ihnen, daß ich mich in den taubstummen Kuhhirten verliebt habe.«[8]

Hier am Lago Maggiore führen Ball und Hennings also das Gespräch über Grazie. Zärtlichkeit und Begütigung sind genau das, was sie jetzt, nachdem sie Zürich verlassen haben, gut gebrauchen können. Was war passiert?

Das Bespielen des Cabarets ließ sich gut an, das Prinzip der offenen Bühne sorgte für allerlei Überraschungen und einen munteren Wechsel auf der Bühne. »Gestern war es besonders lustig. Hinten in einer Ecke sass ein Tisch Franzosen. Am Podium sang ein Pole polnische Lieder. In einer andern Ecke sass ein Tisch Russen, die sangen ›Sarafan, Sarafan‹«,[9] schrieb Ball Anfang März an seine Schwester. Einmal kam eine »ganze Gesellschaft holländischer Jungs«[10] und stellte mit Banjos und Mandolinen und spektakulär verrenkten Körpern das ganze Lokal auf den Kopf, selbst der Meierei-Chef begann »feurige Augen und Klappschritte zu machen«. Man veranstaltete Soireen zu einzelnen Ländern. Da war nicht immer alles furios, den Schweizer Abend fand Ball zu betulich, dafür war der Französische Abend durch Tzaras Nähe zur französischen Avantgarde quasi ein Heimspiel, und eine Art russische Soiree war ein Fest für die Russen, die sich gerade in Zürich aufhielten: »Ein kleiner gutmütiger Herr, der schon beklatscht wurde, ehe er noch auf dem Podium stand, Herr Dolgaleff, brachte zwei Humoresken von Tschechow, dann sang er Volkslieder. [...] Eine fremde Dame liest ›Jegoruschka‹ von Turgenjew und Verse von Nekrassow. Ein Serbe (Pawlowacz) singt passionierte Soldatenlieder unter brausendem Beifall.«[11]

Neben Ball haben auch Arp und Tzara Erfahrungen im Kuratieren gesammelt. Wo ein Arp ist, ist immer eine Gruppe von Kameraden um ihn herum, Tzara hatte in Bukarest mit Freunden bereits eine Zeitschrift zur literarischen Moderne gemacht. Und so fand im Cabaret ein buntes Potpourri all dessen statt, was die Mitglieder des Cabarets verehren: Wedekinds »Donnerwetterlied«, Mühsams

»Revoluzzerlied«, Verse von Jacob van Hoddis und Blaise Cendrars, Hennings und Ball lasen Andrejews »Das Leben des Menschen«. Und wenn mal eine Nummer lahmte, dann haben die Varieté-Profis Hennings und Ball wieder für Schwung gesorgt, nach der Knochentour des Vorjahres können sie das mit links.

Eine typische Nummer, auf die Ball nicht wenig stolz ist, ist der »Totentanz«. Ball intoniert das Volkslied »So leben wir alle Tage«, das Publikum erkennt es sofort, summt mit, wippt mit, es ist ein Lied, das sich durchaus zur Truppenmoralstärkung nutzen lässt. Aber dann beginnt Hennings ihren Gesang mit dem geänderten Text: »So sterben wir, so sterben wir/ Und sterben alle Tage«; manchmal verstärkt ein sich einfindender »Revoluzzerchor« die Wirkung. Der »Totentanz« ist Balls »Umba«, einen Tick harmloser und mit deutlicher politischer Botschaft. Aber die eigentlich aufrührerische Wirkung entsteht wie bei der Huelsenbeck'schen Negerei, wenn man als Publikum mit »aufgeregt« wird, wenn es um einen herum mitsummt, wenn man auf einmal selbst mitschwingt und zum Komplizen der so einfach hergestellten inhaltlichen Umbesetzung wird.

Balls Vision einer »lebendigen Zeitschrift«, die er für sein Cabaret hatte, bedeutet ja nicht nur, dass die einzelnen Beiträge lebendige Performances sind, sondern dass der Leser sofort eingreifen kann. Der hält denn auch die Kabarettisten gehörig auf Trab. Denn das Cabaret Voltaire ist nicht die einzige Kleinkunstbühne im nicht übergroßen Zürich, und bei nahezu täglichem Programm ist der Innovationsdruck hoch: »Unser Versuch, das Publikum mit künstlerischen Dingen zu unterhalten, drängt uns in ebenso anregender wie instruktiver Weise zum ununterbrochen Lebendigen, Neuen, Naiven. Es ist mit den Erwartungen des Publikums ein Wettlauf, der alle Kräfte der Erfindung und der Debatte in Anspruch nimmt.«[12] Das Rezitieren vor den Leuten ist für Ball der Prüfstein für Texte, die Literatur heutzutage sei viel zu sehr »am Schreibtische erklügelt«,[13] erst im Praxistest der Bühnenperformance erweist sich, ob die Gedichte wirklich etwas taugen. Manchmal ist Ball überrascht und stolz, dass sich seine »Sachen« richtiggehend als Schlager eignen.

Auch die anderen Kernmitglieder haben nahezu täglich Gelegenheit, ihre Talente und Vorlieben am Publikum auszuprobieren – und an den Kollegen, die ebenfalls nicht enttäuscht werden wollen. Ruhigere Programmpunkte stammen von Arp und Janco, die Vorträge über moderne Kunst halten. Sie sind dafür inhaltlich starker Tobak und verstärken den Lärm, der an den Wänden des Cabaret-Raumes hängt.

Aber natürlich machen die Nummern mehr her, wo sich mehr regt als nur Diskurs. Hugo Ball schreibt ein Lärmkonzert (Concert bruitiste), das das Krippenspiel durch Geräusche zur Darbietung bringt. Huelsenbeck fitzt mit seinem Stöckchen aus spanischem Rohr durch die Luft und liest »Hoosenlatz« – weil er nicht ganz so groß ist, wippt er dabei gerne auf den Zehenspitzen, was seine Attitüde der Korpsstudentenschneidigkeit noch erhöht, die Negergedichte werden »in schwarzen Kutten mit großen und kleinen exotischen Trommeln wie ein Femgericht exekutiert«.[14] Der Wirt Jan Ephraim hat Spaß an den Aktionen dieser seltsamen Truppe, er behauptet, in Afrika gereist zu sein, und füttert die Negergedichte mit dem ein oder anderen »echten« Wort. Tzara, der am ersten Abend noch schüchtern kindliche Abschiedsgedichte vortrug, mausert sich immer mehr zum virtuosen Dirigenten des Simultangedichts und poliert die Wendigkeit seiner sprachlichen Frechheiten von Abend zu Abend feiner. Und irgendwann hat Janco Masken gebastelt, die den kleinen Raum noch einmal verwandeln, die, einmal aufgesetzt, sofort nach einem neuen Ausdruck, nach einem »an Irrsinn streifenden Gestus«[15] heischen. Dazu passt, dass Hennings gerne eine Pritzel-Puppe für das Cabaret gehabt hätte.[16] Bald hat sich ein »undefinierbarer Rausch […] aller bemächtigt. Das kleine Kabarett droht aus den Fugen zu gehen und wird zum Tummelplatz verrückter Emotionen«,[17] das selbstgesteckte Ziel ist nicht weniger als die »Verzückung der ganzen Stadt«.[18]

Mit dem »Propagandaheft« *Cabaret Voltaire* hat man zudem einen Katalog der eigenen künstlerischen Umtriebigkeit veröffentlicht: Gedichte und Romankapitel von Ball, Hennings und Tzara, Bilder von Janco und Arp, Abbildungen von Puppen, die Hennings hergestellt hat, das Simultangedicht wird auf einer Doppelseite abgedruckt. Eingerahmt sind diese Beiträge von einigen Gewährsmännern der Avantgarde: Gedichte, Wortbilder, Zeichnungen von Apollinaire, Cendrars, Picasso, Marinetti, Kandinsky.

Aber lässt sich die Energie, die in den vier Monaten immer rauschhafter geworden ist, auf diesem hohen Pegel halten? »Das tägliche Auftreten bei dieser Spannung erschöpft nicht nur, es zermürbt. Inmitten des Trubels befällt mich ein Zittern am ganzen Körper. Ich kann dann einfach nicht mehr aufnehmen, lasse alles stehen und liegen und flüchte«,[19] notierte Ball schon Mitte März in sein Tagebuch. Im Juni schließlich schrieb er, dass er den Lärm, »das Durcheinander der Stilarten und der Gesinnung«, also doch eigentlich die Kernkompetenz seiner Bühne, schon seit Wochen nicht mehr ertrage.[20] Und dann gab es noch das hauptsächlich von Tzara ausgehende Drängen nach Verstetigung dessen, was man da die ganze Zeit macht. Die Veröffentlichung von *Cabaret Voltaire*: Gut und schön, aber könnte das nicht der Beginn einer glanzvollen neuen Bewegung werden? Man hat doch mit »Dada« ein so schön provozierend unsinniges Wort gefunden, das wäre doch ein guter Titel für eine neue Zeitschrift; im Cabaret Voltaire, wo das Wort »Dada« zum ersten Mal genannt wird, wird eine solche Zeitschrift ja bereits angekündigt. Natürlich bräuchte man dann auch eine Organisationsform, am besten eine »Gesellschaft Voltaire«, man müsste sich international vernetzen, Tzara hat da schon einige Ideen.

Schluss, aus. Ball ist erschöpft. Seine Zweifel daran, ob es Sinn ergibt, aus »einer Laune eine Kunstrichtung zu machen«, überwiegen. Die Soiree im Zunfthaus zur Waag ist ein Höhepunkt, aber auch ein Abschluss. Bisher, in der Spiegelgasse, hat man einfach gemacht, jetzt will man präsentieren, was man gemacht hat. Und so beginnen die Cabaretisten im Zunfthaus damit, eine Kunstform auf ihre paradoxe Höhe zu schrauben, die Marinetti so vehement für seinen Futurismus in Anspruch genommen hat: das Manifest. Paradox ist es für die Dadas, weil ihr Programm ist, keines zu haben, und weil das Wort »Dada« die Bedeutung haben soll, maximal bedeutungsoffen zu sein. Von dem Moment an, in dem die Protagonisten Dada erklären wollen, ist der performative Widerspruch unabtrennbar mit der dadaistischen Tätigkeit verknüpft. »Der Dadaist sagt nix«, sagt ein Dadaist. Im Zunfthaus zur Waag bestreiten die auftretenden Dadaisten dieses Paradox je nach ihren unterschiedlichen Temperamenten.

Bei Huelsenbeck weiß man es nicht genau, denn seine »Erklärung. Vorgetragen im ›Cabaret Voltaire‹, im Frühjahr 1916« ist unzuverlässig: als er sie 1964 im Rahmen eines Sammelbandes veröffentlicht, hat er sie wahrscheinlich aus einer inzwischen veränderten Sicht auf Dada, die das Nihilistische verabsolutiert, redigiert.[21] Ein anderer Text, der tatsächlich von 1916 ist, »Die Unterzeichneten beehren sich …«, deutet darauf hin, dass Huelsenbeck Dada noch ganz im Zeichen der Neopathetiker verstanden hat: »Es handelt sich darum, unter dem Namen DADA einer neuen vitalen Energie zur Erscheinung zu verhelfen. Es handelt sich darum, unbekümmert um Vorurteile irgendwelcher Art eine stark geistige Energie zu Zeigen [sic], Ausstellungen zu eröffnen. Bücher zu schreiben, Vorträge zu halten, um immer wieder auf die wahren Interessen der Menschen hinzuweisen und Vorkämpfer einer neuen glücklicheren Zeit zu sein.«[22] Huelsenbeck entzieht sich also dem Widerspruch, indem er Ankündigung und Vollzug auseinanderzieht. Der zitierte Satz lässt sich noch ordentlich sagen, und mit dem nächsten Auftrittsprogrammpunkt kann die neue vitale Energie dann etwa mit einem Negergedicht veranschaulicht werden.

Tzara erfindet die Figur des Monsieur Antipyrine, dessen Name auf ein Kopfschmerzmittel zurückgeht, das Tzara häufig benutzte.

Und im »Manifest des Herrn Antipyrine« entwickelt Tzara dann die Kunstfertigkeit, das Paradox in sprachliche Vibration zu verwandeln. »Dada ist die Kunst ohne Pantoffeln und Parallelen«, sagt dieser besondere Herr, aber gleich darauf: »Klugerweise wissen wir, dass unsere Gehirne weiche Kissen werden, dass unser Anti-Dogmatismus genauso ausschließend wie die Strenge des Beamten ist und dass wir nicht frei sind und Freiheit schreien.«[23] Tzara wird diesen Widerspruch in der Folge immer wieder reformulieren, immer wieder umtänzeln, weiter verdichten, weiter in seine möglichst paradoxe Entfaltung treiben. In diesem Manifest heißt es beispielsweise: »Dada bleibt im menschlichen Rahmen der Schwäche, es ist aber trotzdem scheiße, aber wir wollen künftig in verschiedenen Farben scheißen.« Oder: »Wir sind Zirkusdirektoren und pfeifen mitten unter den Winden der Jahrmärkte, unter den Klöstern Prostitutionen Theatern Wirklichkeiten Gefühlen Restaurants Hohohohihihioho Bäng Bäng«.

Hugo Ball scheint dagegen mit den ersten Worten seines Manifestes wieder eine offiziöse Tonart anzuschlagen: »Dada ist eine neue Kunstrichtung. Das kann man daran erkennen, daß bisher niemand etwas davon wußte und morgen ganz Zürich davon reden wird.«[24] Ein selbstbewusster Auftakt, dann erläutert er die Herkunft des Wortes »Dada« aus dem Lexikon mit seinen verschiedenen Bedeutungen wie »Steckenpferd« (Französisch), oder: »Ja. Wahrhaftig, Sie haben recht, so ist es« (Rumänisch). Und kommentiert: »Es ist furchtbar einfach.« Aber dass damit eine neue Kunstrichtung gegründet werden soll, ist genau das, was für Ball der Absicht des Wortes widerspricht. Und so variiert er seinen Kommentar minimal: »Es ist einfach furchtbar«, und fährt fort: »Wenn man eine Kunstrichtung daraus macht, muss das bedeuten, man will Komplikationen wegnehmen.« Und dann haftet er das Wort »Dada« an die Psychologie an, an die Literatur, an die Bourgeoisie. Aber auch an Tzara und Huelsenbeck, die er mit ihrem Kunstrichtungswollen einreiht in die Institutionen, die die Komplikationen wegnehmen – mit Tzaras Worten: die die Kunst wieder in Pantoffeln stecken.

»Mein Manifest […] war eine kaum verhüllte Absage an die Freunde. Sie haben's auch so empfunden«, schreibt Ball in seinem Tagebuch. Und gleich dahinter, mit einem vernehmbaren Anflug von Stolz: »Hat man je erlebt, daß das erste Manifest einer neu gegründeten Sache die Sache selbst vor ihren Anhängern widerrief?«[25]

TRANSPARENZLINIENPRÄZISION

Große, riesengroße Trauer: Das Aststück, dessen starke Blumenglieder während der letzten Wochen mit diamantenen Küssen bedeckt waren, ist verwelkt. Wie kann das sein? Hat Arp seine Entflammtheit dafür nicht genügend kundgetan? Natürlich, er war nicht ungestüm, aber das war doch Absicht: Wer die Küsse einfach an sich reißen wollte, dem verwelken sie sofort. Man muss den Ast umwerben, muss ihm auf der Geige etwas vortrommeln oder auf der Trommel etwas vorgeigen, so dass er vor Glück rotiert und die Diamanten von sich wirft. Wenn man das zu lange nicht schafft, dann verwelken die diamantenen Küsse. Große, große Trauer.

Tristan Tzara hat später, 1920, eine Chronik zu den Zürcher Ereignissen um das Cabaret Voltaire und Dada geschrieben. Er lässt diese Chronik aber nicht mit der Eröffnung des Cabaret Voltaire beginnen oder mit dem Erscheinen der Zeitschrift *Cabaret Voltaire* oder dem »Dada-Abend« im Zunfthaus zur Waag. Für Tzara beginnt Dada im November 1915 mit einer Ausstellung des Künstlerpaares Otto und Adya van Rees-Dutilh und Hans Arp in der Zürcher Galerie Tanner, direkt an der mondänen Bahnhofstraße. »Großes Gerücht von Neuen Menschen, die im Papier – nichts als eine Welt aus Kristalleinfachheitmetall sehen – weder Kunst noch Malerei [,] eine Welt aus Transparenzliniepräzision, gepurzelbäumt für eine gewisse brillant vorhergesehene Weisheit«,[26] schreibt er dazu. Das ist nur auf den ersten Blick ein typisch schrillschräger Tzara-Satz, beim zweiten Hinsehen enthüllt sich eine durchaus exakte Beschreibung dessen, was auf dieser Ausstellung zu sehen war.

Was die Ausstellung für Arp besonders macht, ist die Tatsache, dass er zum ersten Mal die künstlerische Konsequenz zieht aus all den Erfahrungen des Kubismus, der Abstraktion und der Simultanität, mit denen er bisher experimentiert hat. »Wir wollen nicht die Natur nachahmen. Wir wollen nicht abbilden, wir wollen bilden.«[27] Das ist für Arp schon ein gewichtiger Schritt, denn bisher sind auf seinen Zeichnungen durchaus Frauenköpfe und -körper zur Darstellung gelangt. Jetzt aber werden von Arp und den van Rees' die Bauprinzipien an sich dargestellt, möglichst klar und einfach, möglichst ohne verfälschende Verzierung, am besten nur als Kräftespiel aus Linien sichtbar – das ist wohl mit dem Wortungetüm *transparenceligne-précision* gemeint. Das Material, aus dem etwas konstruiert ist, soll, wie etwa beim Eiffelturm, nicht mehr versteckt werden – gleich einem Kristall zeigt der Gegenstand nichts anderes als die Struktur seiner Bauweise.

Und Arp und die van Rees gehen noch weiter. Denn wenn nun kein Gegenstand mehr abgebildet werden muss, wenn nur noch die Grundlagen des »Bildens«, das Gefühl für »hoch, gross, weit, spitz, [...] schwer, tief, hell, licht, farbig«,[28] wie es im Vorwort zum Ausstellungskatalog heißt, sichtbar gemacht werden sollen, dann bedarf es dazu auch keiner Leinwand mehr. Dann kann das Material selbst – Papier, Karton, Textilien – viel besser, weil unmittelbarer, in das Spiel von Beziehungen gebracht werden, die nun das Ziel der »Darstellung« sind. Die »neuen Menschen« sehen laut Tzara die Welt im Papier: nicht als Medium, auf das sie etwas draufmalen können, sondern als Material des Darstellenden selbst. Ein paar Malereien und Zeichnungen sind auch noch unter den ausgestellten Werken, aber die Ausstellungsankündigung verrät bereits die Prioritäten: »Moderne Wandteppiche, Stickereien, Malereien, Zeichnungen« sind in der Galerie Tanner im November 1915 zu sehen.

In seinem Chronikeintrag zur Ausstellung fantasiert Tzara auch die Rezeption: »Chor der Kritiker: Was tun? Exklusive Verstopfung.«[29] Ganz so ratlos oder verstopft borniert, wie es Tzara suggeriert, zeigen sich die durchaus sympathisierenden Pressestimmen zur Ausstellung allerdings nicht. Tzara geht es weniger um die Ausübung redlicher Chronistenpflicht als vielmehr um die Inszenierung eines notwendigen Elements innerhalb der Dramaturgie von moderner Kunst: der Verstörung angesichts der Infragestellung traditioneller ästhetischer Verfahrensweisen.

Moderne Kunst gewinnt ihre Autonomie in der Zurückweisung der jeweils herrschenden künstlerischen Konvention, der tradierten Inhalte und Techniken. Im 19. Jahrhundert war es eine irritierende Innovation, wenn Nacktheit nicht mehr durch die Bezugnahme auf mythische Stoffe gleichsam verhüllt wurde. Oder wenn zum Beispiel ein triumphierender Feldherr in seiner Uniform dargestellt wurde, anstatt ihn durch caesareske Gewänder zu einer bloßen Variationen des immergleichen historischen Narrativs zu machen. Irgendwann werden Szenen des unheroischen Lebens zum Bildgegenstand, und irgendwann werden Bildgegenstände als abzubildende Gegenstände ihrerseits obsolet.

Es ist eine Grundgeste der ästhetischen Moderne, mit den als obsolet identifizierten Traditionen auch die Institutionen zu verwerfen, die diese Traditionen mittels Ausstellungen und Preisauslobungen pflegen. Gegen die Auswahlpraxis des mächtigen und maßgeblichen Salon de Paris der Akademie im Frankreich des Zweiten Kaiserreichs regt sich in den 1880er-Jahren der Versuch, die Logik des Ausschließens auszuschließen. Der Salon des Indépendants wird in der Absicht gegründet, keinerlei Auswahl durch Jurierung oder Preise zu treffen. Der erste Punkt der Satzung lautet: »Die Gesellschaft der unabhängigen Künstler basiert auf dem Prinzip der Unterdrückung von Auswahlgremien und hat zum Zweck, Künstlern zu ermöglichen, ihre Werke dem Urteil der Öffentlichkeit ungefiltert zu präsentieren.«[30] Durch diese grundsätzliche Offenheit wird der Salon der Unabhängigen mit seinen jährlichen Ausstellungen zum Schaufenster der jeweils neuesten Strömungen im Malerischen. Doch augenscheinlich ist das Ausschließenwollen jeglicher Auswahl eine Überforderung. 1911 formiert sich wieder eine Gruppe, die zumindest innerhalb des Salons in einem Raum zusammengehängt werden will. So werden Albert Gleizes, Jean Metzinger, Henri Le Fauconnier und Robert Delaunay nebst anderen in Raum 41 versammelt und machen Furore durch eine in dieser Form noch nicht gesehene Zusammenballung einer Kunstrichtung, die als Kubismus fortan in aller Munde ist.

Als dann Marcel Duchamp sein Bild »Akt, eine Treppe hinabsteigend« (Nu descendant un escalier) für den Salon 1912 einreicht, gibt es prompt Probleme. Gleizes und Metzinger wollen nach dem Erfolg des letzten Jahres den Kubismus festigen, und für dieses Vorhaben halten sie Duchamps Bild für denkbar ungünstig. Entspricht es nicht eher einer Bewegungsstudie, ist also mehr den Futuristen zugeneigt, anstatt ein klares kubistisches Statement zu sein? Und dann dieser Titel, bei dem nicht gänzlich auszuschließen ist, dass er irgendwie ironisch gemeint ist! Gleizes bittet Duchamps Brüder, darauf hinzuwirken, dass Marcel wenigstens diesen Titel ändert. Duchamp hört sich dieses Begehren ruhig an, fährt zu den Ausstellungsräumen und packt das Bild ein. »Na, wenn das so ist, dann kommt es nicht in Frage, einer Gruppe beizutreten, man kann nur mit sich selbst rechnen, man muß allein sein«,[31] beschreibt er in der Rückschau seinen Impuls. Dann zieht er sich – allmählich, aber konsequent – aus dem Milieu der professionellen Maler zurück, in dem seine Brüder so sehr zu Hause sind. Zudem beginnt er, sich auch davon zu lösen, Leinwände mit irgendetwas, wie abstrakt es auch sein mag, zu befüllen. Als der eine Treppe hinabsteigende Akt im Jahr 1913 mit einem Riesenknall auf der New Yorker Armory Show zu einem der ikonografischen Gemälde der Moderne wird, hat sich Duchamps längst von der Malerei abgewandt.

1917 provoziert Duchamp eine Wiederholung des Ausschlusses. Unter der Signatur R. Mutt reicht er für die erste Ausstellung der amerikanischen Société des Indépendants, zu deren Gründungsmitgliedern er gehört, ein Urinal mit dem Titel »Fountain« (Springbrunnen) ein. Die Einreichung wird übergangen, obwohl die einzige Bedingung – Zahlung von sechs Franc – erfüllt war. »Ich war zwar selbst in der Jury, wurde aber in dieser Angelegenheit nicht konsultiert, weil die offiziellen Jurymitglieder nichts von meiner Urheberschaft wußten. Und ich hatte ja den Namen Mutt auch angegeben, um jedes persönliche Moment auszuschalten. Der Springbrunnen wurde so einfach hinter eine Trennwand gestellt, und während der ganzen Ausstellung wußte ich nicht, wo er war. Ich konnte ja jetzt nicht gut sagen, daß ich das Objekt eingereicht hatte.«[32]

Die Einreichung eines Urinals ist als eine der Urgesten der Avantgarde berühmt geworden, auch weil Duchamp damit die Praxis des Auswählens ebenso ad absurdum führt wie die Utopie, nichts mehr auswählen zu müssen. Denn Simultanität heißt in letzter Konsequenz: Die ganze Welt, so wie sie jetzt gerade ist, gehört ausgestellt – jedes noch so kleine, banale Detail, das *nicht* mit einbezogen wird, macht die Ausstellung wertlos. »Die klassische Avantgarde hat das unendliche, horizontale Feld aller möglichen realen und virtuellen Formen eröffnet, die alle nebeneinander als gleichberechtigte situiert sind«,[33] schreibt Boris Groys. Es ist jene großzügige Horizontale, die Däubler im Kölner Dom vorausgesagt hat. Alles nebeneinander und gleichberechtigt. Komplette Indifferenz. Breitspuriger geht nicht.

Das Gegeneinander von Tradition und ihrer Zurückweisung, von Ausschluss und Sezession, das Duchamp mit seinem Urinal ins Paradoxe treibt, ist zu schematisch, um die vielfältigen Bewegungen der Künstler in den 1910er und 20er Jahren angemessen zu beschreiben; allerhöchstens eröffnet es den Raum für diese Bewegungen. Ein solcher Dualismus setzt sich leicht als Klischee fest, weil sich Skandale am schönsten erzählen lassen und am eindrücklichsten erinnert werden. Dabei ließ sich schon die erste Gegenreaktion auf die Auswahlpraxis des Salon de Paris innerhalb des kritisierten Systems etablieren. Beim Salon des Jahres 1863 war der Unmut über die Entscheidungen der Jury gewaltig, was nicht zuletzt an der Vielzahl der eingereichten Gemälde lag. Kurzerhand wurde ein Salon des Refusés, eine Ausstellung der Abgelehnten, eingerichtet, der seinen Kitzel aus genau dieser Ambivalenz eines offiziell ausgestellten Abweichlertums bezog.

So regt sich unterhalb des Gegensatzes von Althergebrachtem und dessen Zurückweisung ein vielfältiges, schillerndes Wechselspiel von Abstoßung und Beeinflussung. Denn an der leergewordenen Stelle der verworfenen Institution wie der Akademie müssen neue Netze und Netzwerke gespannt werden. Moderne Kunst erschafft sich dabei mit ihrem Streben nach Autonomie ihre eigene Öffentlichkeit. Die Rolle der Akademie als Förderin der Kunst geht an eine Vielzahl von Multiplikatoren über, vielerlei Instanzen werden neu erfunden oder neu definiert. Vielerorts schließen sich Künstler zu eigenen Gruppen zusammen, was zumindest temporär eine Verpflichtung auf eine gemeinsame Vision ermöglicht und für den einzelnen Künstler die Durchschlagkraft bei Ausstellungsvorhaben und anderen Formen der Sichtbarmachung steigert. Diese Sezessionen tragen ihre Herkunft als Abspaltbewegungen vom Herkömmlichen im Namen, nicht selten aber wird von der Sezession abermals sezessioniert. Kandinsky zum Beispiel hat sich mit Kollegen wie Alexej Jawlensky oder Alfred Kubin zunächst zur »Neuen Künstlervereinigung München« zusammengeschlossen, bevor er 1911 seinen Ausschluss erzwingt, um dann den »Blauen Reiter« zu gründen.

Auch Hans Arp ist ein Meister der wechselnden Koalitionen, seinem Charakter gemäß geschieht das aber zumeist ohne Verwerfungen. Arps Weg ist geradezu idealtypisch für die notwendig gewordene Umtriebigkeit in Zeiten künstlerischer Autonomie. 1905 geht er von seiner Geburtsstadt Straßburg nach Weimar und gerät mitten in die

Anstrengungen, die kleine Stadt (nach den Glanzzeiten von Goethe und Schiller und später Liszt und Wagner) erneut zu einem Zentrum kultureller Neuerungen zu machen. Harry Graf Kessler versucht dort als Leiter des Kunst- und Kunstgewerbemuseums seit 1903 die künstlerische Moderne durchzusetzen. Auch an der Berufung des Architekten und Designers Henry van de Velde zum Leiter der Kunstgewerbeschule war er nicht ganz unbeteiligt, darf man sich von van de Velde doch erhoffen, dass es ihm gelingt, das Design in Deutschland auf die Höhe der Zeit zu bringen. 1908 besucht Arp eine private Kunstakademie in Paris, kommt dank der Vermittlung van de Veldes schnell in einschlägige Kreise und kann 21-jährig bereits bei Bernheim neben Matisse ausstellen. Zurück bei den Eltern, die inzwischen ins Schweizerische Weggis umgezogen sind, gründet er mit befreundeten Malern den »Modernen Bund«, der kein eigenes Programm hat, sondern die Sichtbarkeit der Kunstwerke seiner Teilnehmer verstärken soll. In den ersten beiden Ausstellungen 1911 in Luzern und 1912 in Zürich holen sie sich Rückendeckung von bereits etablierten Künstlern wie Ferdinand Hodler. Zugleich setzen sie ihre Kunst in einen zeitgenössischen Kontext: Arp bemüht sich um die Unterstützung von Kandinsky und Paul Klee, auch werden als relevant und für die Moderne als repräsentativ geltende Franzosen wie Matisse, Picasso und Robert Delaunay in die Ausstellung integriert. Ein Netzwerk bildet sich, in dem der Austausch in alle Richtungen funktioniert. Arp nimmt 1912 an der zweiten Ausstellung des Blauen Reiters in München teil, für die gleichnamige Anthologie steuert er Initialen bei. In Berlin 1913 assoziiert er sich mit dem *Sturm* Waldens, der als Galerist, Zeitschriftenmacher und Sammler gleich mehrere der neuen, wichtig werdenden Institutionen der künstlerischen Moderne vereint. In Köln besucht Arp 1914 die Werkbund-Ausstellung, die erste große Kunstgewerbeschau, und lernt Max Ernst kennen. Er erwischt nach Kriegsausbruch einen der letzten Züge nach Frankreich, begegnet in Paris Max Jacob, Picasso und Apollinaire, bevor er im Sommer 1915, 29-jährig, nach Zürich geht.

ZARTES PFLÄNZCHEN KUNSTGEWERBE

Eine Zeit lang trug er eine Wurzel auf dem Kopf. Sie war einer Karyatide ähnlich, der gebälktragenden Figur an griechischen Tempeln. Große Mühsal. Aber eines Tages fing die Wurzel an zu klingen, klang wie eine goldbefiederte Glocke, fing an zu schweben und hob ihn wie ein Flügelpaar empor. Große Freude.

Im November 1915 nimmt Arp in Zürich also an einer Dreier-Ausstellung teil, die unter den vielen Ausstellungen Arps einen besonderen Stellenwert hat. Weil sie das abstrakte Arbeiten mit dem Material zum ersten Mal zeigt. Weil Tzara sie an den Beginn seiner Züricher Chronik gesetzt hat. Und weil sie mit der 26-jährigen Sophie Taeuber eine besondere Besucherin hat. Taeuber hat es nicht weit zur Galerie Tanner, sie studiert mittlerweile an der Zürcher Kunstgewerbeschule oberhalb des Hauptbahnhofs und muss nur die Bahnhofstraße hinunterschlendern. Was sie in der Galerie Tanner zu sehen bekommt, ist eine erstaunliche Koinzidenz. Alles, was sie in den letzten Jahren in München, Hamburg und der Schweiz als angehende Designerin gelernt hat, sieht sie in dieser Ausstellung ausprobiert. Der Umbruch, in dem sich das Kunsthandwerk befindet und den wesentlich mitzugestalten sie drauf und dran ist – in der Galerie Tanner ist er im Medium der Kunst bereits vollzogen. Noch dazu auf eine Art und Weise, die die Unterscheidung von Kunst und Kunsthandwerk hinfällig macht.

Auch das Kunsthandwerk laboriert am Durcheinander der neuen modernen Welt. Die Qual, die Däubler angesichts des architektonischen Stilwirrwarrs empfindet, kann in den Vorkriegsjahren umstandslos auch vom Zustand der Innenräume ausgelöst werden. Ein Feingeist wie Henry van de Velde muss sich die Ohren zuhalten, wenn er ein typisches Wohnzimmer betritt, weil er sonst das schrille

Geplapper der unterschiedlichen Einrichtungsgegenstände nicht aushalten würde. Die Meissener Porzellanfigur versucht, mit dem weißen Bärenfell ins Gespräch zu kommen, der auf dem Rücken einiger Möbel angebrachte Löwenkopf mit dem kupfernen Ring im Maul kommuniziert mit den Sphinxen aus Stuck, die das Gewicht der Decke tragen. »Man höre auch die zärtlichen Idyllen der auf den Spiegelumrahmungen und auf den Spitzen der grossen Ofen angebrachten Figürchen, man achte, was der in allen unseren Gemächern befindliche Vogel den im Ueberfluss daselbst auf Boden, Wänden und Decke vorhandenen Blumen erzählt. Man höre den Wind pfeifen, der dort oben die gemalten Wolken jagt, die grausame Erzählung der dort reitenden Amoretten oder das tolle Schreien der ›Walkyren‹, die dort wie Blitze vorüber ziehen. Man höre es nur; alles redet in unseren Zimmern: die Gläser und die Vasen geben ihren Ton, man höre die Stimme der eigenen Seele in dieser Kakophonie und sage, ob der Wahnwitz und Missklang einer solchen Musik nicht wie geschaffen ist, uns am Ende der Vernunft zu berauben.«[34] Auch an der Innenarchitektur wird also das Leiden am Wirrwarr, an der verlorenen Einheitlichkeit manifest. Van de Velde möchte sich nicht in einem Raum aufhalten müssen, wo »kein Zusammenhang waltet, wo tausend Elemente sich stossen und widersprechen«,[35] sondern ist angetreten, das Durcheinander grundlegend auszumisten, das Widerspruchsgelärme in Wohlklang zu verwandeln.

Van de Velde gehört zu einer Gruppe von Künstlern, die sich im Gefolge der englischen Arts-and-Crafts-Bewegung auf die angewandte Kunst verlegt haben, auf das Design. Im Gegensatz zu Däubler schaffen sie es nicht, ein irgendwie produktives Verhältnis zum Durcheinander der Stile zu gewinnen. Sie wollen Reduktion. Die Stelle, an der man dafür ansetzen kann, ist schnell gefunden: Es ist das Verhältnis des einzelnen Gegenstands zu seiner Verzierung. Anders gesagt, die Entlüftung des durchschnittlichen Wohnzimmers soll durch die Neubewertung des Ornaments gelingen. Denn, darin sind sich die Designreformer weitgehend einig, das Übel lässt sich an der Diskrepanz bemessen, die sich zwischen dem Ornament und dem zu Ornamentierenden aufgetan hat.

Das gewöhnliche Verhältnis zwischen der Sache und ihrem Schmuck hat sich längst umgekehrt, der Schmuck hat auf bizarre Weise überhandgenommen: »Holzreliefs auf Stühlen: wer möchte wohl […] auf einem Gedanken sitzen? Könnte wohl jemand beim Ergreifen eines Glases angenehmerweise bemerken, daß sein Daumen auf einem Mädchenantlitz ruht? Wer sucht in einem Amboß, auf dem ein Amor zwei Herzen zusammenhämmert, ein Tintenfaß? Wer im Hals eines Löwen eine Puderquaste, unter seinem Schwanz einen Schminkstift?«[36] Es gilt also zunächst, das Verhältnis von Ding und Ornament zu korrigieren und das Ornamentale wieder zum Diener der Sache zu machen, die es schmücken soll. »Diese Ornamentik ist vor allem notwendig, sie entsteht aus dem Gegenstande, mit dem sie verbunden bleibt, sie weist auf seinen Zweck oder auf seine Bildungsweise hin, sie hilft ihm, sich der Aufgabe, die ihm zufällt, seiner Nützlichkeit, noch mehr anzupassen. Das Ornament wird ein Organ und weigert sich, nur etwas Aufgeklebtes zu sein.«[37] Das Ornament soll in van de Veldes Programmatik also aus dem zu Schmückenden heraus entwickelt werden.

Die Überwertigkeit der Ornamentik kommt in den Augen der Reformer daher, dass Muster kopiert werden ohne Ansehung der Zweckmäßigkeit des Gegenstands, der geschmückt werden soll. Dadurch ist sie nurmehr »Schnörkel, Fratzen, toter Kram«,[38] wie es in einem Bericht aus der Zeitschrift *Pan* heißt, in dem ein gewisser Hermann Obrist in höchsten Tönen dafür gepriesen wird, dass er ebendiese Muster verwirft. Der Bericht feiert die Art und Weise, in der sich Obrist von all den Verkünstelungen aus Japan und den Verzierungsimporten aus England und Frankreich befreit hat, auf deren Nachahmung in der Vergangenheit so viel Mühe und Talent verschwendet wurde. Obrist dagegen geht ins Freie. Seine Muster findet er in den organischen Formen, die die Natur in Überfülle zu bieten hat.

Obrist ist mit Wilhelm von Debschitz Mitbegründer der Münchener Lehr- und Versuchs-Ateliers, jener Schule, an der Sophie Taeuber Anfang der 1910er lernt. Das pädagogische Programm entspricht Obrists Gang ins Freie. Zunächst einmal muss *ver*lernt statt gelernt werden, den Schülern wird ausgetrieben, sich im Kopieren einzurichten. Selbst als meisterhaft empfundene Vorbilder werden nur für kurze Zeit vor den Schülern aufgestellt, damit sich ja kein bloß nachahmender Stil festsetzt.

Aber wie hat man sich das vorzustellen? Laufen dann alle in die Natur und bringen ihre Lieblingsblume mit, die dann flugs auf Tischdecken und Kissen landet? Dass man die Muster für die Ornamentierung in der Natur aufsucht, schützt noch nicht vor deren Abgenutztheit. Noch als Taeuber ihrerseits an der Zürcher Kunstgewerbeschule unterrichtet, sieht sie sich einem Phänomen ausgesetzt, das die florale Form zu modischer Massenware verkommen lässt: der vehementen Erwartungshaltung von Blumenkranzproduktion. Arp schreibt dazu: »Es gehörte viel Mut dazu, im Jahre 1915 an der Kunstgewerbeschule von Zürich zu unterrichten, wenn man die Absicht hatte, den Kampf gegen den Blumenkranz aufzunehmen. [...] Scharen junger Mädchen eilten aus allen Kantonen der Schweiz nach Zürich mit dem brennenden Wunsch, unaufhörlich Blumenkränze auf Kissen zu sticken.«[39]

Obrist hat mit seinem Gang in die Natur anderes vor, ihm geht es nicht um das bloße Nachahmen der floralen Formen. Die angehenden Kunstgewerbler sollen in der Natur mit den dort aufgefundenen organischen Formen ihre Möglichkeitsspeicher anreichern, um dann bei den zu gestaltenden Gegenständen möglichst adäquate Lösungen parat zu haben, um den Anforderungen von deren »konstruktiven Wesen« gerecht zu werden. Die Blumen bieten also nur Strukturmöglichkeiten. Je mehr sie das »Spiel aller den Organismus belebenden Kräfte« in Bewegung versetzen, anstatt es zu fixieren, desto besser für die gestalterische Adäquanz. »Der Naturalismus schwindet, der Stil ersteht.«

Man nehme zum Beispiel, um nicht gleich mit dem Schwersten zu beginnen, eine Haferrispe. Für den normalen, also künstlerisch nicht begabten Menschen ist sie nichts anderes als eine gewöhnliche Haferrispe. Und genau da liegt das Problem. Falls der Student an dieser Rispe nun etwas Besonderes entdeckt, z. B. den Eindruck ihrer Zartheit und Leichtigkeit, und er kopiert die Rispe lediglich kunstfertig, dann hat der nicht-künstlerische Rezipient wieder nur eine nichtssagende Rispe vor Augen. Es gilt also, die Bedingungen der entdeckten Zartheit zur Darstellung zu bringen. Man kann skizzenhaft ausprobieren, wie das Zusammenspiel der einzelnen Teile Effekte von Schwere und Leichtigkeit hervorbringt. Je leichter und gebogener man das Ästchen zeichnet, desto schwereloser erscheint die daran aufgehängte Ähre. Ein erster didaktischer Erfolg in Debschitz' Unterrichtskonzept, aus dem dieses Beispiel stammt. Nun kann der Schüler noch einen Schritt weiter gehen und versuchen, diese Effekte ohne das Ästchen zu erzielen, und zwar allein dadurch, wie die Ähre geformt und wie ihr Schwerpunkt gekennzeichnet ist. Wenn der Natur auf diese Weise die »eigenen Ausdrucksmittel«[40] abgelauscht worden sind, können sie auf die zu ornamentierenden Gegenstände angewandt werden: »Sobald ich nun dies Mittel erkannt habe, nach Gutdünken den Eindruck der Leichtigkeit oder Schwere über die Natur hinaus zu steigern, oder ihn abzuschwächen, bin ich Herr über die Erscheinung; ich beginne erst zaghaft, dann freier zu gestalten, meine Phantasie entwickelt sich und wenn ich das gleiche Problem von leicht und schwer Hängen noch an andern Naturformen studiere, so beginnt die Fähigkeit, allerhand Hängeschönheiten zu erfinden und diese dort anzuwenden, wo aus künstlerischen Gründen jener Eindruck hervorgerufen werden soll, z. B. einen Wandteppich, den Stoff eines Kleides so zu bemustern, daß er schwer oder leicht erscheint.«[41]

Auch im Curriculum der Ausbildungsstätten des deutschen Kunstgewerbes vollzieht sich also der Wechsel hin zum Geflecht der Beziehungen, hin zu einer musikalischen Struktur. Obrist spricht von »freie[n] musikalisch-rhythmische[n] Phantasien, voller Schwingungen, Kurven, voller Vertikalen, Horizonalen und Spiralen, wobei die Pflanzen und die farbigen Blüten nur das Material bildeten, auf daß der Beschauer sich etwas dabei vorstellen könne.«[42] Auch van de Velde nimmt die Kompositionsmetapher in Anspruch: »Es war der Gedanke, dass die Linien unter einander dieselben logischen und konsequenten Beziehungen haben wie die Zahlen und wie in der Musik die Töne, der mich dazu brachte, nach einer rein abstrakten Ornamentik zu forschen, welche ihre Schönheit aus sich selbst und aus der Harmonie der Konstruktionen und der Regelmässigkeit und dem Gleichgewicht der Formen, die ein Ornament zusammensetzen, schöpft.«[43] Auch im Design gibt es also die Forderung nach einem inneren Weltneuaufbau, die Kunstgewerbler sind Neo-Pathetiker der Natur.

Obrist hat mit dem sogenannten Peitschenhieb (s. Bildteil) ein von den Zeitgenossen befeiertes Emblem für die Anverwandlung von floralen Formen geschaffen. Die in einen Wandteppich gestickte Linie ist auf den zweiten Blick durchaus als Blumenform erkennbar. Aber zuallererst blickt man auf eine Manifestation von Kraft, auf die der Betrachter mit mannigfaltigen Assoziationen antwortet: als »Peitschenhieb« etwa, der dem Wandteppich seinen inoffiziellen Titel gab, als Blitz oder als machtvolle Signatur – der »trotzige Namenszug eines grossen Mannes, eines Eroberers, eines Geistes, der durch neue Urkunden, neue Gesetze gebietet«.[44]

Die Persönlichkeit soll zum Ausdruck gelangen: Das ist die Gegenreaktion auf das Nachahmen von Vorbildern, auf das unschöpferische Sich-Einreihen in die Tradition. Die Pflanze ist dafür ein denkbar passendes »Material«, eignet sie sich doch gut als Metapher für eine freie, von allen vermeintlich künstlichen Begrenzungen unangekränkelte Entfaltung. »Wir wollen verhindern, dass die frisch emporsprossenden Pflanzungen der gesunden ihrer Kraft frohen Geister nicht auch fernerhin von den Tritten der Wühlenden zerstampft werden«,[45] heißt es im *Pan*-Artikel zu Obrist – mit den grob

Wühlenden sind diejenigen gemeint, die sich mit den Mustern der Vergangenheit abgeben. Deswegen gibt es in den Lehrateliers im ersten Jahr eine allgemeine Orientierungsphase. Die Studenten sollen sich allumfassend bilden, sich ausprobieren, ihre Persönlichkeit soll wachsen dürfen.

Das Unterrichtskonzept scheint aufzugehen. Schon in der ersten öffentlichen Ausstellung der Lehr- und Versuch-Ateliers staunt ein Berichterstatter über »eine für Schüler merkwürdige Fähigkeit der Abstraktion in dem Sinne von Uebertragung der Natureindrücke ins Formale«. Er schreibt weiter: »Ein Zweites überrascht: Das Temperament, das in der Verteilung der Massen und Kontraste, ganz besonders aber in der Führung und Kombinierung der Linien fast durchgängig sich zeigt.«[46] Und über ebendieses Temperament heißt es: »Es ist vielmehr nervös und subtil, gespannt, verfeinert, erregbar, ein Temperament der Nerven und des Intellekts.«[47]

Und dennoch ist dabei noch zu viel Pflanze im Spiel. In zweierlei Hinsicht: als zu abstrahierender Gegenstand für die Ornamentierung und als Metapher für die frei wachsende Persönlichkeit. Wenn man den Weg konsequent weitergeht, wenn die Linie irgendwann wirklich gänzlich befreit ist davon, irgendwelche floralen Muster nachzuahmen, bleibt dann die pure Persönlichkeit übrig, der Kandinsky'sche Mönch mit seiner »inneren Notwendigkeit«, den Ball so sehr schätzte? Die Dadaisten werden auch in dieser Hinsicht ein Paradox ins Zentrum ihrer Produktion, ihres Nachforschens stellen: die Linie sowohl vom Zwang zur Nachahmung zu befreien wie auch vom Zwang, die Persönlichkeit des Künstlers zum Ausdruck zu bringen.

Die Lehr- und Versuch-Ateliers versammeln begabte Design-Studenten und steigern deren sensitives Temperament. Sophie Taeuber ist derart talentiert und gut ausgebildet, dass ihr schon bald, im Mai 1916, die Leitung der Textilklasse der Zürcher Gewerbeschule angetragen wird. Jetzt aber, im November 1915, besucht Taeuber noch als Studentin die Galerie Tanner. Wenn zu Dada gehört, dass eigentlich

Unvereinbares miteinander auskommen darf, dann ist das Zusammentreffen von Taeuber und Arp maximal undadaistisch. Taeuber blickt in der Galerie mit Arps »Bauten aus Linien, Flächen, Formen, Farben« auf denselben Rückbau hin zu den elementaren Formen und Kräfteverhältnissen, an dem sie selbst die ganze Zeit arbeitet. Arp sagt später über ihre Arbeiten: »Die wesentlichen Elemente des irdischen Bauens waren hier aus den barocken Wucherungen herausgeschält: das Aufrichten, Emporragen, das Aufrechte des klaren Lebens und das Waagrechte, das Ausgestreckte, Lagernde der sinnenden Ruhe.«[48]

Und auch das Ausstellen der Eigenlogik des verwendeten Materials passt zu den Reformbemühungen der Kunstgewerbler: »Nachdrücklich zeigen meine Möbel, daß sie aus Holz sind; mit Stolz und Freude lasse ich jede Fuge sehen«,[49] schreibt van de Velde. Aber das Holz ist nur ein Beispiel, denn es geht ihm grundsätzlich um eine »offene Schaustellung des Herstellungsverfahrens; der Weise, wie man diese Stoffe behandelt und das anstandslose Eingeständnis der bei ihrer Zusammenfügung angewandten Mittel«.[50]

Arp und Taeuber treffen sich also in denselben Vorhaben der Abstrahierung und der Hinwendung zum Material. Und beginnen sofort miteinander zu arbeiten. In Taeubers winziger Zürcher Wohnung findet die Arp'sche Tendenz zum Bosseln und Spielen durch Taeubers Einfluss die Konzentration aufs Elementare. »Wir sehnten uns nach der klaren Flut, nach der heiligen Gelassenheit, welche die Unterschiede, die Dinge, das Leben, die Zustände, die Ereignisse umschlingt, durchdringt, aufhebt«,[51] schreibt Arp über die Zusammenarbeit (s. Bildteil).

Arps und Taeubers Werke sind in dieser Phase geprägt von symmetrischer Strenge, leben vom Austarieren geometrischer Proportionen. Das führt zu einem der seltsamsten publizistischen Produkte des Dadaismus. Im Gegensatz zum Zusammentreffen von Arp und Taeuber ist das Zusammentreffen von Arps Holzschnitten mit den Huelsenbeck'schen Gedichten in dem Band *Phantastische Gebete* maximal dadaistisch. Denn Huelsenbecks Gedichte sind wüste Satzcluster, sind ein Zusammengestülpe aus dem zeitgenössischen Sprachgelärme. »Die menschliche Null wird mit gebührender Schaumschlägerei begrüßt«, schreibt Arp über den Band: »Huelsenbeck hat in diesen Gedichten den höllischen Spuk der irdischen Verwirrung, Unordnung, Eitelkeit, Dummheit in einem anschaulichen Größenverhältnis dargestellt, welches den unfaßlichen Irrsinn des unmenschlichen Treibens sinnfällig zu überblicken erlaubt.«[52] Später, wenn Huelsenbeck in Berlin ist, wird es eine neue, von George Grosz illustrierte Ausgabe der *Phantastischen Gebete* geben. Eine Kombination, die unmittelbar einleuchtet: Eitelkeit, Dummheit, Irrsinn und Schaumschlägerei finden in den verzeichneten, dreisten Fratzen von Grosz eine wahrlich eindrückliche Anschauung. 1916 aber setzt Arp der Schaumschlägerei der *Phantastischen Gebete* Transparenzlinienpräzision entgegen: symmetrische Strenge und die indifferente Maserung des Holzes.

Taeuber und Arp wollen in ihrer gemeinsamen Arbeit der Klarheit der Formen, dem Ideal der Proportionen immer *noch* ein Stück näher kommen und versuchen, alles dabei Störende zu minimieren. In der Hauptsache ist das der Künstler selbst, der Mensch, der sich ständig einmischt mit seiner kleinen besserwisserischen Vernunft.

Arp hatte in seiner Pariser Zeit den schwedischen Maler Viking Eggeling kennengelernt, einen bis zur Ungeselligkeit zurückhaltenden Menschen, der aber zum feurigen Diskutanten wurde, wenn es um die Grundsätze der modernen Kunst ging. Er suchte nach einer Bildersprache, die der kontrapunktischen Klarheit und Strenge der Musik entsprechen solle. Arp trifft ihn 1917 in Ascona wieder, wo er eine Unmenge Papier mit zeichnerischen Versuchen von Grundelementen dieser Sprache gefüllt hat. Eggeling ist derart besessen und verzweifelt von dieser Suche, dass Arp ihm einmal die Remington aus der Hand reißen muss. Womit nicht die Schreibmaschine gemeint ist. Als Eggeling 1918 nach Zürich kommt, bereitet er dem deutschen

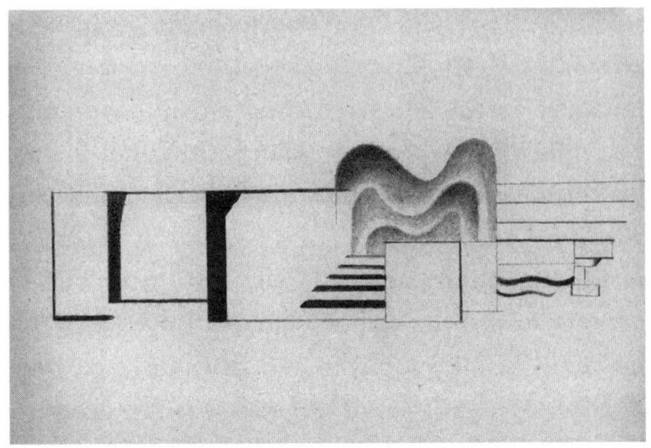

Viking Eggeling: Orchestration Horizontal: Vertikal, 1918

Maler Hans Richter, der 1917 zu den Dadaisten gestoßen ist, eine Art Erweckungserlebnis. Eggeling hat genau das Regelwerk für das In-Beziehung-Setzen der Linien im Gepäck, um das Richter zu dieser Zeit ringt: »Eggeling hatte an der Linie, als dem Urelement, angesetzt und arbeitete an dem, was er ›Orchestrierung‹ der Linie nannte […]. Es war dies ein Zusammenspiel von Linienbeziehungen, die er (wie ich, in der positiv-negativ Beziehung der Fläche) in kontrapunktischen Gegensatzpaaren in einem allgemeinen System der Anziehung und Abstoßung von Formpaaren geordnet hatte. Er nannte es ›Generalbaß der Malerei‹. Die Zeichnung, die mich bei unserem ersten Zusammentreffen so betroffen hatte, war, so erklärte er mir, aus einer methodisch-schöpferischen Anwendung dieses ›Generalbasses‹ entstanden.«[53]

Auch Duchamp denkt nach der Abkehr von der herkömmlichen Malerei darüber nach, wie er zu einer unpersönlichen Form des Zeichnens finden kann: »Die Hand völlig zu vergessen, das ist die Idee … Wenn du zeichnest, egal was du tust, dein Geschmack kommt unterbewußt ins Spiel. […] Ich wollte etwas finden, um dem Gefängnis der Tradition zu entrinnen … Ich konnte mich nicht völlig befreien, aber ich versuchte es ganz bewußt. Ich verlernte zu zeichnen … Ich mußte tatsächlich mit der Hand vergessen.«[54] Das Urinal ist für Duchamp weit mehr als eine bloße Provokation. Wie die anderen Readymades – das auf einen Hocker montierte Fahrrad-Rad, der Flaschentrockner oder die mit »In Erwartung des gebrochenen Arms« betitelte Schneeschaufel – folgt es dem Ideal der abgeschafften Künstlerhand. Ein Ideal, das erst dann verwirklicht ist, wenn die Hand gar nichts mehr zu machen hat und der Künstler mit bereits Vorhandenem »arbeiten« kann. Arp und Taeuber haben die Hand bereits abgeschafft, sie bilden Linien und Formen direkt mit dem Material. Aber noch das Schneiden des Papiers mit der Schere birgt die Gefahr, dass sich die Persönlichkeit des Schneiders bemerkbar macht, deswegen benutzt Arp alsbald lieber eine Papierschneidemaschine.

Und eine Entdeckung kommt ihm bei dem Vorhaben, den eigenen Kunstwillen auszuschalten, zupass: der Zufall. Arp ließ einmal Papierfetzen, derer er künstlerisch nicht habhaft wurde, verärgert zu Boden fallen und war überrascht, wie gut sie sich dort auf dem Boden zufällig fügten, zumindest erzählt es Hans Richter so.[55] Arps Fetzen auf dem Boden: Das ist sein Mini-Cabaret-Voltaire, das ist derselbe Vorgang, den Ball für sein Varieté zu nutzen wusste. Der Zufall wird zum entscheidenden Element, welches das Balancierungsvermögen des Künstlers durch dessen Verunmöglichung perfektioniert.[56]

Es ist ein Fund, der in diesen Jahren an vielen Orten von verschiedenen Künstlern unabhängig voneinander genutzt wird. Duchamp etwa verknüpfte schon 1914 den Zufall mit der Suche nach der reinen, von jeglicher Künstlerhand befreiten Linie. Er lässt drei ein Meter lange Bindfäden aus einem Meter Höhe auf den Boden fallen. Ihre jeweiligen zufälligen Rundungen und Krümmungen werden zu neuen grundlegenden Maßeinheiten, die den Norm-Meter ersetzen.

Und in Amerika nutzt 1916 der Künstler Man Ray einen Arp-ähnlichen Effekt für ein Gemälde. Ray will akrobatische Formen auf die Leinwand bringen und schneidet aus Papier Skizzen aus. Das Ergebnis befriedigt ihn nicht, die Komposition ist ihm zu dekorativ. Als er aber auf die zu Boden gefallenen Ausschnittreste blickt, sieht er dort die Lösung: »Sie bildeten eine abstraktes Muster, das der Schatten des Tänzers«[57] hätte sein können, und so entstand das Werk »Seiltänzerin begleitet sich selbst mit ihren Schatten«.

ABGESONDERT

Im August 1916 zieht der vor seinem eigenen Cabaret geflohene Hugo Ball an das gegenüberliegende Seeufer nach Ascona. Die langhaarigen Naturmenschen fallen ihm auf, aber sie interessieren ihn nicht weiter, sind sie doch in ihrem Habitus scheinbar meilenweit von ihm entfernt. Sie wandeln schlafblöde »in Sandalen und römischer Tunica«,[58] wie er an Tzara schreibt. Und dennoch findet Balls Sezession in Ascona einen Ort, dem die Fluchtbewegung als Tradition bereits eingeschrieben ist. In der »Absonderung; im Verlassen, im Sichentziehen der Zeit«,[59] liegt für Ball nun die Möglichkeit, die Grenzen des Natürlichen, des Vorfindlichen überschreiten zu können, so schreibt er. Das hat er dann doch mit den langmähnigen Vegetariern gemein, die Ascona zu Beginn des Jahrhunderts zu einer Kolonie der Absonderungswilligen und Zeitflüchtigen gemacht haben.

Eine Musiklehrerin, ein am Tod vorbeigeschrammter belgischer Industriellensohn, eine Bürgermeistertochter und ein österreichischer, des Oberleutnantsdaseins müder Oberleutnant haben sich im Jahr 1900 aufgemacht, eine Gemeinschaft weitab ihrer angestammten Milieus und vorgezeichneten Lebensläufe zu gründen. Den Bruder des Oberleutnants, Gusto Gräser, haben sie mit dazugenommen. In den Hügeln oberhalb von Ascona kaufen sie ein Stück Land und versuchen es urbar zu machen: Der Monte Verità entsteht. Doch schnell kommt es innerhalb dieser Fluchtbewegung zu einer weiteren Sezession, die Zukunftspläne erweisen sich als zu unterschiedlich. Als die einen ein für zahlende Gäste offenes Sanatorium planen, ist das den Gräser-Brüdern zu kommerziell. Karl beharrt auf völliger Autarkie, will nur benutzen, was er selbst hergestellt hat, und zieht einige Hügel weiter. Gusto verlässt die Siedlung ganz. Und als er wiederkommt, macht er es sich in einer Höhle bequem, er wird zum Urtypus des Aussteigers: »Nicht unkünstlerisch umhüllt eine lange härene Tunika über Kniehosen die hohe Gestalt eines 22jährigen Burschen. Langes straffes Haar ist durch ein ledernes Diadem von dem sehr regelmäßigen Gesicht zurückgehalten. Bloßfüßig oder mit Sandalen an den Füssen schreitet er dahin, ein Täschchen mit dichterischen Ergüssen umgegürtet, einen Hirtenstab in der Hand.«[60]

Die Anleitung zur gesellschaftlichen Sezession hat Gustav Landauer mit seiner Schrift *Durch Absonderung zur Gemeinschaft* verfasst, die ihr Programm bündig im Titel stehen hat. Darin stellt Landauer seiner Gegenwart ein unschmeichelhaftes Zeugnis aus. Der durchschnittliche Mitmensch sei wie ein entfernter Verwandter. Natürlich liebe man ihn, aber dies falle zunehmend schwer, denn man verstehe die Art und Weise, wie er lebt, nicht mehr: »Sie haben ihre Menschheit mit staatlicher und gesellschaftlicher Niedrigkeit und Verblödung, sie haben ihre Tierheit mit Heuchelei und Sitte, mit Feigheit und Unnatur so gräßlich entstellt und beschmutzt, daß sie kaum in ihren seltenen Stunden der Beseligung oder des innersten Leids als sie selbst aus ihren Masken emportauchen.«[61] Das ist so eine grundsätzliche Kritik, da gibt es keine Anknüpfungspunkte für Verbesserung mehr, da braucht es einen Neuanfang.

Kleine Gruppen sollen sich absondern und auf gesellschaftlich unbeflecktem Felde an der Freilegung des wirklich Menschlichen arbeiten. »Aus Liebe zum jämmerlich verirrten Menschengeschlecht, aus Liebe auch zu denen, die nach uns kommen, aus Liebe schließlich zu unserem eigenen Allerbesten wollen wir von ihnen fortgehen, wollen wir unser eigenes Leben und unsern eigenen Verkehr, wollen wir unsere eigene Arbeit endlich für unseres Lebens Bedarf uns schaffen. Fort vom Staat, soweit er uns gehen läßt oder soweit wir mit ihm fertig werden, fort von der Waren- und Handelsgesellschaft, fort vom Philistertum!«, ruft Landauer den Wenigen, den Vereinzelten, den Absonderungswilligen zu. »Schaffen wir [...] eine kleine Gemeinschaft in Freude und Tätigkeit, schaffen wir uns um als vorbildlich lebende Menschen. Lassen wir all unsere Triebe aus uns heraus: den Quietismus wie die rührige Betriebsamkeit, die Versunkenheit wie die Festesfreude, den Arbeitsdrang wie den Luxus unseres Geistes.«[62]

Trotz seiner Vereinzelungstheorie ist Landauer mit ihr nicht allein. Industrialisierung und Rationalisierung führen zu mannigfaltigen Versuchen, einen Weg jenseits von Kapitalismus oder Kommunismus einzuschlagen. Sollte es nicht möglich sein, eine wahrhaft vernünftige Art des Zusammenlebens zu konstruieren, anstatt sich mit den quasi-naturwüchsigen Ergebnissen der rasanten Industrialisierung, des bürgerlichen Moralkorsetts, marxistischer Verwissenschaftlichung oder rüder Arbeiterfolklore zufriedenzugeben?

Das Nachdenken über Hygiene, über Ernährung, über eine Neuorganisation der Landvergabe gebiert ein Bündel an reformatorischen Visionen und alternativen Projekten. Die Dichter- und Herausgeber-Brüder Julius und Heinrich Hart beispielsweise gründen aus ihrem Friedrichshagener Dichterkreis heraus eine »Neue Gemeinschaft«, die sich 1901 am Berliner Schlachtensee ansiedelt, in der sich z. B. Herwarth Walden und Else Lasker-Schüler kennen- und lieben lernen. Auch hier ist weniger der Klassenkampf die treibende Kraft als der Versuch, das von der modernen Welt Auseinandergetriebene wieder zusammenzubringen: »In inniger Verschmelzung von Religion, Kunst, Wissen und Leben sucht die Neue Gemeinschaft das Menschen- und Menschheitsideal, die Vollendung des einzelnen und der Gesamtheit zu verwirklichen.«[63] Die sogenannte Gartenstadt Dresden-Hellerau ist ein weiteres Beispiel für das Vorhaben, dem urbanen Wildwuchs und der maßlos gewordenen Grundstückspekulation genossenschaftliche Planung entgegenzusetzen.

Als der Landauer-Vertraute Erich Mühsam 1905 Ascona erkundet, sitzt ihm die Enttäuschung über das Scheitern der Hart'schen Neuen Gemeinschaft noch in den Knochen. »Als ich vor gut 3½ Jahren mit dem ganzen Enthusiasmus eines vom bourgeoisen Betrieb Angeekelten in der Neuen Gemeinschaft Zuflucht suchte, in der sicheren Voraussetzung, daß all das, was die Brüder Hart damals in ihren Broschüren über das neue Land sagten, das sie gründen wollten, nicht nur Worte seien, sondern Aufstachelung zu kräftigem Tun [...] – da glaubte ich nicht, daß all das, was viele wertvolle und freiheitlechzende Menschen begeistert zusammenführte, eines Tages als Damenkleider-Schleppen durch den Kot gezerrt werden würde.«[64] Mühsam sieht im Ascona-Projekt viele Kardinalfehler von »Sonderling-Colonien« wiederholt: ideologische Unduldsamkeit, auf läppische Ziele (Vegetarismus) verschwendeten Fanatismus, die Beteiligungen von Frauen, die laut Mühsam bei allen sonstigen Vorzügen nicht fürs Große und Organisatorische gemacht sind.

Was die Zukunft einer neuen, besseren Gemeinschaft auf dem Monte Verità anbelangt, hegt Mühsam also keine große Hoffnungen. Aber Ascona ist der Geburtsort jener Idee, mit der er die Boheme in München und Berlin antreiben und am Ende überfordern wird: der Idee von der Gemeinschaft aus den von der Gemeinschaft verstoßenen Kainssöhnen. »Die Menge aussergewöhnlicher Erscheinungen, die schon jetzt hier ihren Wohnsitz haben, in Verbindung mit dem duldsamen, freiheitlichen Charakter der eingesessenen Bevölkerung und der relativ geringfügigen Belästigungen der Bewohner durch die staatlichen Gewalten im Kanton Tessin, prädestinieren Ascona zu einer Sammlungsstätte solcher Menschen, die infolge ihrer individuell gearteten Veranlagung ungeeignet sind, jemals nützliche Mitglieder der kapitalistischen menschlichen Gesellschaft zu werden.«[65] Wie sehr die Boheme in den Cafés von Berlin, München und später Zürich Mühsam auch immer wieder in der Wirklichkeit enttäuschen mag – ihre Idee als Gemeinschaft von Gemeinschaftsflüchtigen kommt vom paradiesischen Fleckchen Erde in Ascona her.

Landauers Programm von der »Gemeinschaft durch Absonderung« versucht, Resignation in Mystik zu wenden. Landauer ist Sozialist durch und durch. Sein Ringen gilt der gerechten Verteilung der Güter angesichts des Skandals der »überall zur Wirklichkeit gewordene[n] Möglichkeit, daß man trotz wirtschaftlich nützlicher Arbeit arm sein, bleiben oder werden kann, und daß man trotz wirtschaftlich unnützer Arbeit oder völliger Arbeitslosigkeit reich sein, bleiben oder werden kann; ferner gegen die Möglichkeit und Wirklichkeit, daß man trotz des Willens zur Arbeit nicht zur Arbeit zugelassen wird«.[66]

Allerdings vollziehen sich diese Bemühungen vor dem Hintergrund eines zutiefst traditionellen Humanismus, der sich mit dem rohen Materialismus der meisten sozialistischen Richtungen nicht vereinbaren lässt. Übrig bleibt das Bedürfnis, sich den Zusammenhang der Welt von dem Wirrwarr der Moderne nicht auseinanderreißen zu lassen. Denn es gibt in Landauers Weltsicht noch die *eine* zusammenhängende Welt, noch die *eine* Menschheit, die Gemeinschaft, die das ganze Menschengeschlecht unterhalb aller profan gewordenen Gegenwart umfasst. All die modernen Menschen, die sich als Individuen verstehen, sind doch eigentlich »nur Erscheinungsformen und Durchgangspunkte, elektrische Funken eines Großen und Ganzen«, sind das »Aufblitzen des Seelenstromes, den man je nach dem [sic] Menschengeschlecht, Art, Weltall nennt«,[67] doch durch den modernen Individualismus haben sich die Menschen den Zugang zu diesem Großen und Ganzen verbaut. Landauer findet in seiner Gegenwart keine Wege mehr, die in Richtung des Seelenstroms führen könnten. Dann bleibt nur noch der Umweg über die Versenkung in das eigene Ich. Eine beschwerliche Strecke, denn es gilt dabei, dieses kleine Ich zugunsten des Welt-Ichs abzuschaffen. Erst dann tut sich die Möglichkeit einer neuen, besseren Gemeinschaft auf. »Sehen wir zu, wie wir Götter werden, wie wir die Welt in uns finden können.«[68]

Landauers Rede vom Seelenstrom ist einer von vielen Versuchen, den Vereinzelungstendenzen der modernen Welt zu begegnen. Gott musste sterben, weil seine weltlichen Vertreter das Beziehungsgeflecht der Trias Gott-Ich-Natur allzu oft zu seinen bzw. ihren Gunsten organisiert haben. Sein Tod bietet die Chance einer neu gedachten Verschränkung von Natur und Individuum, das Göttliche kann dabei auf vielfältige Art und Weise auf die beiden übriggebliebenen Instanzen verteilt werden. So entsteht um die Jahrhundertwende ein schwer zu durchdringendes Gestrüpp aus okkulten, theosophischen, monistischen oder einfach nur bizarren Heilslehren. Einige von denen, die sich gänzlich abgesondert haben, kehren als Propheten einer neuen Geistigkeit, Ganzheitlichkeit oder eines christlichen Selbstkultes zurück; als barfüßige Christus-Wiedergänger bevölkern sie Kaiserreich und Weimarer Republik. Dilettanten des Wunders.

VOLKSKUNST

Man täuscht sich, wenn man denkt, dass es eine einfache Aufgabe wäre, sich auf das Sterben des Grashalms vorzubereiten. Man muss sich sein Vertrauen verdienen, man muss ihn mit Bettwärme verwöhnen (beliebter und fataler Fehler: es mit Sonnenwärme zu versuchen). Dann gibt er vielleicht, wenn er sich zum Sterben entschlossen hat, sterbend sein Geheimnis preis. Vielleicht.

Wer dauernd bosselt und spielt, wer also der Ball'schen Definition von Grazie so dermaßen entspricht wie Arp, der ist fürs Manifest-Schreiben nicht der Begabteste. 1915, als Arp mit den van Rees' in der Galerie Tanner ausstellt, hat er sich dazu hinreißen lassen, ein Vorwort für den Katalog zu verfassen. Dieser Text ist wahrlich kein geschliffener. Worte fehlen, manche Begrifflichkeiten wie die »bestimmte Unbestimmbarkeit« sind so schwammig, dass sie von Arp selbst immer wieder anders erinnert und zitiert werden. Und man erschrickt, weil so ungraziöse Worte wie »Hass« darin fallen. Arp steht mit diesem Vorwort in der Tradition der mystischen Absonderung. Wie Landauer in der Gesellschaft versucht Arp in der Kunst einen verlorenen Zustand zu restituieren. Und spart nicht mit der Verteilung von Hass auf die Tendenzen, die diesen Zustand haben verloren gehen lassen. Der Feind ist wie bei Landauer der Individualismus, der Mensch hat sich zu sehr in den Vordergrund gespielt, ist eigensüchtig, überschätzt sich selbst. Nicht leicht zu bestimmen, was Arp mit dem schönen Ausdruck von den »Schamlosigkeiten der menschlichen Seitlichkeiten« sagen will. Womöglich spielt er darauf an, dass der Mensch den geraden Weg verloren habe, vielleicht übersetzt der Elsässer aber auch das französische Wort *coterie* (Seilschaften) zu wörtlich.

Auf jeden Fall gilt es, gegen diese Teilung das Gemeinsame wieder ins Recht zu setzen. Dem Künstler ist dabei die paradoxe Rolle der Selbstabschaffung zugedacht. Er soll nicht mehr Propagandist des eigenen Ausdrucksbedürfnisses sein, sondern Diener des Materials. Arp versucht, zurückzugelangen zu einer Volkskunst, die die Rolle des Künstlers als wie auch immer herausragenden Schöpfer nicht kennt. »Die ›neue Kunst‹ ist so neu, wie die ältesten Gefässe, Städte, Gesetze, und wurde von den alten Völkern Asiens, Amerikas, Afrikas und zuletzt von den Gothikern geübt«, heißt es im Katalogvorwort. Es geht um das von den »Kunststückchen« verdrängte Gefühl fürs Elementare, als da wären: »hoch, gross, weit, spitz, heben [sic], schwer, tief, hell, licht, farbig.«

Die Gotik ist in den 1910ern eine beliebte Bezugsgröße. Der Literaturwissenschaftler Wilhelm Worringer hatte mit seiner 1907 erschienenen Dissertation *Abstraktion und Einfühlung* einen Überraschungsbestseller geschrieben. Die Herleitung des Dranges nach Abstraktion aus der »großen inneren Beunruhigung des Menschen durch die Erscheinungen der Außenwelt«[69] traf den Nerv der Zeitgenossen. In seinem nächsten Buch schließt der inzwischen zum Kunstwissenschaftler konvertierte Worringer das Wesen der Gotik mit der eigenen Gegenwart kurz. »Doch es scheint, als ob unsere heutige psychische Verfassung uns wenigstens indirekt gotischen Werten wieder näher bringe. Denn wir sprechen allmählich das Wort Persönlichkeit mit einer gewissen Müdigkeit aus. Das siegesbewußte himmelstürmende Pathos des jungen Individualismus ist kläglich zusammengeschrumpft. Und es regt sich in uns etwas wie die Sehnsucht nach großen, notwendigen Werten, die über all das individuelle Lärmen hinausheben.«[70]

Wenn sich Däubler im Dom die Simultanität erkämpft, dann ist er also auf der Höhe des führenden Diskurses über die Kunst. Kessler schreibt beispielsweise über Johannes Becher: »Er erinnert an die grossen Gothiker, *ist* durch u. durch Gothiker; und sein De Profundis ein Seitenstück zu gothischen Domen [...]. Ich meine, dass für ihn das Pathos des Lebens in der unendlichen *Weite* seiner Spannungen und Gegensätze liegt, die sich aber trotzdem zu einer *Welt* zusammenschliessen.«[71] Die Gotik wird zum Inbegriff der Möglichkeit, noch einmal einen Zusammenhang herzustellen in Zeiten, in denen alles auseinanderstrebt. Wenn Hardekopf in seinem bildkräftigen Bericht über die Auftritte von Emmy Hennings von der »äußersten Verbiegung der Gotik« spricht, dann ist das ein Beispiel unter vielen, wie facettenreich sich die Inanspruchnahme der Gotik ausnimmt.

Die Kunst gehöre keinem genialen Individuum, sondern dem Volkskollektiv. Diese Gedankenfigur der Gotik lässt sich auch auf einen Künstler anwenden, der auf den ersten Blick wie eine Reinkarnation des genialischen Schöpfers aussieht. Wenn einer, dann habe Marcel Duchamp die Fähigkeit, Kunst und Volk miteinander zu versöhnen, schreibt Apollinaire in *Die Maler des Kubismus*. Duchamp hat sich später darüber sehr amüsiert und diesen Passus damit erklärt, dass Apollinaire ihn als jungen Künstler fördern wollte. Daher habe Apollinaire ihn unbedingt mit in das Buch hineinbringen wollen, zur Not eben mit der – angesichts der starken Verrätselungen in Duchamps Werk seltsam anmutenden – Etikettierung als zukünftiger Volkskünstler. Aber auf eine untergründige Weise hat Apollinaire recht, denn mit seiner Abschaffung der Künstlerhand, mit der Integration auch profaner Gegenstände in das Feld der Kunst betreibt Duchamp tatsächlich eine moderne Variante von einfacher, elementarer, unkünstlerischer Kunst.[72]

Auch das Kunstgewerbe beruft sich in seiner Konzentration auf Einfachheit, Handwerkskunst und Kollektivität auf die Gotik. Eine Rückbesinnung, die im Übrigen eine nationalistische Aufladung ermöglicht, wenn man die Gotik als die den Deutschen zugehörige Kunst versteht und ihre Wiederentdeckung als Befreiung von »geistiger Fremdherrschaft«. »Wir kommen in keiner Gruppe und keiner Tendenz Namen, sondern nur im Namen der grossen nationalen, deutschen Kunst«:[73] So klingt es beispielsweise, wenn ein Architekt Anfang des Jahrhunderts Spenden für ein eigenfinanziertes Bauwerk einsammeln will.

1907 gründet sich der Deutsche Werkbund mit dem Ziel, Massenproduktion und Kunsthandwerk zusammenzubringen. Fortan oszilliert er zwischen dem Versuch, die Moderne zu besänftigen, indem man dem unsäglichen Fabrikantengeschmack mit Ästhetik begegnet, und sie zu befeuern, indem man das Kunsthandwerk von sentimentalem Historismus befreit und auf die Höhe industrieller Produktion bringt.

Man will fortschrittlich sein, entsprechend wimmelt es bei den Stellungnahmen zum Kunstgewerbe von evolutionären Gedankenfiguren. Die Abschaffung oder zumindest Eindämmung des überbordenden Ornaments gilt als Indiz für den Menschheitsfortschritt. Je mehr sich die künstlerischen Erzeugnisse einer Zeit aus ihrer Zweckmäßigkeit herausentwickeln, desto höher sei der Stand dieser Kultur anzusetzen. Meint zum Beispiel der Publizist Walter Serner. Die Spitze der Evolution wäre erreicht bei Abschaffung des Ornaments. Meint zumindest Adolf Loos, dessen Verknüpfung von Ornament und Verbrechen sprichwörtlich wurde. Dann wäre alle Pflanzenseligkeit abgeschafft, auch und gerade der Wildwuchs der Persönlichkeit, die Künstlerhand würde nicht mehr wüten, alle »seitliche« Individualität wäre abgetragen. »Wir haben das ornament überwunden, wir haben uns zur ornamentlosigkeit durchgerungen. Seht, die zeit ist nahe, die erfüllung wartet unser. Bald werden die straßen der städte wie weiße mauern glänzen! Wie Zion, die heilige stadt, die hauptstadt des himmels. Dann ist die erfüllung da«,[74] prophezeit Loos. »Sehen wir zu, wie wir Götter werden, wie wir die Welt in uns finden können«,[75] lautete Landauers Ermunterung.

Mystik, Lebensreform und Kunstgewerbe bilden eine Gemengelage von konservativer sozialrevolutionärer Ambition. Wenn also in diesen Jahren jemand herumläuft und behauptet, Jesus Christus zu sein, dann ist das nicht unbedingt ein Ausweis von narzisstischer Störung oder Gaunerei. Sondern es könnte auch die Hoffnung dahinterstecken, es ließe sich im Landauer'schen Sinne eine neue, von all den Irrwegen der momentanen Gesellschaft befreite Menschengemeinschaft aufbauen.

Johannes Baader zum Beispiel, der Architekt, dessen Spendenaufruf wir gerade gehört haben, begegnet der Ablehnung seiner Entwürfe für den Neubau der allgemeinen Elektrizitätsgesellschaft in Dresden durch die Auswahlkommission nicht mit der Coolness von Marcel Duchamp angesichts der Probleme mit seinem Akt. Vielmehr macht Baader den Konflikt öffentlich, integriert seinen etwas spießigen Beschwerdebrief in sein Buch *Briefe eines Toten*, ebenso wie seine wütende Antwort auf die von ihm offen fingierte Reaktion der Elektrizitätsgesellschaft. Baaders nächste Veröffentlichung heißt und enthält »Vierzehn Briefe Christi« an heute nicht mehr bekannte Adressaten. Sie verfolgen allesamt den Zweck, darauf hinzuweisen, dass das Christentum in seiner momentanen Form obsolet geworden und es nun an der Zeit sei, ein »Christentum II« zu errichten. Aus der Tatsache, dass Jesus bereits auf Erden war, zieht der Band eine ganz einfache Konsequenz: Die Erlösung ist vollzogen, der Himmel ist schon da, jetzt und hier. Wir müssen nur noch dementsprechend handeln.

In der Folge formuliert Baader, der mit Bart und kragenlosem Hemd die Aussteigermode von Gusto Gräser anzitiert, die sogenannten »Acht Weltsätze«, für die er ab 1918 acht Nobelpreise reklamiert. Das klingt nach einem dadaistisch übersteigerten Gag – acht Nobelpreise für acht Sätze aus der Feder eines einzelnen Mannes, der als Künstler oder Wissenschaftler noch nicht besonders hervorgetreten ist? Aber seine Forderung folgt einer völlig plausiblen, klaren Strategie. Baader stellt den Menschen ins Zentrum des Kosmos. Alle Welterklärung muss vom Menschen ausgehen, deswegen lassen sich chemische, physikalische und alle weiteren nobelpreiswürdigen Phänomene vom Menschen aus erklären – beziehungsweise angesichts des Wunders, das der Mensch darstellt, angemessen befeiern.

Der Literaturnobelpreis wird in Anspruch genommen, weil die »Acht Weltsätze« als Text eine immense poetische Verdichtung leisten. »Die Menschen sind Engel und leben im Himmel.« Mit diesem ersten Satz ist ja eigentlich schon alles gesagt. Jegliches Versprechen auf ein himmlisches Reich anderswo als im Hier und Jetzt wird damit überflüssig, die Menschen sind bereits Engel, der Himmel ist schon hier. Das Leben ist schön, wer braucht ein Leben danach? Alle weiteren Sätze lassen sich hiervon ableiten. Das Kleinste und das Größte sind nur Variationen des Menschlichen, es ist nur eine Frage der Perspektive, ob man das Molekül eines menschlichen Organs, z. B. der Leber, für klein hält oder den menschlichen Planeten. Baader nimmt den Leser mit auf eine Weltraumreise, um diese Planetenverkleinerung zu demonstrieren. Und das bedeutendste Argument für den Literaturnobelpreis ist die Art und Weise, mit der Baader in seinem Text auch noch den Feind seiner Menschen-Kosmos-Weltsicht integriert und ihn dem ihm zukommenden Platz zuweist. Einmal angenommen, wir wären Baaders Einladung zur Weltenreise gefolgt, dann wären wir an Monden und »glühenden Sonnen« vorbeigekommen, hätten nun alles vergessen, stünden »mit dem Auge des unbeschwert Neugeborenen im Weltenflugzeug« und sähen ein zitterndes, flimmerndes »Pünktchen still vor uns schwimmen«. Es käme uns wahrscheinlich so vor wie ein letzter glühender Funke am Streichholz, »das wir nach Tisch bei unserer Zigarette achtlos hinaus

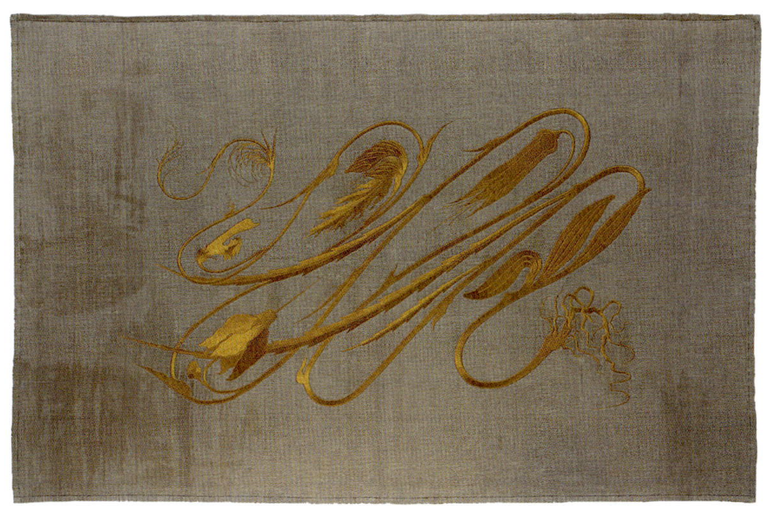

Hermann Obrist: »Peitschenhieb«.
Leinen mit Seidenstickerei, um 1895

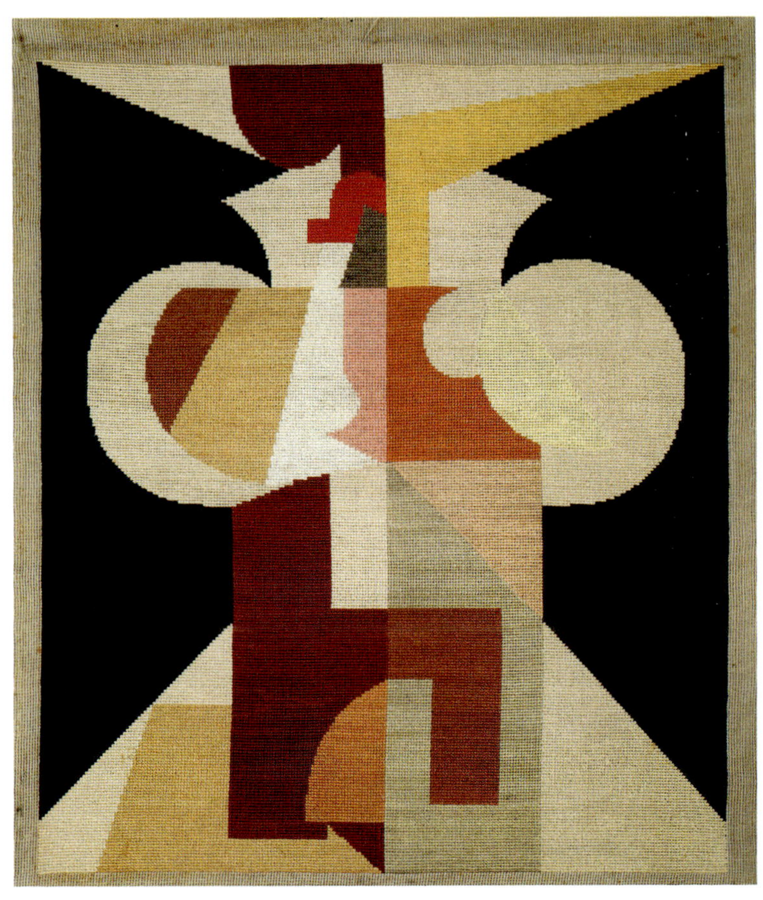

Sophie Taeuber und Hans Arp:
Symétrie pathétique. Broderie,
1916/17

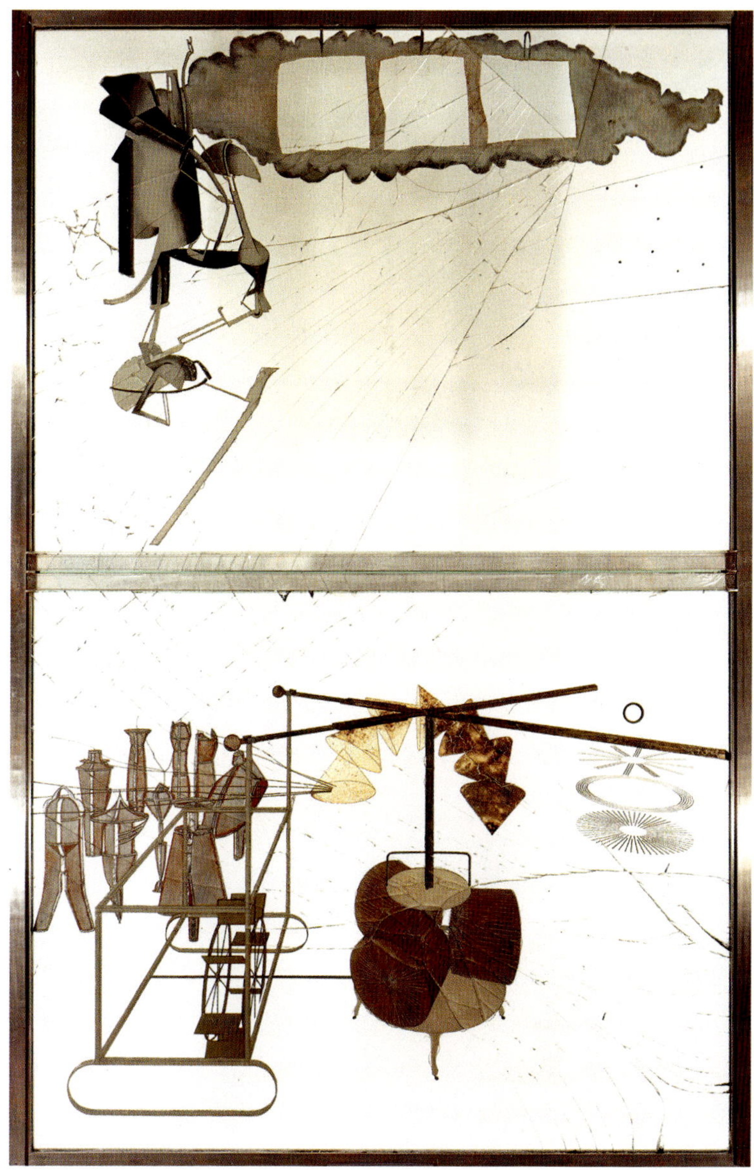

Marcel Duchamp: La Mariée mise à nu par ses célibataires, même.
Öl, Blei, Folie, Bleidraht und Staub zwischen zwei Glasscheiben,
1915–23

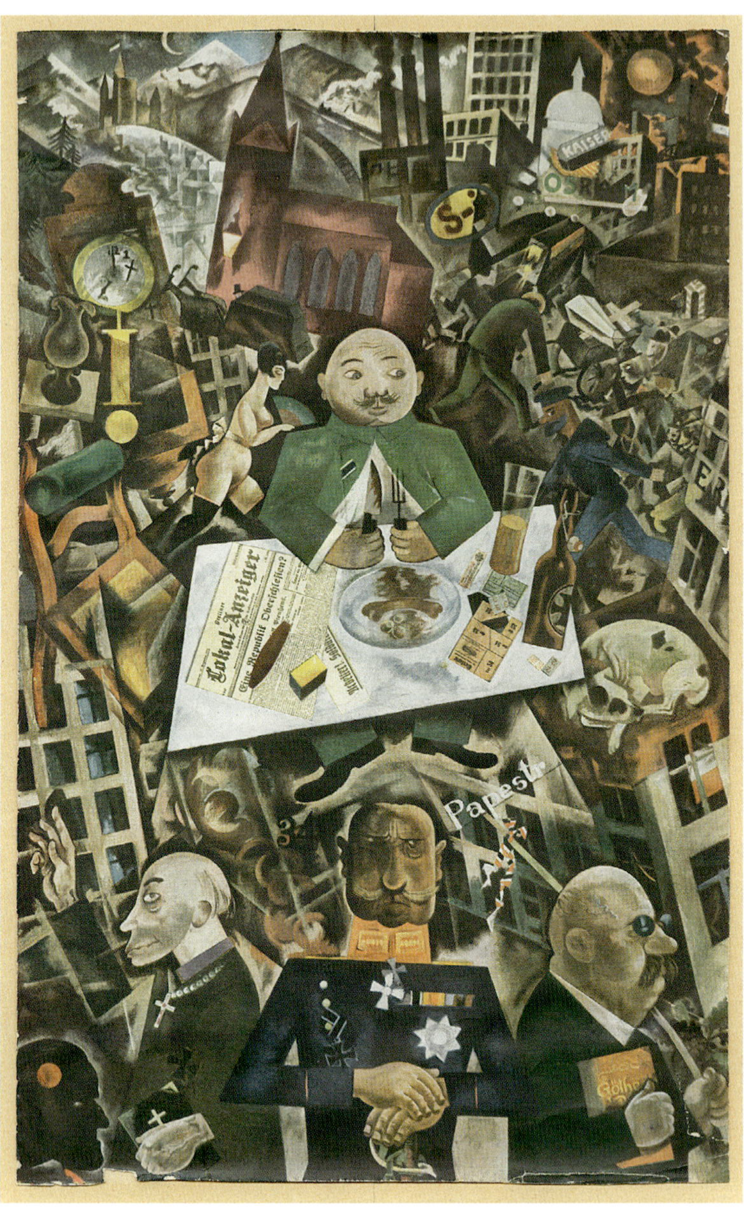

George Grosz: Deutschland, ein Wintermärchen.
Öl und Montage auf Leinwand, 1917/18

in das fressende Dunkel des Raums werfen«. Aber hoppla, da haben wir ja ganz übersehen, dass dieser kleine flimmernde Punkt unsere alte Welt war, eine Welt, »darinnen es Dinge gab, wie den Deutschen Reichstag und den Deutschen Kaiser und Nationen, die sich zerfleischten in zerbrochenen Wäldern, und sich töteten mit giftigen Gasen, und sich ertränkten in wogenden, wasserspritzenden Weltmeeren«. Nun ist es zu spät, das Streichholz ist weggeworfen, aber es ist ja nun auch nicht besonders schade drum. Johannes Baader, der einen ungemein befremden kann mit der Haltlosigkeit seiner Utopie, leistet in seinen Weltsätzen eine verführerisch lässige Kritik an seiner Gegenwart. In dieser Schilderung verwandelt er den Weltkrieg und die Akteure, die ihn zu verantworten haben, in eine winzige Lächerlichkeit, einen Treppenwitz. Was für eine unbedingt preiswürdige, großartig vermessen souveräne Geste.

ES GEHT WIEDER LOS

Noch während ihrer ersten Station am Lago, in Vira, geht Ball mit Hennings in die Kirche zur Abendandacht. Sein Auftritt im kubistischen Kostüm beschäftigt ihn immer noch. Angesichts der starken Wirkung, die von der Kerzenbeleuchtung des sakralen Gewölbes ausgeht, kommt ihm das Ambiente seines damaligen Auftritts völlig ungeeignet vor. Und so, wie er diesen im Tagebuch rückblickend schildert, macht er daraus ja auch ein Scheitern. Mitten im Vortrag waren alle deklamatorischen Mittel aufgebraucht, das Einzige, was da noch helfen könnte, die Blamage eines kompletten Spannungsabfalls abzuwenden, wäre: »die uralte Kadenz der priesterlichen Lamentation« anzunehmen, »jenen Stil des Meßgesangs, wie er durch die katholischen Kirchen des Morgen- und Abendlandes wehklagt«.[76] Ball ist nicht als »magischer Bischof« aufgetreten, sondern durch den verunglückten Auftritt erst zu einem solchen geworden. Er kam als Schamane, strauchelte und ging als Priester. In Balls Tagebuchdramaturgie markiert diese Konversion den Höhepunkt seines Abschieds von Dada.

Aber Ball möchte sich nach diesem Abschied noch nicht absondern, nicht als christlicher Mönch und schon gar nicht als schlafblöder Naturmystiker. Er möchte nun endlich zu den Sachen kommen, die beim täglichen Auftrittswahn liegengeblieben sind. Jetzt könnte doch endlich die Gelegenheit sein, sich als Schriftsteller und Publizist einen Namen zu machen. Er eruiert Publikationsmöglichkeiten, bei René Schickele beispielsweise, der für Beiträge in den *Weissen Blättern*, die er herausgibt, sogar Honorare zahlen kann, und bei dem Schriftsteller Leonhard Frank, der über vorzügliche Verlagskontakte verfügen soll und dem er sowieso in dessen schweren Depressionen und Suizidgedanken beistehen will. Ball erkundigt sich wegen seiner eigenen Werke, beispielsweise des kurzen Romans über seine Zeit im Varieté, aber auch wegen Hennings, die an ihrem Erfahrungsbericht *Gefängnis* schreibt, den Ball so herausragend findet, dass er ihn unbedingt veröffentlicht sehen will. Er reist mit Frank nach Ermatingen, in Schickeles Nähe, aber in ihrem Hotel werden gefangene deutsche Soldaten untergebracht, deswegen geht Ball wieder zurück nach Zürich.

Auch Arp bleibt nicht bei seinem Linienmystizismus. Seine schiere Produktionslust hält die Beschränkung auf die einfache, symmetrische Form nicht lange aus. Hans Richter erzählt davon, wie er Arp eines Morgens besuchte und eine Weile beobachtete, »wie er auf dem Papier Käfer, Pflanzen, Menschenfragmente, Violinen und Sterne, Schlangen und Ohren aus dem Tanz der Hand entstehen ließ.« Als er mittags wieder vorbeikam, »war der Tisch voll von Blättern Arpscher Vegetation«. »Was willst du?«, entgegnete Arp, es »wächst mir wie die Fußnägel. Ich muß es abschneiden, und es wächst mir dann immer wieder nach.«[77]

Das kleine Atelier von Taeuber und Arp wird alsbald zum Zentralbüro dieses lustvollen Produktionszwangs. Das Atelier wird zur

Märchenstadt, in der es von Wundertieren und -sachen nur so kreucht und fleucht. Die aus Differenzen gebaute Realität wird überrollt von befüßten Föten, anzüglich beschnurrbarteten Dampfmaschinenschornsteinen, zackigen Epileptikern, Zitzen Zotzen Warzen Kröpfen und so weiter und so fort. »Es war oft um sich die Haare auszureißen. Unser Schöpfungsdrang führte uns vom Hundertsten ins Tausendste. Vorschläge folgten Schlag auf Schlag auf Vorschlag. Entwurf folgte Wurf auf Wurf auf Entwurf. Es fiel uns ein, es fiel uns aus. Es wurde verworfen angenommen verworfen«,[78] erinnert sich Arp.

Wenn Tzara in seiner Chronik das Verb »purzelbäume-machen« für die Ausstellung in der Galerie Tanner in Anspruch nimmt – im französischen Wort *culbuter* steckt mit *cul* der Hintern –, dann projiziert er den Arp, wie er ihn kennengelernt hat, auf die frühere Ausstellung. Denn erst allmählich entwickelt Arp das Purzelbäumen mit organischen, naturhaften Formen, und am Lago Maggiore kann er es (im)perfektionieren: Alles, was er am Ufer gefunden hat, zeichnet er mit Pinsel und Tusche nach, »abgebrochene Äste, Wurzeln, Gräser, Steine«. Aber er zeichnet nicht einfach ab, er wirft Formideen, auf die er durch sie gebracht wurde, aufs Papier: »Diese Formen vereinfachte ich und vereinigte ihr Wesen in bewegten Ovalen, Sinnbildern der ewigen Verwandlung und des Werdens der Körper.«[79]

Die Schweiz ist ein neutrales Land, in ihr herrscht Friedenszeit. Für die deutschsprachigen Emigranten ist es keine große Frage, wohin man vor dem Krieg flieht, und für die Rumänen, die schon ein wenig Deutsch gelernt haben, liegt es ebenfalls nahe. Doch es gibt noch ein anderes Land, in dem man nicht nur dem Krieg entfliehen kann, sondern der Enge der europäischen Tradition gleich mit dazu. Amerika. Francis Picabia hat schon 1913 den spektakulären Auftritt genossen, mit dem die Armory Show in New York die aktuelle europäische Kunst ins amerikanische Bewusstsein gebracht hat. Seit 1905 gibt es einen kleinen Zirkel um Alfred Stieglitz' Galerie 291, die ein Schaufenster für die Entwicklungen der europäischen künstlerischen

Moderne ist. Picabia, der auf der Armory vertreten war, stellte 1913 auch bei Stieglitz aus, der Titel seiner Zeitschrift *391* ist Stieglitz' Magazin *291* abgeschaut. 1915 nutzt Picabia auf seiner Reise nach Kuba einen Zwischenstopp in New York, um an den Fortschritten seit der Armory zu partizipieren. Die Show hat ganze Lebensläufe beeinflusst. Walter Arensberg zum Beispiel, vermögender Erbe und Dichter in symbolistischer Tradition, fühlt, als er die Ausstellung besucht, sein ästhetisches Bezugssystem zusammenstürzen und erfindet sich mit seiner ebenfalls erbvermögenden Frau neu als Kunstsammler und Mäzen. In seinem Salon an der 47th Street West herrscht nun ein die Zeitgenossen überforderndes wie beflügelndes Gedränge von später kanonisierten Meisterwerken der Avantgarde. Und bald ein ebensolches Gedränge an Urhebern dieser Kunstwerke.

Aber Picabia genießt nicht nur die künstlerischen und gesellschaftlichen Zirkel um Stieglitz, Arensberg und anderen. Das ganze Land in seiner kühnen Fortschrittlichkeit führt zu einem Bruch in seinem Werk. 1915 beginnt er mit Arbeiten im Maschinenstil und veröffentlicht beispielsweise die Zeichnung einer Zündkerze unter dem Titel »Portrait eines jungen amerikanischen Mädchens im Zustand der Nacktheit« in der Zeitschrift *291*. »Die Maschine ist mehr als eine reine Lebenshilfe. Sie ist wahrhaftig Teil des menschlichen Lebens … vielleicht die wahre Seele. Bei der Suche nach Formen, durch die Ideen ausgedrückt oder menschliche Eigenschaften herausgestellt werden können, bin ich letztlich auf eine Form verfallen, die auf glänzendste Weise plastisch und voller symbolischer Bedeutung zu sein scheint. Ich habe die Maschinerie der modernen Welt aufgenommen und sie in mein Atelier gebracht«,[80] zitiert ihn die *New York Tribune*. Das Verhältnis der Künstler zu den modernen Maschinen hat sich deutlich entspannt. Laban hatte noch in seiner Zeit als Fähnrich mit seinen Kameraden einen Tanz um eine Lokomotive organisiert, um die übergroße und menschenunfreundliche Kraft zu bannen.[81] Marinetti hatte mit großen Gesten die Welt des Maschinellen in den altmodischen menschlichen Erfahrungskosmos hineinschießen wollen. Picabia nimmt in New York die Maschinen als selbstverständliche Bestandteile seiner Gegenwart: Material, das nicht zu nutzen ein Versäumnis wäre.

Am 15. Juni 1915 legt Marcel Duchamps Dampfer in Manhattan an. »Ich gehe nicht nach New York, ich verlasse Paris«, hatte er zuvor gesagt. Aber New York empfängt ihn prächtig. Mit seinem die Treppe hinunterlaufenden Akt war Duchamp der Star der Armory, zwei Jahre später hat er im Bewusstsein der amerikanischen Öffentlichkeit noch immer einen festen Platz. Deswegen muss er alsbald Interviews geben. Die Journalisten sind überrascht, dass der Urheber des Armory-Skandals ein so höflicher und feiner junger Mann ist: »Weder spricht er wie ein Künstler noch sieht er so aus noch gibt er sich so.«[82] Duchamp zeigt sich begeistert von der kühnen Traditionslosigkeit der Hochhäuser und der modernen Emanzipiertheit der amerikanischen Frauen. Und so wird sich sein langgehegtes Projekt von der Münchener Vorstudie ausgehend entscheidend verändern.

In der seltsamen Installation zwischen zwei großen Glasflächen, an der Duchamp in New York zu arbeiten beginnt, gibt es weiterhin die Junggesellen und die Braut (s. Bildteil). Aber deren Sphären sind zunächst deutlich getrennt, die Junggesellen habe keine Chance, der Braut so bedrängend nahe zu kommen wie in der Skizze. Die Braut thront in der oberen Hälfte des Glases, sie ist weiterhin dem Ausziehen durch die Junggesellen ausgesetzt, aber dieser Vorgang ist für die Braut nur der Zündfunke, den sie für den Motor ihres eigenen Verlangens benötigt. Die Junggesellen sind in dieser Begehrensmaschinerie bloß passive Lieferanten, sie sind eingespannt in komplizierte Reibungsmechaniken, die eher an Selbstbefriedigung denn an aktives sexuelles Verlangen gemahnen. Die Schokoladenreibe unten im Glas in der Mitte, die Duchamp im Schaufenster eines Schokoladenladens entdeckt und zum Objekt mehrerer Vorstudien gemacht hatte, gibt einen Eindruck von dem mühsamen Geschäft der Junggesellen. Diese hängen links unten zu neunt nicht als Individuen, sondern als bloße Repräsentanten gesellschaftlicher Funktionen:

Priester, Kaufhauslieferbursche, Gendarm, Kürassier, Polizist, Leichenbestatter, Lakai, Bedienungshilfe, Stationsvorsteher. Der komplizierte und von Duchamp nicht zu Ende gebaute, sondern nur in teilweise stark verrätselnden Notizen beschriebene Mechanismus des Begehrens hat sich seit dem Entwurf deutlich zugunsten des weiblichen Parts verändert.

Duchamp sieht gut aus, sein Lächeln ist unwiderstehlich. Wenn er bei den Zusammenkünften bei Arensberg nicht gerade Schach spielt, kann es durchaus sein, dass er von Frauen umringt ist. Aber im Vergleich zur Münchener und Berliner Boheme sind die Geschlechterrollen gleichwertiger verteilt. Die Frauen müssen nicht mehr solche Ausnahmefiguren wie Gertrude Stein sein, um sich der Rollenzuschreibungen zwischen komplizenhafter Hure und menschheitsbefreiendem Ideal erwehren zu können. Als Mina Loy zum Beispiel nach New York flieht, unter anderem um der Beziehung mit Marinetti zu entkommen, ist sie in Avantgarde-Kreisen bereits durch ihre Lyrik bekannt und kann nahtlos bei Zeitschriften und in den Künstlerkreisen New Yorks weiterarbeiten. Die gebürtige Amerikanerin und Liebhaberin europäischer Kultur Beatrice Wood nimmt sich trotz Upperclass-Elternhaus heraus, eine künstlerische Laufbahn einschlagen zu wollen, und nicht nur für Henri-Pierre Roché, den Autor des biografisch gefärbten Romans *Jules und Jim*, zu schwärmen, sondern auch für Duchamp. Zu dritt machen sie die Zeitschrift *Blindman*, in deren zweiter Nummer der Skandal des Urinals verhandelt wird.

Auch wenn Duchamp seine Braut im oberen Glas doch wieder auratisiert, er also wieder in die Falle der Erhöhung des irgendwie Allgemein-Weiblichen tappt – der größte »Fortschritt« zwischen Entwurf und Ausgestaltung liegt in der Veränderung des Titels. Es kommt zu »La Mariée mise à nu par ses célibataires« nur ein einziges Wort hinzu, noch dazu ein extrem unspektakuläres: *même*. Es wird nach einem Komma hinterhergeschoben. Wie bei allen Äußerungen von Duchamp haben sich die Exegeten darin überboten, das in diesem *même* steckende Geheimnis zu lüften. Dabei hat Duchamp das Geheimnis klar benannt: Es ist das Maximum an Geheimnislosigkeit, eine Laune, ein Spaß, der den Rest des Titels weniger gewichtig erscheinen lässt, ein Puffer an Indifferenz. »Nicht so wichtig«[83] war einer von Duchamps Lieblingssätzen.

André Breton hat Duchamps Attraktivität in ganz ähnlichen Termini beschrieben, als unwiderstehlich gerade durch ihre Indifferenz: »Die bewundernswerte Schönheit seines Gesichts drängte sich durch kein auffallendes Merkmal auf. In ähnlicher Weise ist alles, was man dem Mann sagen kann, wie gegen eine polierte Tafel geschleudert, die nichts von dem verrät, was in seiner Tiefe vorgeht. Und diese lachenden Augen, ohne Ironie, ohne Nachsicht, in denen die leiseste Andeutung von Konzentration stets verschwand und nur das Bemühen des Mannes offenbarte, ein liebenswertes Äußeres zu bewahren; Eleganz in ihrer gefährlichsten Weise, die weit über Eleganz hinausgeht und eine wahrhaft äußerste Ungezwungenheit ist.«[84]

Man Ray wird Tzara später schreiben, dass Dada keine Chance hatte in New York. »Ganz New York ist Dada, und es wird keinen Rivalen dulden.«[85] New York war immer schon einen Schritt voraus, es hat dem neuen Menschen ohne heftige Pathosgesten die adäquate Lebenswelt bereitet. Virginia Woolf spricht in einem Essay davon, dass sich irgendwann um 1910 die Welt verändert habe, unmerklich in den einzelnen Schritten, aber radikal in den Auswirkungen. Alte Hierarchien des alltäglichen gesellschaftlichen Beisammenseins brechen zusammen, die viktorianische Köchin, die bisher »wie ein Leviathan in der Tiefe« ihren Dienst versah, ist plötzlich sichtbar und fragt ganz unverfroren die herrschaftliche Gesellschaft nach modischem Rat, ebenso gerät das Verhältnis von Ehemännern und ihren Frauen, von Eltern und Kindern aus seiner langgehegten Bahn.

Die Zirkel, die in New York bei Arensberg oder auf Bällen zu Ehren der eigenen Zeitschriften feiern, gehen gewaltige Schritte in Richtung dieser neuen Lässigkeit. Sie gönnen sich Gesten der Provokation, aber mit einem ausgeprägten Grad an Verspieltheit. Man Ray beklebt ein Bügeleisen mit Reißzwecken und nennt das »Geschenk«. Duchamp erfindet mit Rrose Selavy ein weibliches Alter Ego, dafür malt er der Mona Lisa einen Schnurr- und Kinnbart. »Rrose Selavy« klingt, französisch ausgesprochen, wie »Eros, c'est la vie« (Eros, das ist das Leben), und unter die bebartete Mona Lisa schreiben er und Picabia »L.H.O.O.Q.« – wenn das ein französisch sprechender Mensch artikuliert, dann könnte man meinen, »Elle a chaud au cul« zu hören, auf Deutsch etwa »Sie ist heiß unterm Arsch«.

Aber hin und wieder gehört es zum Spaß dazu, den Kampf, die Wut und den Irrsinn, die sich nicht wegtänzeln lassen, aufs gesellschaftliche Parkett zu bringen. Auch dafür gibt es in New York die passenden Protagonisten. Auf den Brief Man Rays an Tzara ist eine Fotografie der nackten Elsa von Freytag-Loringhoven geklebt, auch »Dada Baroness« genannt. Ray will zeigen, dass auch die wüsteste Inkarnation dessen, was man sich unter Dada vorstellt, schon in New York angekommen ist. Die in Swinemünde geborene Elsa Plötz entflieht ihrem Elternhaus, ihren drei Ehen und sämtlichen Konventionen weiblicher Sexualität. In New York kommt sie als Gesamtkunstwerk an, stets wild behängt und bekleidet mit fantastischen Accessoires aus kuriosen Fundstücken und Müll. Wie Duchamp erstellt sie Ready-mades, die sie oftmals ebenfalls am Körper trägt, womöglich ist sie die Freundin, von der Duchamp erzählte, sie habe ihn auf die Urinal-Idee gebracht hat. Die Dada Baroness veröffentlicht Gedichte in der *Little Review*, als dort Joyces' *Ulysses* abgedruckt wird. Vor allem aber hält sie ganz Greenwich Village mit amourösen Nachstellungen und provokanten Schamlosigkeiten in Atem.

Ray hätte auch ein Bild von Arthur Cravan auf den Brief kleben können, der in Paris mit seiner Zeitschrift *Maintenant* die Künstlerszene mit schöner Gründlichkeit beschimpft hatte, der hünenhaft genug ist, um sich in Barcelona mit Jack Johnson einem Boxkampf auszusetzen, den er natürlich trotzdem grandios schrecklich mit einem schnellen K.o. verliert. Duchamp und Picabia laden den angeblichen Neffen von Oscar Wilde, als er in New York weilt, zu einem Kunstvortrag ein, der in einem Tumult endet, weil Cravan sturzbesoffen seinen Koffer mit gebrauchter Wäsche ausleert und das Podium samt den dort platzierten Kunstwerken beinahe K. o. gegangen wäre. »Sein köstlicher Vortrag wurde von höheren Gewalten unterbrochen, der brillante Vortragende entschloss sich, ihn in Sing-Sing zu Ende zu bringen, der sommerliche Treffpunkt für das New York, das sich amüsieren will«,[86] schreibt Picabia in *391*.

So wie sich Hugo Ball selbst als seltsam verschnürtes Wesen auf die Bühne zerrt, begrüßen die New Yorker Fast-Dadaisten die wüsten Auftritte der Baroness oder sorgen selbst für so etwas wie den »Cravan«-Skandal. Die Baroness und der Cravan-Koloss sind beides Mahnmale dessen, was nicht gänzlich in moderne, emanzipatorische Lässigkeit verwandelbar ist. Cravan wird mit Mina Loy nach Mexiko gehen, wo sie heiraten. Als sie das Land wieder verlassen wollen, probiert Cravan die Segelyacht aus: Loy steht am Strand und sieht dabei zu, wie Cravan hinter dem Horizont verschwindet. Sie wartet vergeblich. Abschied von der Rimbaud-Generation.

Inzwischen gibt es in Zürich zum Jahreswechsel 1916/17 einen neuen Versuch, einen neuen Anlauf für Dada. Der Lehrer, Schriftsteller, Buchhändler und Kunstliebhaber Han Coray beauftragte schon 1915 Otto van Rees und Hans Arp, den Vorraum des Neubaus der Pestalozzischule in Zürich mit Fresken auszumalen. Nun findet in seiner Galerie in der Bahnhofstraße, im zweiten Stock über dem berühmten Schokoladenladen von Sprüngli, dem das ganze Haus gehört, im Januar 1917 die erste Dada-Ausstellung statt.

Da Coray mit seinen Übernahmen von »Sturm«-Ausstellungen in finanzielle Bedrängnis gerät, übergibt er Ball und Tzara die Galerie im laufenden Betrieb, so dass sie sich im März »Galerie Dada« nennen darf. Der Ausstellungsbetrieb behagt Ball deutlich mehr als das Bespielen eines Varietés, er kommt seiner früheren Vision vom Gesamtkunstwerk viel näher. Außerdem hat Ball das Gefühl, dass nicht nur ihm die Dada-Auszeit gutgetan hat: »Die Barbarismen des Kabaretts sind überwunden. Zwischen ›Voltaire‹ und Galerie Dada liegt eine Spanne Zeit, in der sich jeder nach Kräften umgetan und neue Eindrücke und Erfahrungen gesammelt hat«,[87] schreibt er im Tagebuch.

Auch sind die Verhältnisse umgekehrt: Im Cabaret war die Kunst Dekoration fürs Varieté und die Erklärungen dazu eher Ruhe-Inseln zwischen den literarischen, musikalischen und tumultuösen Nummern. Für die bildenden Künstler Janco und Arp ist eine Galerie ohnehin das natürliche Biotop im Gegensatz zum Kneipenraum. Und Tzara entwickelt ein neues Talent, ein neues Ausprobierfeld: Nach seiner Rolle als Dompteur und Propagandist der Simultan- und Lärmgedichte kann er als Kunstexperte dem Role-Model Apollinaire noch ein Stückchen näherkommen. Tzara hält Vorträge über die ausgestellten Kunstwerke, über die alte und die neue Kunst, über den Expressionismus und die abstrakte Kunst, über den Kubismus. Er ist dabei eingebettet in ein mannigfaltiges kunstpädagogisches Programm. Ball hält hier einen Vortrag über Kandinsky, es gibt Führungen von Arp und seinem Freund Neitzel, es gibt auch eine Führung explizit für Arbeiter, zu der sich allerdings nur ein Arbeiter einfindet.

Aber auch die Soireen, die seit der Eröffnung der Galerie Dada inszeniert werden, sind ambitioniert und zeugen von einem Kunstwillen, der weit über das im Cabaret Erreichte hinausgeht. Die Verse, die Ball im kubistischen Kostüm vortrug, geben hier die Partitur ab für einen professionalisierten Ausdruckstanz; Suzanne Perrottet, die Partnerin von Rudolf Laban, bringt moderne Musik, unter anderem Stücke von Schönberg, zu Gehör; Janco inszeniert Kokoschkas Drama »Sphinx und Strohmann« (in tragenden Rollen: Ball, Hennings, der Schriftsteller Friedrich Glauser); Ball kann sein langgehegtes Vorhaben verwirklichen und endlich Kandinskys »Der gelbe Klang« zur Aufführung bringen.

»Die Galerie hat drei Gesichter«, schreibt Ball: »Tagsüber ist sie eine Art Lehrkörper für Pensionate und höhere Damen. Am Abend ist der Kandinsky-Saal bei Kerzenbeleuchtung ein Klub der entlegensten Philosophien. An den Soiréen aber werden hier Feste gefeiert von einem Glanz und einem Taumel, wie Zürich sie bis dahin nicht gesehen hat.«[88] Der Überschwang, die enervierende Energie des Cabaret, scheint kanalisiert und produktiv gebannt. Hardekopf schreibt in einer Mischung aus Enttäuschung und Erstaunen über die vierte Soiree unter dem Motto »Alte und Neue Kunst«: »Gestern war ich zu einer – sehr literarisch sanften – Soiree in der Galerie ›Dada‹. Emmy war weitaus die beste. Der Abend galt dem Nachweis der Verwandtschaft von alter Gotik und Negerkunst mit den neuesten ›Realisierungen‹. Also fast Akademie; man baut sich eine Tradition.«[89]

Das Todesurteil für eine dadaistische Unternehmung, denkt man sofort. Aber das ist ja wieder nur ein Reflex, der von dem Bild kommt, das wir heute von Dada haben.

Und dennoch, es lässt sich nicht auf Dauer stellen. Am Pfingstsonntag des Mai 1917 schmeißt Hugo Ball endgültig hin, reist überstürzt zum erprobten Fluchtort nach Magadino am Lago Maggiore. Er hat einen Brief bekommen, von dem man nicht weiß, was es mit ihm auf sich hatte, vielleicht war es eine Kriegsbeorderung, vielleicht war sein Heimatschein abgelaufen. So oder so hatte der Brief nur eine auslösende Funktion. Ball mag grundsätzlich nicht mehr, er kann nicht mehr. Und dass die Galerie nach seiner Abreise aufgelöst wird, dass keiner die Organisationsarbeit an sich reißt, gibt ihm nachträglich recht: Alle Arbeit lastete ausschließlich auf ihm. Hennings übernimmt die Abwicklung, und es kommt zu einer unschönen, beinahe ins Juristische abdriftenden Auseinandersetzung mit Tzara über die Aufteilung der angefallenen Kosten.

Im Juni ist dann auch Hennings am Lago Maggiore. Nun wird es ernst mit dem Rückzug. Ball, Glauser, Hennings und ihr Kind machen sich mit ein paar Lebensmitteln, einer Ziege für die Milchproduktion, vielen Büchern und der aus Zürich geretteten Schreibmaschine vom Lago auf zu einer Tessiner Alp.

Währenddessen kündigt sich in Ascona Großes an. Durch den Ersten Weltkrieg siedeln sich immer mehr und immer weitere Ausprägungen alternativer Bewegungen in der Gegend an. Zum Beispiel der sogenannte »Ordo Templi Orientalis« (OTO), ein theosophischer, freimaurerischer Orden, der neben New York eines seiner Hauptquartiere am Monte Verità aufgeschlagen hat. Das scheint gut zu passen, unter den vielfältigen Punkten der Ordensprogrammatik, finden sich Sätze, die auch von Landauer stammen könnten: »Eine neue Sittlichkeit, eine neue Religion, eine neue Gesellschaftsform auf der Basis der Zusammenarbeit Aller, des Allgemeingutes an Boden und der Produktion für Alle, auf der Basis der Freiheit (unter striktester Selbstkontrolle) muß das Ziel und die Ausrichtung dieser Kolonien und Niederlassungen sein. Es darf kein Warten mehr darauf sein, daß die Massen dazu bereit sind, diese neue Gesellschaftsform zu akzeptieren.«

Hugo Ball, wegen Geldmangel zurückgekehrt von der Alp, ist Berichterstatter für das *Berner Intelligenzblatt*. Er hat eine überaus freundliche Ansicht vom Gebaren und den Zielen des Ordens: »Er pflegt die Lehre der alten Freimaurer vom Memphis- und Misraimkult. Seine Absicht ist eine intensive Herzenskultur, gegründet auf Liebe, Güte und Freude. Er hat eine umfassende eigene Literatur geschaffen, deren Zweck es ist, eine höhere Lebensauffassung als die geltende materielle zu vertreten, und da der Orden mit Ausnahme der allgemeinen Menschenverbrüderung keinerlei Dogma hat, so zählt er heute bereits Hunderte von Initiierten in den deutschsprachigen Ländern.«[90] Das ist gehörig zu positiv dargestellt, auf das ein oder andere Dogma wird man im Gestrüpp des okkulten Ordensregelwerkes wohl stoßen. Ball selbst schreibt in einer jener Tagebuchnotizen, die die spätere Redaktion nicht überlebt haben, nicht mehr ganz so zugewandt.[91] Darin ist der Kongress für ihn nur noch Anlass, über die Laban-Schule und ihre Tänzerinnen zu berichten. Denn Laban, wohl auch ein Initiierter, hat zum Abschluss des Kongresses ein groß angelegtes Spektakel in Szene gesetzt.

»Das Sonnenfest« bestand aus drei Teilen, aufgeführt in der herrlichen Szenerie des Monte Verità. Genau in »Die sinkende Sonne« hinein erscheint der Kopf des Sprechers am Horizont der Naturbühne. Mit mehreren Sprüchen an die untergehende Sonne nähert er sich dem Publikum, ein Feuer wird entfacht, dessen Rauch halten rhythmisch anbrandende Komparsen in Bewegung. Der Schlussreigen mündet in einen Zug, der das Publikum von der Spielstätte wegführt. Kurz vor Mitternacht wird selbiges wieder eingesammelt und für den zweiten Teil »Dämonen der Nacht« zu einem Berggipfel geführt, »oben schauten bizarre Felsen auf eine kreisrunde Wiese«.[92] Kobold-, Hexen-, Schattentänze. Dann geht es wieder zurück. Ein anderer zeitgenössischer Beobachter schildert weitere Details des Rituals: »Die aus aller Welt zu uns gekommenen Zuschauer waren dabei arg geplagte Leute. Nach diesem nächtlichen Spaziergang über Stock und Stein mußten sie um sechs Uhr früh schon wieder zur Stelle sein und sich am dritten Schauplatz, an einem Wiesenabhang im Osten des Festhügels einfinden. Diesmal waren die Sitze am Abhang in Reihen übereinander geordnet, unten am Rande des Abhangs ging die Sonne auf. Ihr galt der Morgentanz. Eine Frauengruppe in weiten bunten Seidenmänteln stürmte den Abhang hinan. Am Horizont erschien die aufsteigende Sonnenscheibe und durchglühte die Gewänder der Tänzerinnen. Im Reigen des erwachenden Tages löste sich der dunkle Spuk zu freudig schwingenden, stets erneut anstürmenden Menschenwellen als Sinnbild der ewigen Wiederkehr des Tagesgestirns.« »Die siegende Sonne« heißt denn auch der dritte Teil. In tragender Funktion mitten im Getümmel: die Tänzerin Sophie Taeuber. Als »Flamme, Geist und Zucken des Blitzes riß [sie] den ganzen Schwarm hüpfender, springender, flatternder Komparsen mit sich nach der geregelten Vorschrift des Tanzmeisters Rudolf von Laban«,[93] schreibt der Zeitzeuge.

Die Mehrfachbegabung gehört zu den Kernkompetenzen des dadaistischen Charakters. Das Cabaret Voltaire entstand aus dem produktiven Scheitern eines Gesamtkunstwerkwollens. Der neue Typus des Künstlers entsteht aus dem Unvermögen, sich auf eine Kunstfertigkeit festzulegen. Sophie Taeuber etwa ist völlig untalentiert darin, in ihren Arbeiten eine Grenze zwischen Kunst und Kunsthandwerk auch nur im Mindesten anzuerkennen. Darüber hinaus lässt sie sich als Tänzerin bei Laban ausbilden und nutzt dieses Talent für die Abende ihrer Dadaisten-Freunde. Die Tänzerin zu Balls Lautfolgen in der Dada-Galerie: Sophie Taeuber. Mit Mary Wigman oder Suzanne Perrottet gibt es in Labans Umfeld wahre Heroinnen des sich gerade durchsetzenden Ausdruckstanzes, Wigman ist beim OTO-Ritual mit dabei. Taeuber ist keine professionelle Tänzerin, sie reiht den Tanz ganz einfach in die unterschiedlichen Ausdrucksformen ein, über die sie verfügt. Taeuber tanzt *auch*.

Dass eine Professorin der Gewerbeschule auf Zürcher Bühnen unterschiedlicher Solidität als Tänzerin auftritt, ist nicht gern gesehen. Aber daraus entsteht kein Kampf gegen verknöcherte Institutionen, kein Ringen um die wahre statt der gesellschaftlich akzeptierten Kunst. Denn Taeuber nutzt den dadaistischen Hang zu Maskierung und Extremkostümierung, so dass man sie nicht erkennt, und tanzt. Sie profitiert bereits von den am eigenen Leib vollzogenen Geschlechterkämpfen einer Hennings, als entstammte sie der nächsten Generation. Auch das ist ein Signum dieser Zeit, dass übereinanderlappt, was sich eigentlich ablöst: Gleichzeitigkeit verschiedener Schichten von Gesellschaftskonzepten, die ewig weit voneinander entfernt scheinen. Taeuber ist 1912, also zu den morphingeschwängerten Bohemezeiten, Studentin an den Münchener Lehr- und Versuchs-Ateliers, sie ist begeisterte Faschingsballbesucherin, aber sie gerät nicht in den Selbstzerstörungsstrudel. Sie beginnt mit dem Kunstgewerbe eine Ausbildung, die zu der Zeit auch deswegen als typisch weiblich galt, weil Frauen der Zugang zu den Kunstakademien bis 1919 verweigert wurde, und würde in dem Satz, dass sie trotzdem Künstlerin wird, das

»trotzdem« gar nicht verstehen. Und obwohl sie nur *auch* tanzt, kann sie neben den Spezialistinnen bestehen.

Hugo Ball beendet seinen Artikel über das OTO-Phänomen mit einer Würdigung von drei Laban-Tänzerinnen. Der Schlusspunkt am Ende: Sophie Taeuber. »Anstelle der Tradition treten bei ihr die Sonnenhelle, das Wunder. Sie ist voller Erfindung, Kaprize, Bizarrerie. In einer Zürcher Privatgalerie tanzte sie ›Gesang der Flugfische und Seepferdchen‹, eine onomatopoetische Lautfolge. Es war ein Tanz voller Spitzen und Gräten, voller flirrender Sonne und Glast und von schneidender Schärfe. Die Linien ersplitterten an ihrem Körper. Jede Geste ist hundertmal gegliedert, scharf, hell, spitz. Die Narretei der Perspektive, der Beleuchtung, der Atmosphäre wird hier einem übersensiblen Nervensystem Anlaß zu geistreicher Drolerie, zur ironischen Glosse. Ihre Tanzgebilde sind voller Fabulierlust, grotesk und verzückt. Ihr Körper ist mädchenhaft klug und bereichert die Welt durch jeden neuen Tanz, den sie – geschehen läßt.«[94]

1917, als Taeuber mit gebotener Strenge den Komparsenschwarm im OTO-Schwarm lenkt, sitzt Arp unter den Zuschauern und spendet Beifall.[95]

Wenn beide wieder in ihrem Häuschen sind, wo der kleine Ofen sich nur mühsam anwerfen lässt und das Petroleum erst vor Kurzem angekommen ist, so dass sie nun endlich eine Lampe anzünden können, dann kann es sein, dass sie sich auf den Tisch setzen. Dass sie sich auf den Tisch setzen, lange sitzen bleiben und versuchen, wie ein Berg tief, langsam, unendlich langsam, zu träumen.

Wenn man nicht wüsste, dass »Broderie« Stickerei heißt, dann könnte man Arps und Taeubers gemeinsam verfertigte Broderien für Fantasien über die frühe Prosa von Max Brod halten. Denn Taeuber und Arp machen Ernst mit der Utopie des Indifferentismus in Brods Novelle, sie machen aus den Widersprüchen der Moderne ein wahlweise fantastisches oder lässiges Nebeneinander. Mann/Frau, Bürger/Avantgardist, Spießer/Freak, Professorin/Tänzerin: Warum nicht alles zugleich?

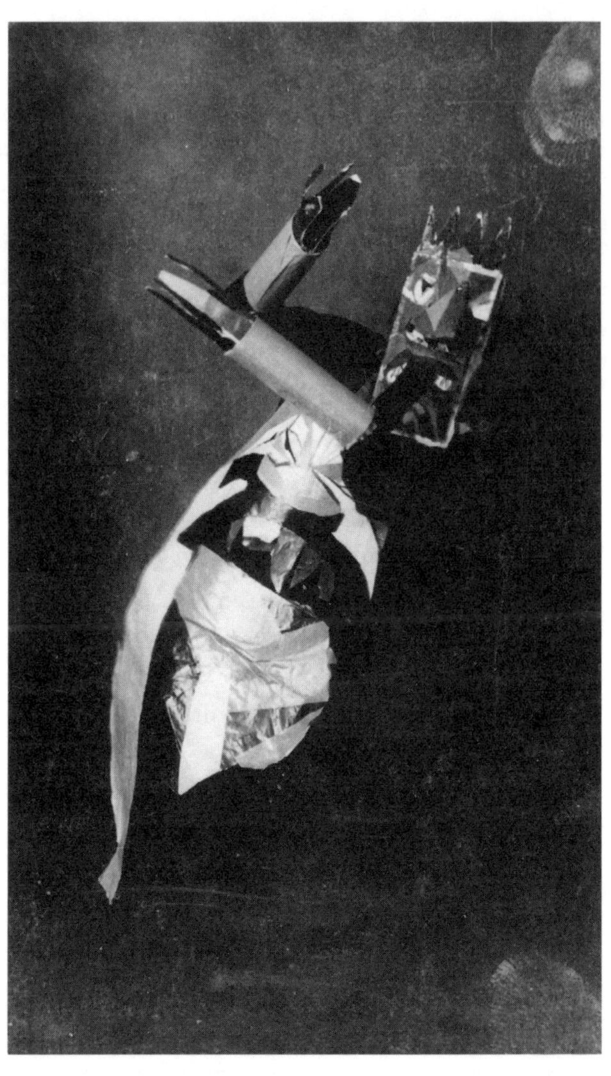

Sophie Taeuber, tanzend

Währenddessen hat ein Schreiner nach Arps Naturformenzeichnungen Holzstücke ausgesägt. Es gibt keinen Rahmen, in denen Arp ein solches Holzstück als Relief dann platziert. Das Stück ist seine eigene Begrenzung, seine Rundung greift aus, so weit es will, so weit

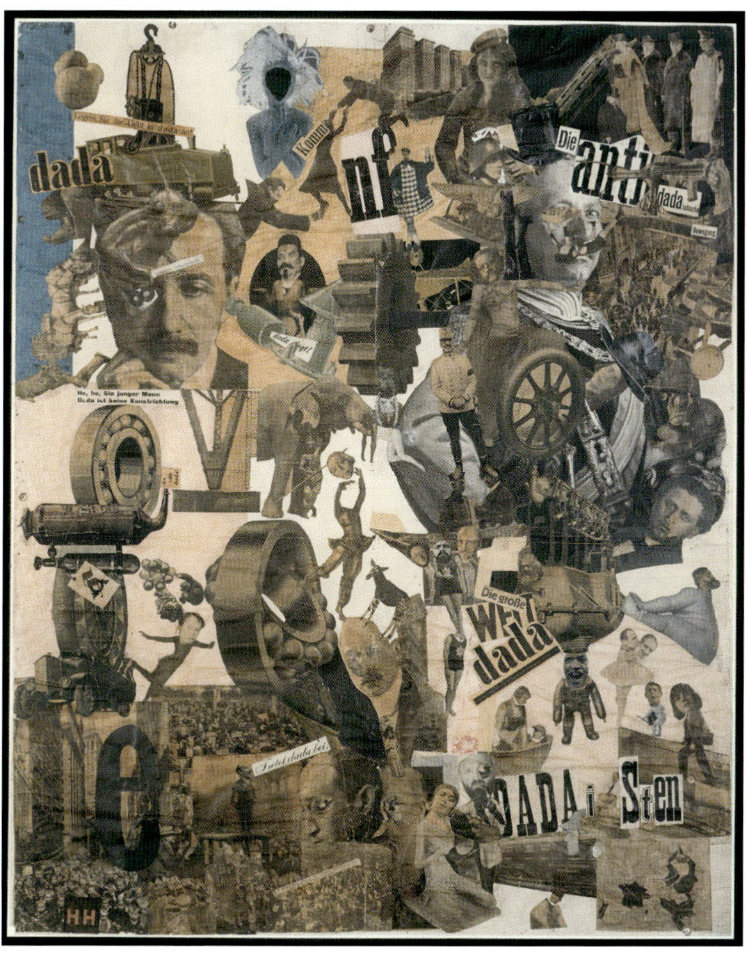

Hannah Höch: Schnitt mit dem Küchenmesser Dada durch die letzte Weimarer Bierbauchkulturepoche Deutschlands. Aquarell und Montage 1919/20

IM JUNI 1917

NEUE JUGEND

PREIS 20 PF.

PROSPEKT zur Kleinen Grosz Mappe.

prospekt zur Kleinen Grosz Mappe. — Der Malik-Verlag, Berlin-Südende — 34, Steglitzer Strasse, Südende.

CHRONIK Friedrich Adler ist zum Tode verurteilt, Stockholm-Getöne gegen internationale Teuerung - das Leben weiterhin billiger, Lebensmittel bleiben in Cornerstimmung. Nach Reuter verhungern in Ovamboland die Ovambos, keine Kaffern - in den European Dominions niemand! Verhungert doch - Steigerung!! Spinoza ist eingestampft für Bedarf diplomatischer Sendschreiben - Liberia, Pseudoliberia - Molière verriesolt in Sternheim (Zukunft vom 26. 5. 1917), Umfassungsmanöver gegen Wallner in Wien, Durst! - das Aktionsbuch ist erschienen. Frühlingswende fiebert Sexualität, Heufieber. Liebeloh la l'au! Sich hinzu-schmeissen! Lichtmord!! — unsere Seelen sind so wund. Amokläufer . . . . Die Messer raus!!!

Man muß Kautschukmann sein!

Ja, Kautschukmann sein — eventuell den Kopf zwischen die Beine stecken oder durchs Faß springen — und spiralig in die Luft schnellen! sieh, ein Paragraph rempelt Dich an,
eine Affiche,
ein Flohzirkus . . .
. . . .
(sämtliche Flöhe liegen an Schlingen — desertieren ausgeschlossen — Springen von Flöhen auf Kommando, Parademarsch der Flöhe . . . .)

Immerhin wichtig ist, das Gleichgewicht zu behalten! Wo vordem die gotische Kirche, messelt sich heute das Warenhaus hoch — !

EIN „MARSYAS" INTERESSENT

— Die Fahrstühle sausen . . . Eisenbahnunglücks, Explosionskatastrophen . . . .
— quer durchrast der Balkanzug Mitteleuropa, doch gibts auch Baumblüte und Edelmarmeladenrationierung . . . .

Wie gesagt, Kautschukmann sein beweglich in allen Knochen nicht blos im Dichter-Sessel dösen oder vor der Staffelei schön getönte Bildchen pinseln.

Den Bequemen gilts zu stören beim Verdauungsschläfchen ihm den pazifistischen Popo zu kitzeln, rumort! explodiert! zerplatzt! — oder hängt euch ans Fensterkreuz . . . .
Laßt euren Kadaver in die Branntweingasse baumeln! Ja! Wieder elastisch werden, nach allen Seiten höchst federnd — sich verbiegen — anboxen! Kinn- oder Herzgrubenhieb!

Ladies and gentlemen!! jeder hat Zutritt!

Nur nähertreten!! . . . nur nähertreten!! . . .
Schon beulen sie den Weihrauchkessel ein.
Nervös rutscht das weiche Gesäß hin und her!
. . . .
Ja! Wenn nicht sämtliche Flöhe an Schlingen lägen! . . . .

Dieses Blatt ist der

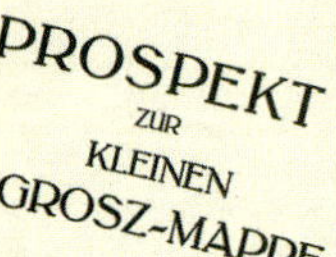

Die Sekte 1917

Die Sekte Neunzehn Siebzehn wächst aus dem Intellekt der umstehenden Zuhörer empor und zwingt ihre Mitglieder gegen den Block der Überzeugten. Die ohnmächtige Wut unserer Leser verpflichtet, einen bereits in Schwingung umgesetzten Glauben wieder zu fixieren, um mit den Gläubigen von neuem dagegen loszugehen. Die Leute wollen halt nichts alleine tun.

Sekten. Mehr Sekten. Noch mehr Sekten.

Das Wunder der Christian Science ist über unseren kürzlich veranstalteten Werbe Abend gerauscht und schüttet Glück aus über diejenigen, die uns lieben, um uns hinterrücks zu erdolchen.

Darum muss Einer seine Stimme erheben: Nicht mehr glauben, überhaupt nicht glauben. Sich selbst. (Sich und selbst) Beten.

Wenngleich jeder schuldig ist an der Unfähigkeit der andern, Feind zu sein, sondern schlotternder Neidhammel, soll keiner an dieser Schuld sich selbst beruhigt genug sein lassen. Nicht das Peinliche dieser Schuld schmatzend zu fressen, soll es ankommen, sondern Genuss auch noch auszukotzen — und wiederum zu fressen und wiederum!

Es ist in jeder Sekunde, die ein hundertmalverfluchtes Leben schenkt (unsägliche Wonne durstend das galizische Petroleumgebiet zu durchfahren, die Gestänge der Bohrtürme verrusst!) so unendlich vieles zu tun.

Betet mit dem Schädel gegen die Wand!!

Wir — aha! — wir treten gegen die Menschen nicht auf. Wir treten geduldig noch mit den Menschen auf. Die Sekte Neunzehn Siebzehn schlägt gegeneinander, Sturmflut aus unseren Gebeten, die aus der Ohnmacht der Gläubigen emporgewachsen sind. Unsere Mitglieder verrecken, weil die Sekte sie nicht mehr locker lässt. Betet aus

988 Tempelh.
TELEPHON

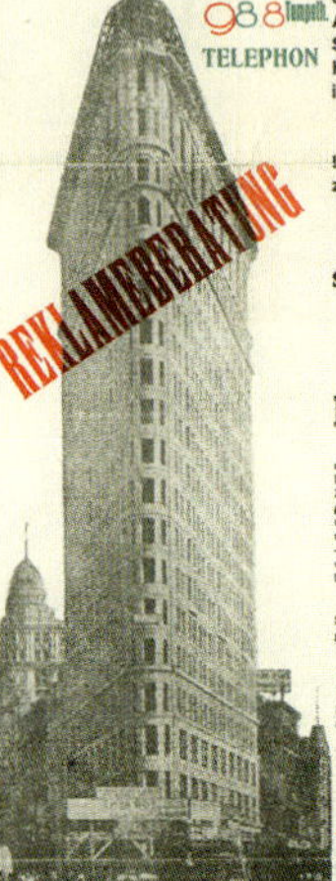

unseren Gebeten zu diesem Ende. Damit ihr endlich in die Schlinge kommt. Es ist ein so ungleiches Spiel mit diesen Sanften, Zappelnden. Der Magen der **Neunzehn Siebzehn** will das alles nicht mehr verdauen, immer wieder dasselbe, die Ohnmacht der Gläubigen, der Block der Ueberzeugten, das Einfangen, Verarbeiten, Auskotzen, Fressen, das Ich triumphierend über Puntas Arenas, Michigan See, Sachalin bis Sorau. Dort wurde der Dichter Heinrich Steinhausen geboren, steht in der Zeitung.

Halt dich, Junge.

Die Frist ist um. Her die neue Ladung. Sektierer, los! Wieviel zappeln schon wieder?

Die Arbeit Arbeit Arbeit Arbeit: Triumph der Christian Science.

Das Wunder der Sekte Neunzehn Siebzehn.

1917.

SCHREIT!!

Kannst du radfahren?

Zu den reinsten unverbildeten Erklärungen und Dokumenten unseres Lebens gehören jene Bilder auf den Rückfronten der Häuser, diese Erlasse des Kaufmanns (des wahren Herrn dieser Zeit) — von unerhörter Sachlichkeit vorgetragen, gigantisch eingeätzt wie auf alten Pyramiden, pressen sie das psychologische und formale Erleben des in knallendem Stadtbahnzug Dahinrollenden. Fabelhaft bunt und klar, wie nie ein Tafelbildchen, — von kosmischer Komik, brutal, materiell, bleichsüchtig, verwaschen — drohend und mahnend gleich Ragtimestepptanzmelodie immer wieder sich ins Gehirn bohrend —

Das gröhlt in einem fort!

Zwingt uns zum prallenden Marineblau, zu Grellrots (ganze Straßen Buchstaben), Varietégrün, Spezialitätengelb, Wollwarengrau, und fistelndes Rosa —

Mozistionen tauchen auf . . . .

Champagner-Flasche — der Korken knallt davon, ho! ho!

Sekt Schloss Vaux.

Ich, Dannemann-Zigarre schief im Maul, Zeitung — vor mir knerzen die Kraftermotore — hart überholt nach Backbord der rote Autobus!

Ho! ho! schon wieder brüllen die Häuserwände:

Regie-Zigaretten, Satrap, Palast-Hotel, Teppich-Thomas, bade zu Hause, Steiners Paradiesbett . . . . . ho! . . . . . Sarg's Kalodont . . . . . Passage-Cafe . . . . . AEG . . . . . Ceresit.

z. B., vom Training kommend, am Punching Ball . . . . Den Joe hiebst Du nieder.

z. B., Du segelst fabelhaft in die Chausseen, eben noch flog Dir der Fußball an die klemmerlose Nase, Du hingst oben im Aeroplan unter der Bergsonne — zwischen den Stämmen knallte Deine Winchesterbüchse (Gott ließ ja Eisen wachsen, bravo)

Abends in den Asphaltbrüchen, in Goldsack-Hills, zwischen Porter-Bierplakaten, oder an der Bar bei Kantorowicz, in Zooquellen oder pikfein mit steifem Hemd aalglatt bei Adlon, strömendes **Pils Coctails Ersatz** und Agosten, **Apollotheater** und Kinohäuser . . . . und dem Treiben der beiden Herzfelder! . . . .

Sag mal? — . . . . . . **graults Dir** da **nicht** in den Kunstsalons? in den Ölgemäldegalerien . . . . . . ? in den literarische Soiréen . . . . . ?

Lieber Leser! Ein guter Fußballspieler enthält immerhin eine ganze Menge Wert — obwohl er nicht dichtet, malt und Töne setzt!

Bleibt die Frage?

Kennst Du Schiller und Goethe — ? — ja!

Aber kannst Du radfahren?

Weitere Marsyas-Interessenten wollen sich noch melden!

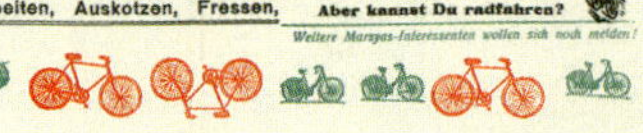

Neue Jugend, Juni 1917,
von John Heartfield gestaltete Titelseite

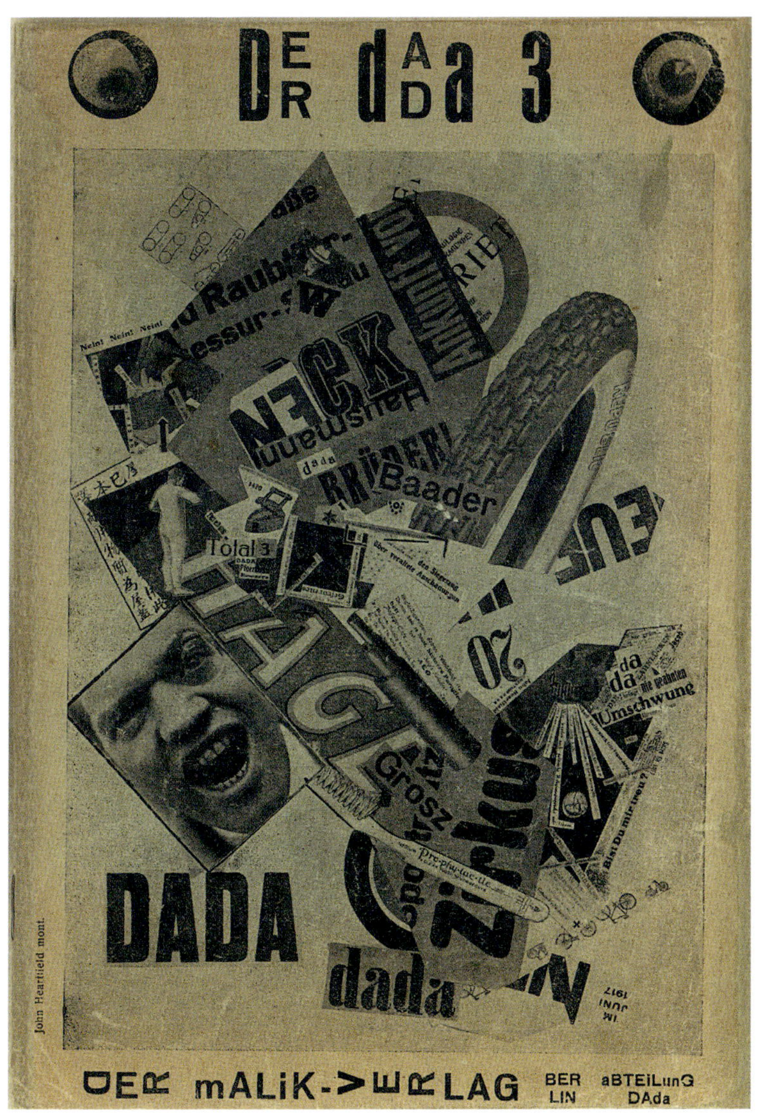

Der Dada, Nr. 3, April 1920, Titelseite,
montiert von John Heartfield

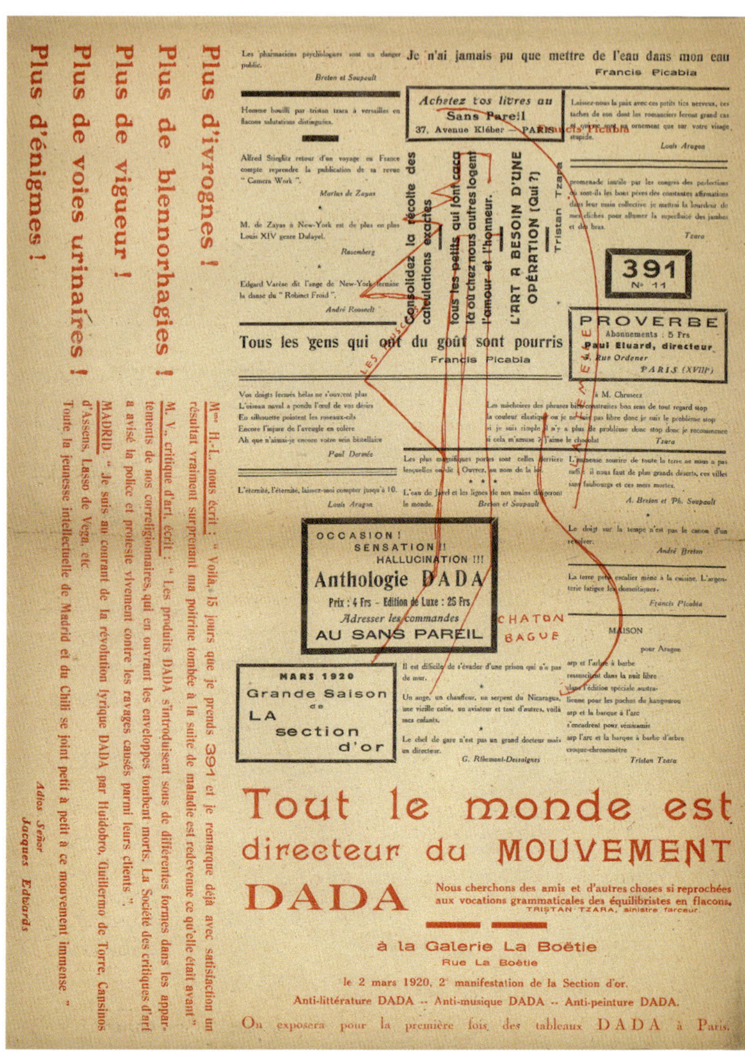

Plus d'ivrognes !
Plus de blennorhagies !
Plus de vigueur !
Plus de voies urinaires !
Plus d'énigmes !

Mme H.L. nous écrit : " Voilà 15 jours que je prends 391 et je remarque déjà avec satisfaction un résultat vraiment surprenant ma poitrine tombée à la suite de maladie est redevenue ce qu'elle était avant ".

M. V., critique d'art, écrit : " Les produits DADA s'introduisent sous de différentes formes dans les appartements de nos coreligionnaires, qui en ouvrant les enveloppes tombent morts. La Société des critiques d'art a avisé la police et proteste vivement contre les ravages causés parmi leurs clients ".

MADRID. " Je suis au courant de la révolution lyrique DADA par Huidobro, Guillermo de Torre, Cansinos d'Assens, Lasso de Vega, etc. Toute la jeunesse intellectuelle de Madrid et du Chili se joint petit à petit à ce mouvement immense. "

Adios Señor
Jacques Edwards

Les pharmaciens psychologues sont un danger public.

Breton et Soupault

Je n'ai jamais pu que mettre de l'eau dans mon eau

Francis Picabia

Homme bouilli par tristan tzara à versailles en flacons salutations distinguées.

Achetez vos livres au
Sans Pareil
37, Avenue Kléber — PARIS

Laissez-nous la paix avec ces petits tics nerveux, ces taches de son dont les romanciers feront grand cas et qui ne sont un ornement que sur votre visage stupide.

Louis Aragon

Alfred Stieglitz retour d'un voyage en France compte reprendre la publication de sa revue " Camera Work ".

Marius de Zayas

M. de Zayas à New-York est de plus en plus Louis XIV genre Dufayel.

Rosemberg

Edgard Varèse dit l'ange de New-York termine la danse du " Robinet Froid ".

André Roosvelt

Consolidez la récolte des calculations exactes

tous les petits qui font caca là où chez nous autres logent l'amour et l'honneur.

L'ART A BESOIN D'UNE OPÉRATION (Qui ?)

Tristan Tzara

promenade inutile par les congres des perfections où sont-ils les bons pères des constantes affirmations dans leur main collective je mettrai la lourdeur de mes clichés pour allumer la superfluité des jambes et des bras.

Tzara

391
No 11

PROVERBE
Abonnements : 5 Frs
Paul Eluard, directeur
5, Rue Ordener
PARIS (XVIIIe)

Tous les gens qui ont du goût sont pourris

Francis Picabia

Vos doigts fermés hélas ne s'ouvrent plus
L'oiseau naval a pondu l'œuf de vos désirs
En silhouette pointent les roseaux-cils
Encore l'injure de l'aveugle en colère
Ah que n'aimai-je encore votre sein bistellaire

Paul Dermée

à M. Chrusecz

Les mâchoires des phrases bien construites bon sens de tout regard stop la couleur élastique ou je ne suis pas libre donc je suis le problème stop si je suis simple il n'y a plus de problème donc stop donc je recommence si cela m'amuse ? J'aime le chocolat

Tzara

L'éternité, l'éternité, laissez-moi compter jusqu'à 10.

Louis Aragon

Les plus magnifiques portes sont celles derrière lesquelles on dit : Ouvrez, au nom de la loi.

* * *

L'eau de Javel et les lignes de nos mains dirigeront le monde.

Breton et Soupault

L'immense sourire de toute la terre ne nous a pas suffi : il nous faut de plus grands déserts, des villes sans faubourgs et des mers mortes.

A. Breton et Ph. Soupault

Le doigt sur la tempe n'est pas le canon d'un revolver.

André Breton

OCCASION !
SENSATION !!
HALLUCINATION !!!
Anthologie DADA
Prix : 4 Frs - Edition de Luxe : 25 Frs
Adresser les commandes
AU SANS PAREIL

La terre petit escalier mène à la cuisine. L'argenterie fatigue les domestiques.

Francis Picabia

MAISON

pour Aragon

arp et l'arbre à barbe
ressuscitent dans la nuit libre
dans l'édition spéciale australienne pour les poches du kangourou
arp et la barque à l'arc
s'encadrent pour sémiramis
arp l'arc et la barque à barbe d'arbre
croque-chronomètre

Tristan Tzara

MARS 1920
Grande Saison
de
LA
section
d'or

Il est difficile de s'évader d'une prison qui n'a pas de mur.

*

Un ange, un chauffeur, un serpent du Nicaragua, une vieille catin, un aviateur et tant d'autres, voilà mes enfants.

*

Le chef de gare n'est pas un grand docteur mais un directeur.

G. Ribemont-Dessaignes

Tout le monde est directeur du MOUVEMENT DADA

Nous cherchons des amis et d'autres choses si reprochées aux vocations grammaticales des équilibristes en flacons.

TRISTAN TZARA, sinistre farceur

à la Galerie La Boëtie
Rue La Boëtie
le 2 mars 1920, 2e manifestation de la Section d'or.
Anti-littérature DADA -- Anti-musique DADA -- Anti-peinture DADA.
On exposera pour la première fois des tableaux DADA à Paris.

Bulletin Dada (Dada, Nr. 6), Februar 1920, Rückseite

es seiner inneren Form entspricht. Es ornamentiert sich selbst. Arp schraubt die Holzstücke aufeinander, eines ist der Hintergrund für das andere. Arp schafft nicht nach der Natur, sondern *wie* die Natur. Kein Künstler-Ego stört. Arp: der freundliche Mystiker der Anarchie, der irrlichternde Kindskopf, »so unbrutal, daß er Ausschläge bekommt, wenn er Fleisch ist«.[96] Arp: laut Hennings der »Eichendorff des Dadaismus«.[97]

INTERMEZZO II: ENDSPIELE

Schach ist das passende Spiel der Zeit: wenig Substanz, viel Beziehung. Kombinatorik statt Kraft, mehr Komposition der Stellung als zielführende Handlung. Deswegen lässt sich mit dem Schachspiel auch das Geheimnis der Lautgedichte lüften: Sie sind Aufzeichnungen von Spielzügen. Christian Morgenstern, einer der vielen Vorläufer der dadaistischen Lautpoesie, hat verraten, dass in den Zeilen seines »Grossen Lalula« eine Endspielnotation aufbewahrt ist. »Kroklokwafzi? Sememmemi!«, die erste Zeile zum Beispiel bedeutet: Kroklokwafzi = Ka5 (also König auf dem Feld a5), Semememi = Se1 (also Springer auf e1). Ein Ausrufezeichen heißt starke Position der jeweiligen Figur, ein Fragezeichen: schwache Position.

Schach ist das passende Spiel der Zeit: Wie komplex auch immer, am Ende ist es ein Entscheidungskampf zwischen zwei klar auseinanderzuhaltenden Fraktionen. Wenn man die weißen Figuren anders einfärbt, hat man sofort einen schönen Gegenwartsbezug. Der Leib-und-Magen-Psychologe der meisten Zürcher Dadaisten, Dr. Charlot Strasser, hat nicht nur einen despektierlichen Schlüsselroman über die Zürcher Boheme geschrieben, sondern auch ein Schachspiel als Theaterstück: »Die unsterbliche Partie«, in der die Roten gegen die Schwarzen spielen. Die Roten sind individuell in bunte Kostüme gekleidet, das Rot herrscht vor. Die Schwarzen, unheimlich gleichgeschaltet selbst in ihren Uniformen, sind umpanzert von eckigen, Überlebensgröße vortäuschenden Pappattrappen, die fast das ganze Feld der jeweiligen Figur ausfüllen.

Schach ist das ideale Spiel für die Boheme, ein intellektuell kämpferischer Zeitvertreib, der einem eine Pause von den ständigen Diskussionen gönnt. Francis Picabia fordert in New York Henri-

Pierre Roché zu einer Schachpartie heraus, die entscheiden soll, ob Picabias *391* oder Rochés *Blindman* weitergeführt werden soll. This town ain't big enough for both of them. Roché verliert. Macht nichts. Duchamp nennt die nächste Ausgabe von *Blindman* einfach »Rongwrong« und druckt dort das Schachspiel ab.

Schach ist als Spiel ein großer Spaß, deswegen benutzt es Hans Richter in den späten 50ern als Matrix für seinen Film »8x8«. Viele der alten Dadaisten spielen darin mit, Duchamp zum Beispiel als Weißer König oder Huelsenbeck als Schwarzer Bauer. Und wie in dem Film kann man nie wissen, ob sich das Brett, auf dem man spielt, am Ende nicht doch als der Rücken von Hans Arp entpuppt.

Schachzüge kann man lernen und trainieren, gerade die, in denen es nur noch um Vollzug geht. Ein bisschen wie Schreiben lernen: Raymond Roussel entwickelt für das mühsame Endspiel König-Läufer-Springer gegen König eine neuartige kooperative Strategie, die automatisch zum Matt führt. Die Formel dafür: Der Läufer hält mit Unterstützung seines Königs den gegnerischen König in einem immer enger gezogenen Gefängnis, während sich der Springer darauf beschränkt, die Position einer Cedille anzunehmen, also des Häkchens zum Beispiel in »ç«.

Das ist natürlich alles Unsinn.

ZUSAMMEN KLEBEN

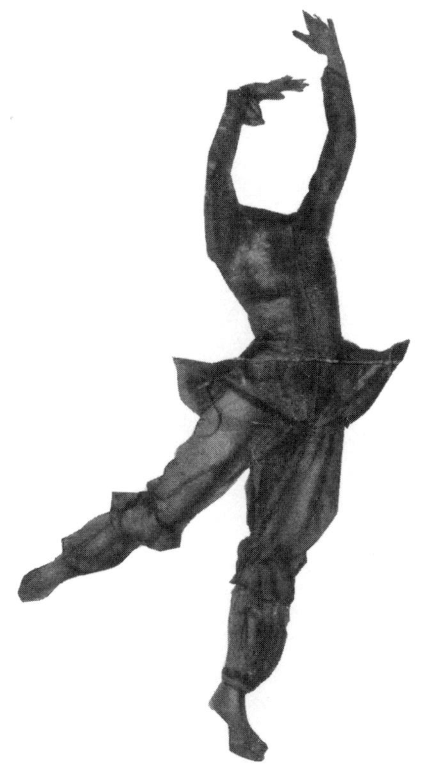

Detail aus Hannah Höch: Schnitt mit dem Küchenmesser Dada durch die letzte Weimarer Bierbauchkulturepoche Deutschlands, 1919

VERSCHLUCKTE WELT

Man kann es ja nicht gleich auf den ersten Blick sehen. Wenn ein Mann einfach so dasitzt, sagen wir, in einem Café, sagen wir, im Café Größenwahn, und nicht viel mehr tut, als einfach nur dazusitzen – dann kann man auf den ersten Blick nicht feststellen, ob er ein Phlegmatiker ist, ein Wunder an Gelassenheit, ob er sich ausruht. Oder ob in ihm die Welt tobt, die er gerade verschluckt hat.

Ganz egal ob die Lasker wütet, weil Hardekopf eine neue Freundin, etwa die Hennings mit Typhushaaren und Absinthaugen, mitgebracht hat; ob an dem Tisch der »Sturm«-Gruppe Karl Kraus und Adolf Loos ihre neueste Entdeckung, Zeichnungen eines Malers namens Kokoschka, herumzeigen; egal ob der fantastisch versponnene Dichter Paul Scheerbart seinen gestern so minutiös vorgetragenen Bauplan für ein Perpetuum Mobile wieder revidiert, weil ja nicht auszudenken wäre, was die dröge Menschheit mit so einem Wunderwerk anzustellen imstande wäre; egal ob John Höxter, der »dunkelste aller Morphinisten«, der »Ahasver des Café Größenwahn«, das Anpumpgenie, wieder mit seinem Wohnungsgenossen van Hoddis Haustürschlüsselverabredungen treffen muss, weil der dauernd den Schlüssel verliert – Salomo Friedlaender sitzt ruhig und gelassen da, korrekt im Herrenrock, und strahlt Freundlichkeit aus, eine Schicht von gutmütiger alter Frau liegt auf seiner Physiognomie.

Mit seinen Grotesken, z. B. der von Rosa und der Schutzpolizeiuniform, ist Friedlaender unverzichtbarer Bestandteil der Boheme. Die skurrilen Anekdoten, die über ihn kursieren, fügen sich in die Aura feiner Zurückhaltung, die von ihm ausgeht: Einmal etwa soll er vor lauter Durst seine Uhr ins Wasserglas gehalten und sich gelabt gebärdet haben. Die meisten wissen, dass sie, wenn sie ihn so im Café sitzen sehen, nur die eine Hälfte seiner Doppelexistenz vor sich haben. Als Grotesken-Autor nennt er sich Mynona (»Anonym« rückwärts), tagsüber arbeitet Friedlaender als Friedlaender an einer Philosophie, die alle bisherigen Versuche, das einzelne Bewusstsein und die Außenwelt ins Verhältnis zu denken, blass aussehen lässt. Das von Max Brods kleinem Leo gestellte Problem der Indifferenz gegenüber einer unmäßig differenzierten Welt löst Friedlaender mit einem spektakulären Coup.

Ja, die Welt da draußen ist chaotisch, banal, zerrissen. Aber es gibt eine Instanz, die ficht das nicht an: Das Individuum ist der einzige Punkt, der nicht von der allgemeinen Differenzierung betroffen ist. Sagt Friedlaender. Das Individuum ist ganz bei sich, ist Indifferenz. Aber nicht nur das. Alles Chaos, alle Differenz ist Ausfluss dieser Indifferenz, entsprechend lautet der Titel von Friedlaenders Haupt- und Lebenswerk: *Schöpferische Indifferenz*. Das also ist der Zaubertrick dieses Cafégastes: Die Welt wird aus dem Zylinderhut des eigenen Bewusstseins gezogen. »Alles Erscheinende, alles Verschiedene, Unterschiedene, die Welt, ist Aeusserung des in sich Identischen, welches also gar nicht zur Erscheinung gehört, sondern deren schöpferisches Prinzip ist, ihr freier Wille, ihr Ursprung, ihr Gott.«[1]

Man kann es auf den ersten Blick nicht sehen. Wenn im Paradies des Café Größenwahn ein Gott einfach so dasitzt, dann weiß man nicht, ob es ein gelassener Gott ist, der die wesentlichen Meilensteine seiner Schöpfung schon hinter sich hat. Oder ob es, wie beim Friedlaender-Gott, hinter der Aura von freundlicher Gelassenheit wild tobt. »Mit dem Oel der eigenen Individualität besänftigt man die aufgeregtesten Wogen«, schreibt Friedlaender. Aber das ist keine Besänftigung, auf der man sich, wenn sie einmal erfolgt ist, ausruhen kann. Das Chaos muss vielmehr ständig in Schach gehalten werden. Das Ganz-bei-sich-Sein der schöpferischen Indifferenz ist keine buddhistische Ruhe, sondern sekündlich neu auszukämpfendes Zusammenhalten von Auseinanderstrebendem: »Es handelt sich nicht um Sanftheit, sondern um die niederzwingende Beherrschung des Wildesten, nicht um Harmonie, sondern um die Harmonisierung des Chaotischsten, um die Bindung der Zerrissenheit selber.«

Friedlaender leistet in seinem Dasitzen nahezu Unmenschliches. Er balanciert, er hält das maximal Auseinanderliegende im Gleichgewicht. Die Ruhe, die man ihm anzusehen glaubt, kommt von dem elegant gewippten Stand auf dem dünnen Seil, das sich zwischen solipsistischem Idealismus und rüdestem Materialismus spannt.

Man sieht es nicht auf den ersten Blick, was in diesem Mann vorgeht, der da mitten in der Boheme herumsitzt, die sich jeden Mittwoch im Atelier des Malers Ludwig Meidner versammelt. Er fällt auf, denn er verweigert sich dem Dresscode von lässiger Verwahrlosung: »Ja, er war ganz und gar ein Herr. Wie aus einer Modezeitschrift ausgeschnitten sah er aus, in diesem Milieu gewissermaßen unstatthaft, ja peinlich. Das aschblonde Haar war tadellos geschnitten, der Scheitel so scharf wie die Bügelfalte seines leicht übers Knie hochgezogenen Beinkleides.«[2] Und dann gibt sich dieser Mann auch noch als holländischer Kaufmann zu erkennen, als Kriegsgewinnler, den nicht die geringsten moralischen Zweifel plagen. Was will der Mann unter all den Malern und Literaten – Provokation um der Provokation willen?

Er ist kein holländischer Kaufmann. Er ist Georg Gross, der sich bald zu George Grosz amerikanisiert und der einen ausgeprägten Hang zu Selbstvervielfältigung hat. Als Wieland Herzfelde, der von seinen ersten Begegnungen mit Grosz berichtet, ihn ein weiteres Mal trifft, sitzt dieser wie »ein Plakat für die Zirkuspantomime ›Der Tod als Verführer‹« da: »kalkweiß gepudert, mit rotgeschminkten Lippen, in schokoladebraunem Anzug, zwischen den Knien einen schwarzen dünnen Stock, der als Knauf einen elfenbeinernen Totenkopf hatte«.[3]

Wenn Grosz irgendwo sitzt, dann spielt sich die Vielfalt der Welt nicht in seinem Innern ab, dann ist er diese Vielfalt selbst. Denn selten sitzt er irgendwo als der, der er schon einmal war, sondern ist, wie er es selbst formuliert, einer von seinen »Doppelgängern, fantomatische Figuren, in denen ich ganz bestimmte Träume, Ideen, Neigungen usw. real werden lasse«.[4] Als da zum Beispiel wären: ein aparter aristokratischer Individualist, ein Arzt (für den amerikanisch-praktisch materialistischen Ausgleich) oder der hoffnungsvolle junge Maler, der von Dresden nach Berlin kam, weil nur hier sich das Chaos der neuen Zeit in seiner ganzen Pracht präsentiert. Die Zerrissenheit der Welt als ein Ausfluss der eigenen schöpferischen Indifferenz? Was für ein absurder Gedanke angesichts des Spektakels, das einem Berlin entgegenwirft. »Ach knallige Welt, du Lunapark,/ Du seliges Abnormitätenkabinett,/ Paß auf! Hier kommt Grosz,/ Der traurigste Mensch in Europa«,[5] ruft Grosz der Stadt zurück. Die Drahtseilakt-Spannung, die Friedlaender aushält, lässt Grosz ausschnalzen. Der Kautschukmann ist sein Ideal, die Figur aus dem Varieté, die ihren Körper so schön spektakulär verbiegen kann, die zwar noch ihr Gleichgewicht halten muss, aber dennoch in jeden Winkel der Realität hineinwippen kann. Wie sonst auch sollte man dieser Welt beikommen: »Die Fahrstühle sausen … Eisenbahnunglücks, Explosionskatastrophen …/ – quer durchrast der Balkanzug Mitteleuropa,/ doch gibts auch Baumblüte und Edelmarmeladenrationierung … Wie gesagt, Kautschukmann sein/ beweglich in allen Knochen/ nicht blos im Dichter-Sessel dösen/ oder vor der Staffelei schön getönte Bildchen pinseln.«[6]

Der Kautschukmann geht raus in die Stadt und setzt sich deren Irrsinn aus. Es ist vor allem ein von den Werbebotschaften der produzierenden Industrie gezielt hergestellter Irrsinn: »Fabelhaft bunt und klar, wie nie ein Tafelbildchen, – von kosmischer Komik, brutal, materiell, bleichsüchtig, verwaschen – drohend und mahnend gleich Ragtimestepptanzmelodie immer wieder sich ins Gehirn bohrend« – so sieht die Reklame für den Kautschukmann aus. Und Grosz liefert auch ein Beispiel für die Poesie der reinen Produktnamen, in unterschiedlichen Farben, mit unterschiedlicher Typografie: »Regie-Zigaretten, Satrop, Palast-Hotel, Teppich-Thomas, bade zu Hause, Steiners Paradiesbett […] Sarg's Kalodont … Passage-Café … AEG … Ceresit«. Grosz findet einen wunderbar zweideutigen Satz für diese Überwältigung, der die beiden Möglichkeiten von Friedlaenders Innen und Grosz' Außen zusammenbringt: »Das gröhlt in einem fort!« Es hört nicht auf zu grölen, egal in welches Eckchen der Stadt man auch fährt, oder: Die Grölerei setzt sich in einem selbst fest und lärmt dort weiter.

Bei Friedlaender gilt eher Zweiteres, lärmt es eher im Inneren. Denn seine skurrile, aber schöne Idee vom individuellen Schöpfergott, der man selbst sein darf, muss sich ebenso der lästigen Theodizee stellen wie der konventionelle Gott. Wenn die Welt aus unserem Inneren kommt, warum ist sie dann so unperfekt, so fehlerhaft, ja manches Mal für mich als Schöpfergott geradezu unangenehm? Friedlaender hat dafür eine ganz einfache Erklärung: All die Schrecklichkeiten, die sich jetzt hier allerorten zeigen (vor allem dann, wenn man das Café Größenwahn doch einmal verlässt), kommen nämlich daher, dass die schöpferische Indifferenz in ihrer idealen Konzeption noch gar nicht wirksam ist. Die momentane Welt ist Ausfluss von Menschen, die sich noch gar nicht dessen bewusst sind, dass sie Schöpfer sein könnten. Genau deshalb herrscht so ein Wirrwarr, so eine schreckliche Zufälligkeit: weil der Mensch noch nicht Besitz von sich selbst ergriffen hat. In Friedlaenders Terminologie muss er vom bloßen »Menschen« zur »Person« werden, die ihre Gottähnlichkeit erkennt und die Weltschöpfermacht akzeptiert. Denn der sogenannte Mensch ist der Gipfelpunkt an Schrecklichkeit innerhalb der schrecklichen Welt: eine reine Zufälligkeit, hin und her geworfen von der banalen, blinden, lächerlich ungeordneten Gesellschaft, die er, seiner Schöpferverantwortung uneingedenk, da so blindlings geschaffen hat.

Das klingt, um es freundlich zu sagen, etwas überspannt? Und wie! Aber wie etwa bei den Überspanntheiten von Johannes Baader steckt auch in Friedlaenders Indifferenz-Extremismus eine einfache, klare Sozialutopie: Gott, das sind wir, und die Welt ist so, wie wir sie machen. Wir müssen diese Herausforderung nur endlich annehmen: »Das Geschöpf beschämt den Schöpfer solange, bis dieser sich selber nicht mehr verleugnet«,[7] schreibt Friedlaender, und: »Der Mensch ist

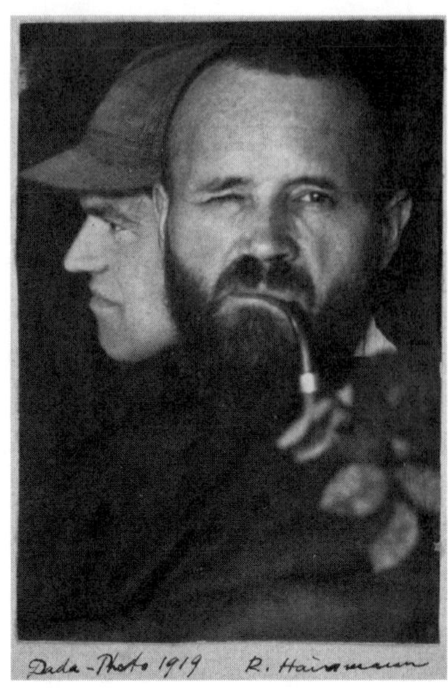

Doppelporträt Raoul Hausmann und Johannes Baader

die letzte Verhinderung seiner eigenen persönlichen Allmacht«.[8] 1915 gab es denn auch den Plan von Baader und Friedlaender, gemeinsam eine Zeitschrift herauszubringen. Zusammen mit einem jungen Maler, den Baader kennengelernt hat, kurz nachdem er nach Berlin gezogen ist, mit dem er um die Häuser streift und beständiger Gast bei den Zusammenkünften im Atelier Meidner ist – Raoul Hausmann, von dem dieser wie in Stein gemeißelte Satz stammt: »Der Mensch ergreift von sich Besitz.«

FEINDE RINGSUM

Wieland Herzfelde und sein Bruder sind derart begeistert von George Grosz, dass sie, um ihn bekannt zu machen, endlich den Plan in die Tat umsetzen, eine Zeitschrift zu gründen. Natürlich gibt es Franz Pfemferts *Aktion*, aber Pfemfert steht als kämpferischer Pazifist unter besonderer Beobachtung der Zensur, und Schickele ist mit seinen *Weissen Blättern* in der Schweiz weit weg. Zu Kriegszeiten ist es schwierig, eine Konzession für eine Zeitschrift zu bekommen, aber dieses Problem lässt sich umgehen, wenn man einen alten, ungenutzten Zeitschriftentitel quasi als leere Hülle übernimmt. Mit der *Neuen Jugend* tut sich eine solche Möglichkeit auf.

»Nach eineinhalbjähriger Unterbrechung veröffentlichen wir das siebte Heft der ›Neuen Jugend‹ mit der Erklärung, daß der Inhalt der früher erschienenen Nummern unsern jetzigen Absichten nicht entspricht«, schreibt Herzfelde in der ersten Ausgabe vom Juli 1916, die er programmatisch mit Johannes R. Bechers Gedicht »An den Frieden« eröffnet. Aber die Zeitschrift läuft nicht gut an. Herzfelde ist unzufrieden, er will nicht nur Literarisches bringen, findet aber keine philosophischen oder politischen Beiträge, die seinen Erwartungen genügen. Symptomatisch für diese Konstellation ist eine Sondernummer, die gänzlich Theodor Däubler gewidmet ist. Zwar ist Däubler ein wichtiger Förderer der Herzfeldes und bildet an den Autorenabenden der *Neuen Jugend* einen verlässlichen Programmpunkt, doch entspricht seine Literatur nicht mehr dem, was Herzfelde mit seiner Zeitschrift propagieren möchte. Und dann funkt auch noch der alte Herausgeber dazwischen und redigiert gegen die Abmachung politisch Abschwächendes in die Ausgaben hinein. Also gründen die Herzfeldes, angelehnt an den Titel eines Romans von Else Lasker-Schüler, den Malik-Verlag und geben neben der monatlich erscheinenden Zeitschrift eine weitere – wöchentliche – Ausgabe heraus, die sie nach gänzlich eigenen Vorstellungen gestalten können In der letzten »alten« Ausgabe kündigen sie die Veränderung an: »Die Notwendigkeit einer präzisierenden Stellungnahme aus den Mitarbeiterkreisen der ›Neuen Jugend‹ zu den kultur- und wirtschaftspolitischen Fragen der Gegenwart, sowie die eingehendere Behandlung jedweder Kritik heutzutage marktgängiger Literatur und Kunst, auch derjenigen, die sich bei uns einzuschmuggeln sucht, hat den Verlag veranlaßt, eine zweite Ausgabe der Zeitschrift Neue Jugend vorzubereiten. Das, was der Kreis der Neuen Jugend erstrebt, und wozu er Ausdrucksmittel zu sein wünscht, wird nach wie vor in den Monatsheften der Neuen Jugend enthalten sein. Wozu er aber in dem Gegensatz zu herrschenden Ansichten und Einstellungen Ellbogen gebrauchen muß, wo es sich darum handelt, sich zu wehren und einen Feind niederzuschlagen, soll er auch möglicherweise in unseren Reihen sein, wird die 2. Ausgabe, schärfer, auf den Tag gestellter sein können.«[9]

Dieser Text ist als Stellungnahme nicht signiert, aber wahrscheinlich sind es die Ellenbogen von Franz Jung, die sich hier bemerkbar machen. Im Heft selbst ist er unter Pseudonym mit einem Essay zu Rasputin vertreten. Franz Jung war mit Leonhard Frank und Oskar Maria Graf Mitglied von Mühsams »Tat«-Gruppe, aber sein wichtigster Bezugspunkt zur Münchener Boheme war Otto Gross. Am Beispiel der Boheme um Emmy Hennings haben wir beobachten können, wie elektrisierend Gross' Revolutionspsychologie auf die Zeitgenossen wirkt. Jung aber nimmt das Versprechen auf Revolution beim Wort und will die »Vorarbeit« zur gesellschaftlichen Umwälzung leisten, als die sich Gross' Psychoanalyse versteht. Mit Gross will er eine Zeitschrift gründen, und als dieser von seinem Vater für unmündig erklärt und verschleppt wird, inauguriert Jung eine beispiellose Kampagne für seinen Freund – hauptsächlich in Leybolds und Balls *Revolution*. Am Ende leistet er die Vorarbeit eben alleine mit der Zeitschrift *Die freie Strasse*.

In Berlin taucht Jung immer wieder mal im Atelier von Ludwig Meidner auf, aber nur um sich volllaufen zu lassen – er gehört nicht zum Inner Circle der Boheme. Er ist kein geselliger Typ; wenn man ehrlich ist, ist er überhaupt gar nicht soziabel, er ist ein rauer Mephisto, ein Gewaltmensch. Das aber ist schon sein Programm für den anstehenden Kampf. Wer sollte denn nicht einsam sein in einer Welt, die für die wirkliche Gesellschaft noch nicht gemacht ist? »Ich habe manchmal niemanden um mich, an den ich mich klammern (möchte) kann. Tiere fliehen und Steine bleiben fast immer gleich«, berichtet Jung, aber das ist gut so. Das bisschen Mitleid und Mitfühlen, das momentan möglich sei, führe doch nur zu schalen Kompromissen. Jung will mehr. Er will nicht das Leben, sondern das »Erleben«, durch das Gemeinschaft im emphatischen Sinne wieder stattfinden könne; dann werde »das Ich den Tod oder die Verkrampfung der restlichen Milliarden Lebewesen wissend, mitschwingend tragen«.[10] Bis dahin gilt: »Ich pfeife auf Verbrüderung, Gemeinsamkeit und alle die letzten Zuckungen jahrhunderte alter Staatsmusik.«[11]

Wie aber kommt man dorthin, wie soll dieser Umschwung vollzogen werden? Jung will von der anderen Seite wieder ins Paradies. Gesellschaft ist seiner Ansicht nach nicht möglich als irgendwie organisiertes Nebeneinander der vielen. Vielmehr entsteht sie durch maximales Anschwellenlassen der jeweiligen Egoismen. »Feinde ringsum« heißt ein kurzer Text von Jung, und dieser Titel beschreibt seine Vorstellung von Utopie. Denn alles Einander-zugetan-Sein ist nur wieder Ideologie, es gilt stattdessen die Differenzen bis zum Anschlag zu vergrößern, es gilt das »Gegen so zu differenzieren, daß es *nicht* mehr Programm wird. […] Endlich immer nein sagen, nein! Damit alle nein sagen. Alle, die über das Leben hinaus erleben und in diesem Erleben noch einsam sind (sein müssen).«[12]

Der Sprung in die Totalverweigerung wird unversehens zum Sprung in eine neue Vergemeinschaftung, sozusagen ein *contrat asozial.* In einem großartig monumentalen Verheißungssatz verdichtet Jung diesen Sprung vom Einzelnen zur Gemeinschaft: »Aber es wird einer kommen, das werden dann Wir sein.« In dem Spannungsfeld zwischen Indifferenz und Differenz ist Jung ein explodierter Friedlaender. Und man muss immer damit rechnen, dass er selbst es war, der sich gesprengt hat. So also sieht die Welt in Berlin in den ersten Kriegsjahren und davor aus. Besser gesagt: So sieht die Welt aus, wie sie im Berlin dieser Zeit von der jungen Generation ersponnen, fantasiert, als Kampfpartner angenommen wird.

»Es bröckelt bereits«,[13] schreibt Jung, es bröckelt, denn der neue Mensch reckt und dehnt sich und bricht schon durch die Kruste der alten, verkommenen Welt. Doch dann schreibt Jung ein »Aber« und drei Punkte …

Alles an Raoul Hausmann ist Kraft, alles an ihm will die Kruste durchbrechen. Und seit 1915 hat er auch noch die Komplizin dafür gefunden. »Zwei Tage erinnere ich«, dichtet Hausmann im November 1915, »Der eine,/ Jener 28. April dieses Jahres/ an dessen Abend ich,/ zurückgezogen auf mein innerstes Selbst/ hingeführt wurde in die Prinz-Albrecht-Straße/ wo ich Dich gewann, weil ich die äußerlich egoistischen Schranken fallengelassen hatte und Du Dich in mir spiegeln konntest.«[14] Der Kern dieser Begegnung ist aus Hausmanns Sicht, dass sich zwei Menschen genau in dem Moment des wesentlichen Sprungs vom Leben zum *Er*leben treffen, es ist der Sprung von der Vereinzelung in die Gemeinschaft. »Deinen Wunsch nach Selbstauflösung: habe ich erraten am: 28. April 1915«,[15] schreibt Hausmann. Mehr Liebeserklärung geht nicht. Was aber, wenn für die Adressatin der Kern des Sich-Verliebens ein anderer war? Wenn er für sie nicht so völlig mit dem Hebelmoment der ersehnten gesellschaftlichen Transformation zusammenfiel?

Am 28. April 1915 verliebt sich Hannah Höch in Raoul Hausmann. Die 29-Jährige hat denselben Kurzhaarschnitt wie Emmy Hennings, studiert Kunstgewerbe wie Sophie Taeuber, George Grosz und John Heartfield. Auch für sie ist sich zu verlieben ein Politikum. Der Vater gehört zu einer Generation, die die Töchter anständig zu verheiraten sucht, statt ihnen die Beschäftigung mit Kunst zu ermöglichen. Aber es ist keine Geschichte von desaströser Unterdrückung. Am Ende, nach einem verordneten Probejahr in der Versicherungsgesellschaft, ist es Höch dann gelungen, ihren Kopf durchzusetzen. Und es ist ziemlich unwahrscheinlich, dass sie sich ausgerechnet in jemanden verliebt, der konventionelle, unemanzipative Vorstellungen vom Leben allgemein und vom Leben zwischen Mann und Frau im Speziellen hat.

Aber Hausmann hat sich irgendwo zwischen Friedlaender und Grosz, irgendwo auf der Strecke von innerem Ausbrüten und äußerlichem Weltkampf verheddert. Er ist der Theorie von Otto Gross derart verfallen, dass er nicht imstande ist, sich vorzustellen, dass die Realität auch nur einen Deut von dieser Theorie abweicht. Er liest aus Gross' ontogenetischer Entwicklungsgeschichte hauptsächlich das Verhängnis von der falschen Konditionierung heraus. Der Vater von Hannah Höch kann dann beispielsweise gar nichts anderes sein als ein erbittert zu bekämpfender Tyrann. In Hausmanns Welt ist kein Platz für die Vorstellung, dass man um den eigenen Platz in der Gesellschaft ringen kann, ohne daraus gleich einen beispielhaften und weltverändernden Generationenkampf zu machen.

Hausmanns Strategie zur Befreiung von der Falschkonditionierung, der jeder Heranwachsende ausgesetzt ist, lautet: Lektüre. Nur durch sorgfältige Auslegung von Whitman, Tolstoi, Nietzsche, Stirner und den Evangelien, die das Urchristentum betreffen, nur durch das sorgfältige Befolgen der Revolutionsanleitungen von Salomo Friedlaender, Otto Gross und Franz Jung lässt sich abbauen, was die Erziehung an ideologischen Schichten über einem jungen Menschen aufgetürmt hat. Da für Hausmann die Liebesgeschichte im Zentrum seines Befreiungsprojekts steckt, unterliegt auch sie einem ständigem Abgleich mit diesen theoretischen Anleitungen. Gerade dann, wenn es nicht so läuft, wie es soll – was recht bald der Dauerzustand ist. Hausmanns Befehl zur Freiheit, mit dem er sich und Höch herumkommandiert, ist die Urfolie für alle quälenden Beziehungs-Erziehungs-Exzesse der Achtundsechziger und deren Nachfolger. Wer die Utopie und ihren Terror in Reinform erleben will, der lese Hausmanns Briefe, wie sie in Höchs Lebenscollage aufbewahrt sind.

»Gerade weil ich Dich anders, besser, ohne solche Zusammenbrüche haben will«, schreibt Hausmann im Herbst 1916 nach einem ebensolchen Zusammenbruch, »gerade weil ich Dir zum ›Freisein‹ helfen will – habe ich das gestern getan«.[16] Und dann folgt, um das gemeinsame Projekt noch einmal zu erklären, ein langes Zitat aus Gross' *Vom Konflikt des Eigenen und Fremden*. Mit einem »Hier denke einmal gut und gründlich nach« beginnt dann die Ausdeutung der Theorie auf die eigene Praxis, dann wieder ein langes Zitat und so weiter. Hausmann spinnt ein Netz aus theoretischen Bezügen, dem keine Regung der Lebensrealität entwischt. Sexuelle Lust ist Beweis für das Sich-Auflösen-Wollen, sexuelle Unlust hat Gross als die für die Frau unter den gegebenen Umständen einzig mögliche Umsetzung ihrer Individualität und Eigenständigkeit analysiert. Hausmann wird in den nächsten Jahren das Netz immer enger ziehen. Schlussendlich werden auch noch seine eigenen publizierten theoretischen Texte zu Beweisstücken im Beziehungsprozess, ja selbst die füreinander verfassten Zettelchen werden dort präsentiert und der Exegese unterworfen. Das vereinzelte Ich sollte zerrissen werden zugunsten der Vergemeinschaftung. Aber was Hausmann zerreißt, sind nur Etappen seines Bildungsromans, und er fügt sie mit den Dokumenten seiner Überforderung zu einer bizarren Befreiungstheologie zusammen.

Denn Hausmann kommt seinem eigenen Programm nicht bei. Dass man auf andere Menschen keinen Besitzanspruch anmelden dürfe, nutzt er als Rechtfertigung dafür, sich nicht von seiner Frau trennen zu wollen. Nach zermürbenden Kämpfen, mit Hannah und sich selbst, sieht er ein, dass sein Hang zu physischer Gewalt schlecht zu einem Projekt passt, das den Egoismus auflösen will. Höch lässt sich jedoch immer wieder beschwören, die gemeinsame Geschichte – das am 28. April 1915 so ekstatisch und hoffnungsvoll begonnene Projekt – fortzusetzen. Im August 1918 versuchen sie es noch einmal, unternehmen einen gemeinsamen Urlaub und fahren nach Heidebrink an der Ostsee in ein kleines Fischerhäuschen.

»Hier starb ich 3 Tage und 3 Nächte«,[17] schreibt Höch über Heidebrink, und doch gibt es auch entspannte Momente. Höch und Hausmann amüsieren sich über ein Bild im Zimmer, ein sogenanntes

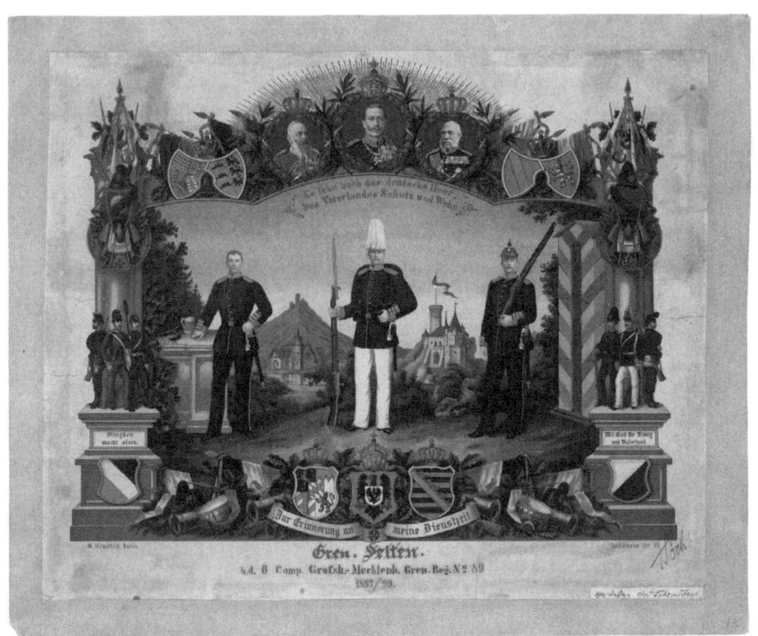

Militärgedenkblatt (aus Hannah Höchs *Lebenscollage*):
Anfang der Fotomontage?

»Militärgedenkblatt«, ein zeichnerisches Massenmonument des Kaiserreichs: Wappen, Säulen und Gloriolen erschaffen eine Bühne, auf der drei Soldaten postieren. Ein Fleißbildchen für die Teilnahme am Krieg: Als Soldat kann man zur Erinnerung an die eigene Dienstzeit sein Gesicht auf die Gesichter der Soldaten kleben. Ein anrührender Versuch, dem Weltlauf etwas Persönliches abzuringen, ein kitschig pompös symbolisches Blatt zu individualisieren.

Aber aus der Idee des Zerschneidens und Aufeinanderklebens ließe sich doch vielleicht etwas machen, wenn man wieder in Berlin ist.

WELT SAMMELN

Nimm dich in Acht, knallige Welt, denn hier kommt Grosz und zeichnet dich so, wie du wirklich bist. Grosz sammelt, was er in die Finger bekommt. »Die Wände waren bedeckt mit Bildern – wenn man Bier- und Whiskyplakate, Zirkus-Affichen mit Clowns, Athleten und tätowierten Damen, Photos und Zeitungsillustrationen als Bilder bezeichnen kann«,[18] schreibt Herzfelde nach einem Besuch in Grosz' Atelier. Ein anderer junger Künstler, Max Ernst, schildert ebenfalls seine faszinierte Reaktion angesichts visueller Überfülle. Über die Durchsicht eines Katalogs, »in dem Gegenstände für anthropologische, mikroskopische, psychologische, mineralogische und paläontologische Demonstrationen abgebildet waren«, schreibt er: »Ich fand dort soweit voneinander entfernte Figurenelemente vereint, daß die Absurdität dieser Ansammlung eine plötzliche Intensivierung der visionären Fähigkeiten in mir verursachte und eine halluzinierende Folge von widersprüchlichen Bildern hervorrief, doppelte, dreifache, vielfache Bilder.«[19] Die Simultanität, das Nebeneinander heterogener Elemente ist im alltäglichen Erleben angekommen und fordert von da die künstlerische Technik heraus. Es grölt visuell in einem fort.

Eine mögliche Reaktionsweise besteht darin, dieses Zuviel, das die Gesellschaft aus sich heraus produziert, einfach abzubilden. Das hat zunächst einmal noch nichts Provokantes oder Kritisches, sondern entspringt ganz einfach dem Bedürfnis, die Kunst auf die Höhe der Zeit zu bringen. Ernst begrüßt die »Intensivierung der visionären Fähigkeiten«. Und wenn Grosz die Werbebotschaften aneinanderreiht, dann gilt seine Kritik nicht der Reklame oder ihren Verursachern, sondern den Leuten, die sich dieser Modernität verschließen: »Sag mal? – … graults Dir da nicht in den Kunstsalons? in den Ölgemäldegalerien …? in den literarischen Soiréen …?«[20]

Aber so heiß, wie Grosz das Überbordende der Welt, das Unendliche ihrer Möglichkeiten liebt, so grimmig ekelt er sich vor der Hässlichkeit, wie sie sich im Berlin der Kriegsjahre präsentiert. Er erträumt sich ein Spielfeld der größtmöglichen Knalligkeit und verortet diesen Traum im fernen Amerika. Das, was er um sich herum sieht, ist doch nur eine lächerliche, gefährliche Karikatur dieser Möglichkeit.

Schon in der Vorkriegszeit war Grosz angewidert von dem Gerede der Kleinhändler, Hausbesitzer und Kleinbürger, ein Buch über die »Hässlichkeit der Deutschen« wurde auf nicht weniger als drei Bände angelegt. Der Krieg bestätigt ihn in seiner Misanthropie. Nachdem er 1917 zum zweiten Male eingezogen wird und einen Zusammenbruch erleidet, hat sich die Liebe zur Knalligkeit der Welt vollends zur ätzenden Lust gewandelt, dieser die eigenen Abgründe zu präsentieren. Aber wie stellt man so etwas adäquat dar? Wie fängt man zum Beispiel einen »Stammtisch im Bierhaus Siechen, wo die Menschen wie dicke rote Fleischmassen in graue häßliche Säcke gepreßt saßen«,[21] am unmittelbarsten ein? Um einen passenden Stil zu finden und einzuüben, kopiert Grosz Kinderzeichnungen sowie »folkloristische Zeichnungen« in den Pissoirs. »So kam ich allmählich zu einem messerharten Stile, dessen ich zur Aufzeichnung meiner damals von absoluter Menschenverneinung diktierten Beobachtungen bedurfte«, schreibt Grosz in der Rückschau.[22] Und auch wenn er eine Zeit lang durchaus Vergnügen daran findet, sein Auskommen als Karikaturist zu finden, so will er doch nicht bei den einfachen Stilisierungen stehenbleiben, sondern beginnt, Naturstudien als künstlerisches Korrektiv zu nutzen.

Mit den Herzfeldes beginnt für Grosz 1917 eine fruchtbare Zusammenarbeit. Gemeinsam suchen sie nach Mitteln, die Gegenwart adäquat einfangen zu können. Die neue Wochenausgabe der *Neuen Jugend* erscheint in einem spektakulär großen Format (s. Bildteil). Den Text über die grölenden Reklamen veröffentlicht Grosz auf der Titelseite der zweiten Ausgabe. Zugleich wird in beiden Ausgaben die

»Kleine Grosz-Mappe« beworben, die zweite Veröffentlichung des Malik-Verlages mit Lithografien von Grosz, auf denen er den messerharten Strich ausprobiert.

Vergleicht man die beiden Werbe-Anzeigen für die Mappe, wird deutlich, wie sich Heartfield in seinen typografischen Experimenten mit Grosz' Knalligkeits-Lust verbündet. In der Mai-Ausgabe ist die druckgrafische Lösung mit der versetzten Staffelung der wiederholten Ankündigung der Kleinen Mappe schon einigermaßen originell. Die Juni-Ausgabe geht dann in ihrer *gesamten* typografischen Gestaltung einen entscheidenden Schritt weiter. Heartfield hat nur noch ein vages Schema von vier Spalten pro Magazinseite, das er durch harte Wechsel der Typografie, Fotografien, Werbefenster, grafische Elemente und verschiedene Farbigkeiten fortlaufend unterbricht. Bereits auf dem Titelblatt ragt dem Leser eine übergroße Fotografie des Flatiron Building entgegen, ein Signal der puren Kraft und Überwältigung, ein Bekenntnis zu Amerika und eine Feier der Reklame an sich: Flatiron ist der Aufhänger für den Schriftzug »Reklameberatung«.

Die Werbung für Grosz' Mappe will denn auch gleich ein Beispiel für geballte Reklamekompetenz sein. So behauptet die Zeitung auf dem Titelblatt von sich, ein »Prospekt zur Kleinen Grosz-Mappe« zu sein. Die Anzeige selbst, die auf der letzten Seite steht, wirkt so, als hätte Heartfield einen Setzkasten mit kleinen Vignetten von Lokomotive, Schiff, Ballerina, Grammofon, Trompete und Totenkopf einmal kräftig durcheinandergeschüttelt, über der frei gelassenen Fläche der letzten Seite ausgeleert und dann mit dem unvermeidlichen »Soeben erschienen« und den Titeln der 20 Lithografien irgendwie angeordnet. Im Zentrum des Ganzen: ein – als einziges Bildchen vergrößerter – Totenkopf, der mit einem leicht schräggestellten Zylinder zum Conférencier des Lockrufs gemacht wird. Jede dadaistische Publikation wird diese Sprengung der konventionell-ordentlichen Typografie nachvollziehen.

Die Grosz-Mappe enthält vor den eigentlichen Lithografien ein Beiblatt, auf dem die Vignetten wieder auftauchen, dieses Mal brav

IM JUNI erscheint die Kleine
Kleine GROSZ Mappe
Kleine GROSZ Mappe
Kleine GROSZ Mappe
Die Mappe enthält 20 Litographien

Hundert nummerierte Exemplare á 25 Mark, dergleichen fünfzehn auf Kaiserlich Japan, vom Zeichner signiert, á 35 Mark. Die Exemplare Nr. 1–5 je 50 Mark. Bei Subskription ermässigt sich der Preis jeder Mappe um 10 Mark. Schluss der Subskriptionsliste 10. juni 1917.

DER MALIK-VERLAG,
BERLIN-HALENSEE, KURFÜRSTENDAMM 76

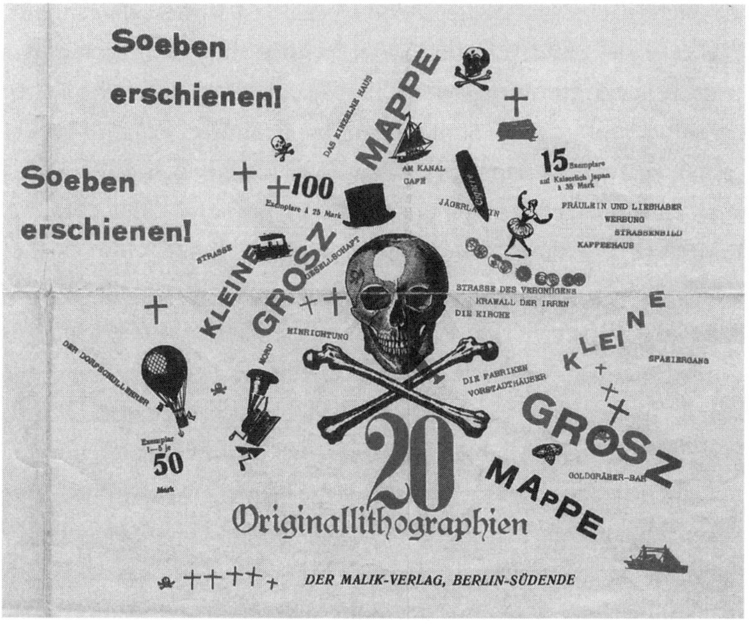

Die Heartfield'sche Reklameberatung zeigt, was sie kann.

sortiert als Illustrationen zu den lyrischen Knalligkeits-Gesängen von Grosz. Diese Aufgeräumtheit ist aber eine subversive. Wo im Text ein Zug genannt wird, kommt die Lokomotive hin, und wenn »die Julinacht ganz warm/ wie eine Wolldecke über uns lag«, dann streuselt Heartfield in der nächsten Zeile alles aus, was der Setzkasten an Mini-Sternchen und -Monden hergibt. Was Grosz in seinen Lithografien mit dem möglichst einfachen und direkten Strich erreichen will, konterkariert Heartfield auf seine Weise. Spielerisch hantiert er mit den Klischee-Symbolen, die für die Reklame in populären Medien herangezogen werden, und inszeniert: das Einsammeln von Welt.

Graf Kessler verschafft Heartfield und Grosz die nächste Etappe ihrer Zusammenarbeit. Als er sich im September 1916 in Zürich auf die Suche nach dem Cabaret Voltaire begibt, ist es vielleicht ganz gut, dass er es nicht findet. Denn Kessler ist nicht zum Vergnügen unterwegs, er hat einen Auftrag, er soll Propaganda für die deutsche Kultur organisieren. In diesem Sinne spannt er ein anderes Zürcher Varieté im Januar 1917 für seine Zwecke ein.[23] Er kann seinen Auftrag aber auch dazu nutzen, Freunde oder Künstler, denen er sich verbunden fühlt, von der Front fernzuhalten. Heartfield und Grosz bringt Kessler bei der UFA unter, wo sie Propagandafilme herstellen sollen. Allerdings haben sie eine viel bessere Idee. Kessler erstattet im November 1917 dem Vizekonsul Pistor Bericht: »Dieser [Grosz] hat ›eine sehr amüsante Idee‹, nämlich monatlich einen gezeichneten Film als karikierte Weltchronik herauszugeben, da G. außerordentlich witzig und ein brillanter Zeichner ist, so könnte hierbei etwas wirklich Wirkungsvolles herauskommen. In den Soldatenfilm sollen Zeichnungen dieser Art eingeschnitten werden.«[24] Nach dem Militärgedenkblatt, dem rührseligen Relikt aus der Bilderschatztruhe des Kaiserreichs, schiebt sich unter den bastelnden Händen von Grosz und Heartfield mit dem Film die technisch avancierteste Kunst an den Gründungsmythos der Collage.

BRÜCHIGER PROPHET

Huelsenbeck kommt 1917 wieder nach Berlin, an den Ort, wo er mit Ball die ersten Bühnenauftritte ausprobieren konnte. Auch er hatte in der Schweiz einen Nervenzusammenbruch, und als Ball das Cabaret verlässt, hat Huelsenbeck das Zentrum verloren, das seine Zentrifugalkraft auszuhalten imstande war. Man ertappt sich dabei, ihm gänzlich zu glauben, wenn er davon berichtet, wie er ziel- und ruhelos die Bahnhofstraße rauf, und runterläuft, »wie ein Tier im Käfig«.[25] Huelsenbeck hält es in dem Sanatorium, als das einem Zürich in dieser Zeit erscheinen kann, nicht mehr aus.

Berlin befriedigt im Jahre 1917 einen solchen Realitätshunger aufs Hässlichste. In Zürich war der Krieg weit weg, und da neben den Menschen auch viel Geld in die Schweiz geflüchtet ist, wurde die Not im Stadtbild immer wieder abgefedert. In Berlin federt nichts den Hunger ab, die Krüppel und Versehrten prägen die Straßen. Viel Stoff für Grosz' Strichübungen: »Ich zeichnete Soldaten ohne Nase, Kriegskrüppel mit krebsartigen Stahlarmen, zwei Sanitäter, die einen tobsüchtigen Infanteristen in eine Pferdedecke eindrehen, einen Einarmigen, der mit der gesunden Hand einer ordenbehängten Dame, die ihm aus einer Tüte ein Keks aufs Bett legt, die Ehrenbezeigung erweist. Einen Obersten, der mit aufgeknöpfter Hose eine dicke Krankenschwester umarmt. Einen Lazarettgehilfen, der aus einem Eimer allerlei menschliche Körperteile in eine Grube schüttet. Ein Skelett in Rekrutenmontur, das auf Militärtauglichkeit untersucht wird«,[26] und so weiter und so fort.

Da hat Huelsenbeck das »Schlachtfeld«, gegen das er das Sanatorium eintauschen wollte. Aber nun will er doch das Beste aus Zürich importieren. Dada war rasend schnell wieder vorbei, aber es war doch eine Erfolgsgeschichte, zumindest und auf jeden Fall für ihn. Auf der Bühne des Cabaret Voltaire ist Huelsenbecks Kraftprotzerei zum ersten Mal zur ästhetischen Geltung gekommen, und mit den *Phantastischen Gebeten* hat er seine erste Veröffentlichung geschafft, endlich!

Deswegen will er in Berlin einen ähnlichen Brennpunkt erzeugen, der Kreis um die *Neue Jugend* scheint ihm dafür ideal geeignet. So kommt es, dass die typografischen und textlichen Waghalsigkeiten von Grosz und Heartfield in beiden Ausgaben der neuen *Neuen Jugend* eine Huelsenbeck'sche Textwüste einkleiden. Von den vier Seiten der Mai-Ausgabe beherrscht Huelsenbeck die gesamte zweite Seite und gut die Hälfte der dritten noch dazu. »Der neue Mensch« ist sein Text betitelt, ganz so, als sollte mit dem Titelschriftzug der ja bloß übernommene Zeitschriftenname »Neue Jugend«, der als Kolumnentitel winzig darübersteht, mit neuen programmatischen Weihen versehen werden.

Alles spricht also dafür, dass Huelsenbeck mit diesem Text eine eigene Stimme im Orchester der Gesellschaftsentwürfe etablieren will. Dass er mit der *Neuen Jugend* das passende Forum dafür gefunden hat, dafür spricht, dass es an mindestens einer Stelle so klingt, als wären Huelsenbecks neuer Mensch und Grosz' Kautschukmann Geschwister. Auch dem neuen Menschen scheint nichts Menschliches fremd, er kann sich wie der Gummimensch in jeden erdenklichen Erdenwinkel hineinschnalzen, seine Stirn umfasst so unterschiedliche Phänomene wie »die Perlenkette der tabetischen Primadonna wie das Dekokt des besoffenen Kurpfuschers, den Harlekin der Strasse wie den Dementen im Winkel der Krankenhäuser«.[27] Allerdings ist diese Vielfalt eine, die Huelsenbecks neuer Mensch gerade verlassen soll: »Aber der neue Mensch entkleidet sich aller Häute, aller Brillen, Perrücken [sic], Postischen und Schürzenbänder – er tritt von der Bühne, die er für nötig hält, mit wachsamem Schritt: sieh da der neue Mensch, welch ein Held bleibt er inmitten der grausamsten Lächerlichkeiten, welche Kraft in seiner Hose, welche Erhabenheit in seiner Armmuskulatur – er ist es, der den Menschen ihre Würde zurückgibt und sie in ihrem Elend aufzurichten sucht.«

Der neue Mensch, wie ihn Huelsenbeck pathostrunken und visionslüstern fantasiert, ist das Gegenteil vom Kautschukmensch oder Weltensammler – er ersteht gerade aus der Säuberung vom Weltenschmutz. Auch von jenem speziellen Schmutz, dem Huelsenbeck gerade entflohen ist. Zu den Feinden des neuen Menschen gehört: »der Rhythmenklüngel und phantastische Verssnob, der Mensch des Morphins, der bewusst Unnüchterne, der Verpester der gleichgültigen Augenblicke« – Klamauk, unnützer Lärm, Plärren um des Plärrens willen. Das ist nicht die schlechteste Beschreibung von Dada Zürich. Der neue Mensch ist dagegen ein Priester von Solidität und Sauberkeit, er will Simplizität statt Simultanität, Einfachheit statt Polarität, gesunde Sinnlichkeit statt Polyhysterie, Kraft in der Hose statt »erogen excentrische Jugendlichkeit«.

Im Beitrag zur Juni-Ausgabe der *Neuen Jugend* scheint Huelsenbeck geradewegs so weiterzumachen. Wieland Herzfelde war durchaus irritiert von dem »Neuer Mensch«-Erguss und plant eine Erwiderung. Entsprechend ist Huelsenbecks neuer Text »Dinge und Menschen« nicht mehr ganz so prominent platziert wie der erste Artikel. Im Gestus aber knüpft er an den »neuen Menschen« an. Ein Glauben Suchender wird angesprochen, »Du hast die Messe in dem großen Dom gehört«, lautet der erste Satz, und dieser Gläubige wird in mehreren Etappen seines Kampfes um Transzendenz begleitet. Bald aber sind alle Kämpfe ausgefochten, und der Suchende darf sich beseligender Ruhe hingeben: »Alle Standarten sind versteckt, niemand will Führer sein. Derwische haben sich zur Ruhe gelegt – es herrscht nur der Glanz, stiller Glanz der Seligkeit, mattleuchtendes Fanal des Glücks«. Doch dieser Glücksruhepunkt ist bereits zur Hälfte des Textes erreicht. Kein gutes Zeichen, denn es ist davon auszugehen, dass sich dieser Zustand über den Rest der Strecke nicht halten lässt.

Die Komplettverwerfung, die nun folgt, überrascht dann aber doch: »Diese Beschreibungen genügen bei weitem nicht. Man muß hier mit ganz einfachen und harten Worten sprechen«, und nun wird der Mensch, den man als Leser zwei weitschweifige Abschnitte lang begleitet hat, als erbärmlicher Caféhaus-Napoleon dekuvriert. Denn am Ende ist »Dinge und Menschen« eine Abrechnung mit drei Literatenkollegen, mit Schickele, Rubiner und dem nicht genannten aber durch die falsch anzitierte Gedichtzeile »Der Dichter ruft euch Zwanzigjährige« markierte Becher. Die Aufteilung der Intelligentsia in Freund und Feind ist für den Tenor der *Neuen Jugend* nichts Besonderes, aber Huelsenbeck glänzt durch die Originalität der Schmähungen und Bestrafungsfantasien. »Du Tapezier-Genie aller Dichtkünste – du ungleich tiefere Salamie. Du bist der Typus der Gestenschwinger und lallenden Seladone, Du bist die oberste Froschmolluskenbreinatur von Berlin«, ruft er Becher zu. Schickele verunglimpft er als »Halb- und Lemurenmeschsn [sic]« als »Taster nach allen Seiten, einen jener Praefektoren und Protagonisten lauwarmer Literatenbanden«, Rubiner ruft er ein »Ranunculus acer« hinterher, das ist die giftige Pflanze, mit der sich Bettler die Haut einrieben, um mit den Wunden Mitleid zu erzeugen. Mit abstruser Beschreibungsgenauigkeit kündigt er allen dreien angemessene Prügel an.

Huelsenbecks Text ist ein wildes Umsichgeschlage – da wütet einer und sucht seinen Platz im literarischen Milieu unter all denen, die vor ihm da waren. Er ist aber noch weit mehr. Es ist auch ein Selbstexorzismus. Er lässt sich deswegen so viel Zeit mit der Beschreibung des Suchenden und gewährt ihm deswegen einen derart großen lyrischen Einsatz, weil er dem Caféhaus-Napoleon selbst so irritierend nahe ist: Er spricht ihn als Zwillingsbruder an, und manchmal überlässt er ihm qua direkter Rede über derart weite Strecken das Feld, dass die Konturen der Brüder verschwimmen. »O – wir sind imstande, das dichterische Ingenium zu verstehen, wir dichten selbst, wir sind zukünftige Journaille [...]. So sind wir, so ist er«, heißt es an einer hellsichtigen Stelle. Und: »Er ist größer.«

Huelsenbeck wendet die Pritzelpuppentechnik an: Er schlüpft in die Rollen des erbärmlichen Propheten und des diesen verprügelnden Kritikers, er schlüpft so sehr in sie hinein, dass er in jeder Rolle wahrscheinlich beliebig viele Seiten füllen könnte. Feinde ringsum. Und jeder einzelne von diesen Feinden ist man selbst. Aber dann ist der

Feind plötzlich eine Puppe, sie gehört noch zu einem, aber man kann sie vor sich hertreiben und schlimme Dinge mit ihr anstellen.

So wie Däubler am Ende seines Dom-Erlebnisses die Simultanität als Faktum akzeptiert hat, so steht Huelsenbeck am Ende seiner beiden Texte vor einer Vielzahl von Rollen: Der Kautschukmann hat sich durchgesetzt, trotz der intendierten Säuberung.

»Heute Socialist, morgen Egoist, heute Catolik, morgen Anarchist.« So hat sich Huelsenbeck im Tagebuch beschrieben. Er ist ohne eigenen Standpunkt, und auch wenn er einen hätte, würde er als Dilettant gar nicht über die Mittel verfügen, ihn zum Ausdruck zu bringen. Das macht ihn zum interessantesten der Kautschukartisten. Die anderen haben mindestens ein Talent, auf das sie sich zurückziehen können, oder versuchen, von einer Könnerschaft zum Dilettantismus zurückzukehren. Huelsenbecks meist im Medium des Schreibens vollzogene Weltkämpfe sind dagegen ungeschützt und roh. Das führt oft genug zu Geschmacklosigkeiten oder Auswüchsen an Unangebrachtheit: Wenn zum Beispiel Franz Jung eine Nummer der *Revolution* zu einer Solidaritätskundgebung für den vom Vater weggesperrten Otto Gross macht, dann ist darin von Huelsenbeck ein kraftmeierisch schwelgender Text über Toledo, Stierkampf, Vitalität zu finden. Aber immer wieder gelingt es Huelsenbeck, sein Umhergehüpfe zu einem feinnervigen Seismografen für gesellschaftliche Stimmungslagen zu kalibrieren. Schon in seinem nächsten Text »Disziplin der Gegenwart« versammelt er scharfsinnig und visionär die reaktionären nationalistischen Tendenzen des Mai 1914.

Huelsenbeck ist ohne Maß, auch in den Übertreibungen, mit denen er 1917 seine vermeintlichen Erfolge, Dada in Berlin zu installieren, nach Zürich an Tzara meldet. »Wie Sie aus der Verbreitung und dem Erfolg der Neuen Jugend gesehen haben, haben wir hier in Berlin eine Bewegung geschaffen, die in ihrer Grösse ganz der Bewegung Dada in Zürich entspricht. Die gesammte [sic] Presse von Grossberlin und auch die Zeitungen der wichtigeren Provinzstädte stehen uns zur Verfügung«.[28] Huelsenbeck spricht von einem Propaganda-Abend mit Musikern, Malern und Literaten, von einer Broschüre und einer Ausstellung. Nichts davon klappt im Jahr 1917. Erst im Januar 1918 gelingt es Huelsenbeck, einen Autorenabend mit der bewährten Resi Langer, an dem u.a. Max Hermann-Neisse und Theodor Däubler mitwirken, für Dada zu kapern.

Entgegen der Programmankündigung leitet er den Abend mit einer Dada-Proklamation ein. Da er aber selbst nicht so genau weiß, worauf es mit seiner Inanspruchnahme von Dada hinauslaufen soll, ist seine Rede zu Beginn in großen Teilen ein munterer Erlebnis- und Rechenschaftsbericht der Zürcher Zeit. Huelsenbeck ringt mit dem Problem, dass sich Dada schlechterdings inhaltlich nicht füllen lässt, außer mit dem ständigen Hinweis auf Maximierung der Vitalität und dem Sich-auf-Augenhöhe-Bringen mit der eigenen Gegenwart. Da er Dada Zürich aber ja nun verlassen hat, macht er Dada zur Hohlform für den Übergang, zum Versprechen auf das Neue. Ganz egal, was es ist, Hauptsache neu. Der Dadaismus sei »die Überleitung zu der neuen Freude an den realen Dingen«, proklamiert Huelsenbeck: »Er muß etwas Neues sein, denn er steht an der Spitze der Entwicklung, und die Zeit ändert sich mit den Menschen, die fähig sind, verändert zu werden.«

Für diesen lustvollen Umgang mit der Realität, als deren einzige Beschreibung Huelsenbeck die bloße Veränderung einfiel, braucht es aber seiner Meinung nach echte Kerle, »Kerle, die sich mit dem Leben herumgeschlagen haben, da sind Typen, Menschen mit Schicksalen und der Fähigkeit zu erleben«. Kerle, die auch im Krieg bestehen, von dem Huelsenbeck nun auf einmal behauptet, dass er zur Veränderungslust des Dadaismus dazugehört.

Im April 1918 kann Huelsenbeck endlich mit Hausmann und Grosz einen Abend bestreiten, der ausschließlich dem Dadaismus gewidmet ist. Das Manifest, das er dort vorliest und das gedruckt vorliegt, will zunächst einmal eine Demonstration der Mächtigkeit der neuen Bewegung sein. Huelsenbeck hat eine Vielzahl von Unterzeichnern unter das Manifest setzen lassen, um keinen Zweifel an der Größe der Gründerschar und deren Internationalität aufkommen zu lassen. Es sind auch Namen darunter, denen Huelsenbeck in anderen Zusammenhängen Dada-Nähe absprechen würde und wird. »Wer zu uns kommt, behält seine Freiheit« – diese einzige Regel der Dada-Gruppenbildung verwandelt Huelsenbeck, bevor er scharf über den Zugang zu Dada wachen wird, in Zwangsrekrutierung: Däubler etwa musste sich, zusammen mit einigen anderen, öffentlich dagegen wehren, nach dem im Januar zu Dadas Gunsten gekaperten Autorenabend zur Dada-Bewegung gezählt zu werden.

Inhaltlich bewegt sich das Manifest in den eingeübten Bahnen. Hauptfeind ist der Expressionismus, der mittlerweile zu einer Bewegung geworden ist, die Huelsenbeck bei seiner Rückkehr als die mächtigste literarische Strömung im Berlin dieser Zeit wahrnimmt. Dann werden die bruitistischen, simultanistischen und statischen Gedichte erneut als die Innovationen gepriesen, die größtmögliche Gegenwartsnähe im Künstlerischen ermöglichen. Es folgt: Entgrenzung der Kunstformen, Internationalität.

Und dann kommt plötzlich etwas, das in seiner Abruptheit wie ein dadaistischer Scherz wirkt. »Dada will die Benutzung des neuen Materials in der Malerei« steht da, typografisch hervorgehoben. Es wirkt, als hätte Hausmann in den Manifesttext noch schnell seine Handschrift einfügen wollen, als hätte er eine Forderung dazusetzen wollen, die seiner künstlerischen Arbeit entspricht. Denn an dem ersten Abend hatte er einen eigenen Programmpunkt, er sollte am Ende über ebendieses neue Material in der Malerei sprechen. Dazu ist es nicht gekommen. Denn nach dem bruitistischen (Huelsenbeck an der Kinderrassel) Vortrag von futuristischen Gedichten durch Else Hadwiger, nach Grosz' Betanzen der eigenen Gedichte wurde der Saalleitung der Berliner Sezession angst und bange um die eng gehängten Gemälde von Lovis Corinth[29] – immerhin hatte Grosz sie bereits pantomimisch angepinkelt, und die kriegerische Lautmalerei der Marinetti-Verse hatte das Publikum in tumultuöse Zustände driften lassen. Hausmann wurde kurzerhand das Licht abgedreht.

Er hätte eine kuriose Verschränkung von künstlerischen Verfahrenstechniken und der Gesellschaftskritik von Otto Gross zu Gehör gebracht. Hausmann ringt nach wie vor mit dem Vorhaben, sich in »seine eigenste Tendenz zur Erlösung« zu bringen, also dem Akzeptieren der Tatsache, dass man das zum Eigenen gewordene Fremde aus sich herausreißen muss. Aus Hausmanns Sicht war das der Kernmoment des Sich-Verliebens von Hannah Höch in Raoul Hausmann – wem das gelingt, der darf sich laut Hausmann als Dadaist bezeichnen. Und Dadas Leistung im Medium der Kunst besteht darin, diese eigene Unfertigkeit und Brüchigkeit im Kunstwerk sichtbar zu machen: »In Dada werden Sie Ihren wirklichen Zustand erkennen: wunderbare Konstellationen in wirklichem Material, Draht, Glas, Puppe, Stoff, organisch entsprechend Ihrer eigenen, geradezu vollendeten Brüchigkeit, Ausgebeultheit.« Der Nicht-Künstler Huelsenbeck hat später in der Rückschau für sich eine einfache Erklärung für das Verwenden neuer Materialien gefunden: Dass man Teile aus der direkten alltäglichen Umgebung verwendet, gehöre zum dadaistischen Programm der unbedingten Gegenwärtigkeit. Hausmann weiß als bildender Künstler diesem Programm noch eine Pointe der ästhetischen Umsetzung hinzuzufügen. Einfach nur das Material der Wirklichkeit anstatt der Ölfarbe zu verwenden reicht ihm noch nicht, es muss außerdem ein Konstruktionswille hinzukommen, ein Zusammenstellen dieser Materialen in eine Konstellation, wunderbar und brüchig zugleich.

WURSTIGKEIT

Huelsenbeck hat ja wieder einmal recht. Alle Zeichen der Zeit stehen auf Veränderung, und die Realität lässt nicht mehr zu, dass man sich von ihr fernhält. »Es ist nur ein Schritt bis zur Politik«, hieß es in seiner Dada-Rede – voilà: Im November meutern die Matrosen, dankt der Kaiser ab. Franz Jung stürzt sich in den Kampf und besetzt in Berlin umgehend ein Telegraphen-Büro. Auch Huelsenbeck will nicht untätig sein, er läuft zum Reichstag, um seine revolutionären Dienste anzubieten, und trifft auf Kurt Hiller, den Gründer des Neuen Clubs, der neben den Arbeiter- und Soldatenräten den Rat geistiger Arbeiter etablieren will. Dass Huelsenbeck diesen Rat mit einem Glückwunschtelegramm von Bosch beglückte, in dem dieser die Sozialisierung seiner Betriebe in die Hände des Rates legte, und dieses Telegramm sich am Ende als Täuschung entpuppte – diese Anekdote steht auf schwankenden Füßen. In seiner Autobiografie aber stilisiert Huelsenbeck seinen Tag im Reichstag als endgültiges Abschiednehmen von allen revolutionären Ambitionen. Zu müde, lahm und bar jeglichen Furors erschienen ihm die geistigen Räte.

Für Baader bedeutet die Revolution, dass sein Sendungsbewusstsein plötzlich mit den politischen Realitäten kurzgeschlossen werden kann. Die Forderung der Nobelpreise für seine »Acht Weltsätze« ist ein Spiel mit der Presse. Aber dieses Spiel ist grundiert von tiefstem Ernst. Hausmann sekundiert, die Weltsätze seien, zusammen mit ein paar Arbeiten von ihm selbst, »das gleiche für unsere Zeit, als es die Kosmogenie des Hesiod für die seine«[30] gewesen sei. Und weiter: »Es stehen in unseren Schriftstücken soviele wirkliche Geheimnisse, Verdichtungen des gesamten Weltgeschehens soweit es den Menschen betrifft, daß sie auf: Einmal – nicht verstanden werden können; sie haben aber eine so zukünftige Bedeutung, wie es der Brahmanismus oder Buddhismus oder das Christentum hatte.«[31] Doch es hilft nichts, die Bedeutung von Baaders Weltsätzen bleibt weiterhin weithin verkannt.

Und auch wenn Baader am 17. November 1918 im Berliner Dom Skandal macht, weil er die Predigt mit dem Ausruf »Christus ist uns wurscht« unterbricht, dann ist das ein Missverständnis. Baader meinte genau das Gegenteil. Wenn man ihn hätte ausreden lassen, hätte er zu Gehör gebracht, dass er mit der Wurstigkeit gegenüber Christi gerade die zu beklagende Haltung der Leute zitiere; dass diese Christusvergessenheit ein wesentlicher Grund für den Bankrott der Gesellschaft und für den Ausbruch des Krieges gewesen sei.

Wenn nun aber nach Abdankung des Kaisers tatsächlich wesentliche Regierungsposten neu zu vergeben sind, erhalten Baaders Interventionen und Selbstzuschreibungen auf einmal politische Relevanz. Indem das alte System zusammenbricht, nähert es sich Baaders vermeintlich utopischen Hirngespinsten an. Und für seine Dadaisten-Freunde ist Baaders Neigung, den Anbruch von neuen Zeiten und neuen Gesellschaftsformationen auszurufen, eine Gelegenheit, die nicht am Schopfe zu packen grob fahrlässig wäre. Baader verfügt über einen sogenannten »Jagdschein«, ein Attest über geistige Unzurechnungsfähigkeit, das ihn bei waghalsigen öffentlichen Aktionen vor Strafverfolgung schützt: Das nicht auszunutzen wäre sogar für ein Milieu, das nicht zur Provokation neigt, gar nicht so einfach. So wird Baader beispielsweise in der Weimarer Nationalversammlung als »Präsident des Erdballs« Flugblätter abwerfen. Und bevor Scheidemann die Republik ausruft, hat Baader ihn in der Straßenbahn längst zum Ehrendada ernannt.

Am Ende des Jahres 1918 besucht Harry Graf Kessler das Kaiserschloss. Die aufgebahrten gefallenen Matrosen ringen ihm Erschütterung ab, aber die eindringlichsten Worte findet er über das, was von den Einrichtungsgegenständen des Kaiserpaares noch übrig geblieben ist. Seine ganze Empörung gegen die endlich vergangene Ära verdichtet sich im Ekel an deren Überresten: »Aus dieser Umwelt stammt der Weltkrieg oder was an Schuld den Kaiser für den Weltkrieg trifft: aus dieser kitschigen, kleinlichen, mit lauter falschen Werten sich und Andre betrügenden Scheinwelt seine Urteile, Pläne, Kombinationen und Entschlüsse. Ein kranker Geschmack, eine pathologische Aufregung die allzu gut geölte Staatsmaschine lenkend! Jetzt liegt diese nichtige Seele hier herumgestreut als sinnloser Kram. Ich empfinde kein Mitgefühl, nur, wenn ich nachdenke, Grauen und ein Gefühl der Mitschuld, dass diese Welt nicht schon längst zerstört war, im Gegenteil in etwas andern Formen überall noch weiterlebt.«[32]

Zur selben Zeit beendet Grosz ein großformatiges Bild, das den Ekel angesichts der gesellschaftlichen Instanzen zeigt, die diese Staatsmaschine am Laufen hielten. »Deutschland, ein Wintermärchen« (s. Bildteil) inthronisiert den fetten Spießbürger bei einer deftigen Mahlzeit auf den drei Stützen der Gesellschaft, dem Pfarrer, dem General und dem Oberlehrer. Dahinter entfaltet sich auf der gesamten Bildfläche die Welt in ihrem Chaos zwischen Kirche, Bordell und Fabrik, Grosz bringt das schon ausprobierte Durch- und Gegeneinander in Anschlag, dieses Mal nicht in einfachen Strichen, sondern klassisch in Öl ausgemalt. Bereits im Gemälde »Metropolis« hatte er 1916/17 das Hinzunehmen der Farbwirkung ausprobiert, ein alles durchtränkender Rot-Ton hatte dort die Szenerie in eine apokalyptische Atmosphäre getaucht. Eine Szenerie, die noch deutlich die Illusionswirkung einer Stadt hatte, während im »Wintermärchen« keinerlei Raumwirkung mehr angestrebt wird, sondern alle möglichen Fetzen zeitgenössischer Lebenswelt flächig aneinandergefügt sind. Der entscheidende Schritt in der künstlerischen Technik liegt aber darin, dass Grosz einige Accessoires des Bürgers nicht wie die vielen anderen Realitätshäppchen in Öl malt, sondern gleich ins Bild hineinklebt: Brot- und Eiermarke und den *Berliner Lokal-Anzeiger* vom 21.12.1918. Das ist keine Erfindung der Dadaisten, Picasso und Braque haben bereits 1912 Tapetenstücke und Zeitungspapier in ihre Bilder geklebt. Aber bei den Berliner Dada-Künstlern wird diese ästhetische zu einer politisch kämpferischen Technik.

Als sich Ende 1918 die Kommunistische Partei Deutschlands gründet, treten Grosz, Jung und die Herzfeldes noch am selben Tag ein. Grosz' Wut bekommt im weiteren Verlauf der Revolution immer stärkeren Anlass. Gustav Noske lässt im Januar 1919 den Spartakusaufstand niederschießen, Karl Liebknecht und Rosa Luxemburg werden ermordet. Es herrscht Bürgerkrieg, Erschießungen sind an der Tagesordnung. Grosz »hat gesehen, wie in der Nähe des Edenhotels ein Leutnant einen Soldaten, der keinen Ausweis hatte und in rüdem Tone antwortete, totschoss. Die Kameraden des Erschossenen hätten heiss geweint, aus Schmerz oder Wut. Er bekennt sich jetzt als Spartakist. Auch Gewalt sei nötig, um die Idee durchzusetzen; denn anders könne man die Trägheit des Bourgeois nicht überwinden«,[33] notiert Kessler in seinem Journal.

Herzfelde wird verhaftet und acht Tage in Moabit und Plötzensee festgehalten. Die gesamte nächste Ausgabe seiner aktuellen Zeitschrift *Die Pleite* räumt er frei für seinen nüchternen Bericht von dem, was ihm widerfahren ist. Kessler wird schlecht vor Ekel und Empörung[34] angesichts der willkürlichen Misshandlungen und Totschlägereien: »Das Bild, das man bekommt, ist das einer vollkommen entmenschten Soldatesca, die auf der Gegenseite einen gleich unmenschlichen Blutdurst zeugt.«[35] Herzfelde hat genug gesehen und erlebt. Für ihn ist Schluss mit Ironie und Spielereien, ab jetzt gibt es nur noch »Kampf mit den äußersten Mitteln.«[36] Das versteht nun auch Kessler, der sich bei der ersten Nummer von *Die Pleite* noch über die Schwere des Tonfalls als ein typisch deutsches Problem beschwert hatte. Jetzt benutzt er Herzfeldes Haftbericht *Schutzhaft* auf fast anrührende Art und Weise, um an den höchsten Stellen, zu denen er Zugang hat, auf die Verrohung und das Ausmaß der Gewalt aufmerksam zu machen.

Der revolutionäre Kampf wird nach der Niederschlagung der Aufstände im Januar härter, aber warum sollte er deswegen weniger lohnenswert sein? Immer wieder scheint die geschichtliche Situation offen, was für eine Chance, jetzt die wirklich bestmögliche Gesellschaftsform auszuhandeln.

Baader ruft in diesen Tagen, wie es sich für einen neuen Machthaber gehört, eine neue Zeitrechnung aus. Er erklärt am 1. April seinen Tod, um am 2. April ordentlich wiederauferstehen zu können. Das Jahr 1919 ist fortan das Jahr A (1920 wäre dann B), der Monat wird mit einem kleinen Buchstaben dahinter benannt. Also: »Die neue Zeit beginnt mit dem Todesjahr des Oberdada A^{dl}.«[37] Und als gewichtige Repräsentanten einer neuen Regierungsmannschaft geben sich die Dadaisten neue Namen wie Dadasoph, Monteurdada, Propagandada etc. Und, entscheidend: einen angemessenen Ämterkatalog. Auf Hausmanns Visitenkarte ist beispielsweise zu lesen: »Raoul Hausmann Präsident der Sonne, des Mondes und der kleinen Erde (Innenfläche). Dadasoph Dada Raoul, Direktor des Cirkus Dada«.

Dass die alte Welt in etwas anderen Formen weiterlebt, wie Kessler sagt, ist der Angriffspunkt für die neuen Kämpfe. Zuvor schon standen Pathos und das Beharren auf Geistigkeit unter Ideologieverdacht, hatte sich idealistisches Sprechen allein durch seine Realitätsferne als anfällig für die Rechtfertigung von Krieg und Unterdrückung erwiesen. Jetzt aber gibt es die historische Gelegenheit einer wirklichen Neuorganisation, jetzt sind die gesellschaftlichen Plätze zu besetzen, jetzt gilt es, Kunst und Literatur vor dem Missbrauch als ideologischer Begleitmusik zu bewahren. Die Literatoren und Versmacher »bedecken schon wieder als Aussatz die geistigen Beulen der Ebert-Scheidemann-Regierung«, so Hausmann, und um das bereits im Ansatz zu verhindern, schreibt er das »Pamphlet gegen die Weimarische Lebensauffassung«, in dem dieser Satz steht.

Das Negationistische, in das sich Huelsenbeck noch in Vor-Zürcher Zeiten einüben konnte, bekommt damit in tatsächlich revolutionären Zeiten einen klaren politischen Sinn. Den man nicht immer auf den ersten Blick erkennt. Wenn Huelsenbeck, Hausmann, Höch, Grosz und Herzfelde Ende 1919 gemeinsam Dada-Matineen absolvieren, dann sieht das zunächst nach einem großen Durcheinander aus. Walter Mehring, der zu den Dadaisten dazustößt, ist eine sichere Bank. Er ist so etwas wie der Hennings/Ball-Ersatz, ein begnadeter Texter von bissigen Couplets und Dramoletten; wenn gar nichts mehr läuft, dann kann man sich auf eine Einlage von Mehring verlassen. Hausmann und Baader sind ein gutes Team im Improvisieren von Simultangedichten. Huelsenbeck übernimmt Tzaras Erbe im Dirigat der Lärmkonzerte, Grosz verfügt über die Schrittfolgen der gerade modischen Tänze und ist ein Virtuose der improvisierten Pantomime und des endlos maändernden Seemansgarns: »Er hatte eine ganz persönliche Sprechtechnik für diesen Zweck entwickelt, indem er die Sätze immer abbrach und den Faden an einer ganz anderen Stelle wieder aufnahm und weiterspann«,[38] erzählt Hannah Höch. Und wenn sich Ungeduld und Unruhe breitmachen, dann lässt Heartfield einfach einen seiner markerschütternden Schreie los.

Das Offenhalten wirkt, als wäre es purer Selbstzweck, ein Sich-Einrichten in der bloßen Verneinung. Oder ganz einfach schlecht gemacht. Alfred Kerrs Wort vom »Bierulk mit Weltanschauung« für diese Matineen hat sich ins kulturelle Gedächtnis eingebrannt. Wobei Kerr einiges an der Show fasziniert, aber insgesamt ist sie ihm zu lasch, nicht pointensicher genug, es bedarf für seinen Geschmack einer ganz anderen »Gesammeltheit«. Doch dieses Am-Perfekten-mindestens-knapp-vorbei hat einen ganz praktischen Zweck: Es geht darum, das sinnlos herumliegende Material, von dem Kessler beim Schlossbesuch spricht, weiterhin herumliegen zu haben. Denn dies ist das Material für die neue Kunst, die laut Hausmann der Tendenz zur Erlösung entspricht. Die wunderbaren Konstellationen aus wirklichem Material können die Brüchigkeit des Menschen deswegen so gut zum Ausdruck bringen, weil das Material tatsächlich aus einer brüchigen Wirklichkeit stammt. »Auf die Verbindung kommt es an«, sagte Hugo Ball, »und dass sie vorher ein bisschen unterbrochen wird.« In den Jahren 1918/19 ist in Deutschland die Unterbrechung manifest.

Und der Wille nach Veränderung, wie ihn Huelsenbeck in seiner Dada-Rede präsentierte, manifestiert sich im Konstruieren mittels des vorhandenen Materials: Die neue Welt, wie auch immer sie aussehen mag, wird antizipiert mit den Trümmern der alten. Die

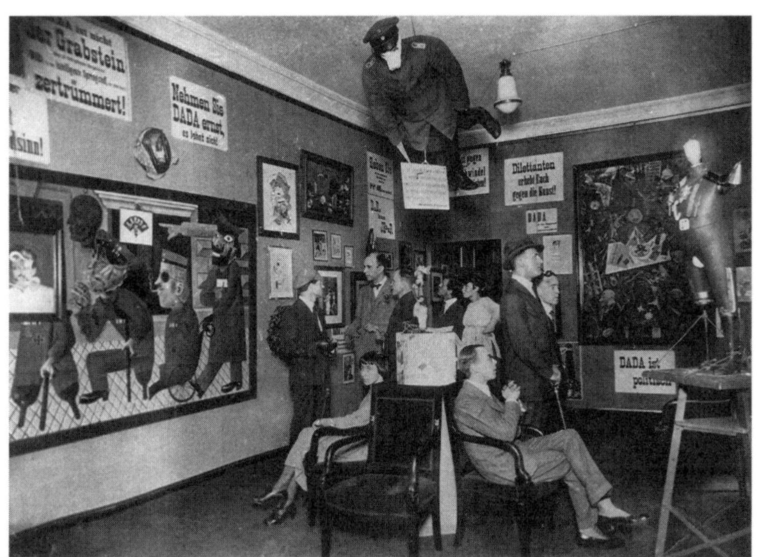

Blick in einen Raum der Dada-Messe 1920

Kunstwerke entstehen in dem Bedürfnis, die »gegenwärtige Welt, die sich offenbar in Auflösung, in einer Metamorphose befindet, zersetzend weiterzutreiben«, wie Wieland Herzfelde im Katalog zur Dada-Messe schreibt, der großen Ausstellung der Berliner Dadaisten von 1920. Grosz, Heartfield und Hausmann haben eine Vielzahl von dadaistischen Erzeugnissen versammelt in dieser Ausstellung, Werke von Arp, Picabia und Max Ernst stehen neben den eigenen Collagen. Von den Wänden schreien großgezogene Fotografien der Dadaisten kämpferische Parolen, und an der Decke hängt der berühmte Soldat mit Schweinskopf. Genuin politische Kunst scheint sich mit den abstrakten Werken, die schon zahlenmäßig in der Unterzahl sind, zu beißen. Aber das Weitertreiben der Zersetzung, in der sich die Welt laut Herzfelde befindet, braucht nicht notwendigerweise Abbildungen oder Vergegenwärtigungen des zu Zersetzenden. Es funktioniert auch abstrakt, wenn formale Einheiten brüchig gemacht werden.

Kurt Schwitters zum Beispiel, ein junger Künstler aus Hannover, macht – wie jeder angehende Maler – die letzten Schritte der Kunstentwicklung noch einmal in der eigenen Entwicklung durch: 1918 stellt der 31-Jährige erstmals in der Sturm-Galerie aus, da hat er bereits den Schritt vom Natur-Abmalen zur Abstraktion getan. Im nächsten Jahr sind seine Werke erneut im *Sturm* zu sehen, diesmal hat er auch das Malen mit Öl auf Leinwand aufgegeben. Für seine neue Technik hat er einen Namen gefunden, den er aus einer Werbung für die Commerzbank herausgeschnitten hat: Merz. »Das Wort Merz bedeutet wesentlich die Zusammenfassung aller erdenklichen Materialien für künstlerische Zwecke und technisch die prinzipiell gleiche Wertung der einzelnen Materialien. Die Merzmalerei bedient sich also nicht nur der Farbe und der Leinwand, des Pinsels, der Palette, sondern aller vom Auge wahrnehmbaren Materialien und aller erforderlichen Werkzeuge. Dabei ist es unwesentlich, ob die verwendeten Materialien schon für irgend welche Zwecke geformt waren oder nicht. Das Kinderwagenrad, das Drahtnetz, der Bindfaden und die Watte sind der Farbe gleichberechtigte Faktoren. Der Künstler schafft durch Wahl, Verteilung und Entformung der Materialien.«[39]

Auf Schwitters' Gemälden kommt der Müll, das Übriggebliebene in eine »wunderbare Konstellation«.

Durch kompositorische Spannung wird diesem Abfall eine neue Einheit zuteil, insofern sind Schwitters' Bilder funktional gesehen gotische Dome. Aber Schwitters schafft auch wirkliche Kathedralen. »Haus Merz« ist eine Miniaturkathedrale als Plastik, die laut einem zeitgenössischen Kritiker die Kathedrale nicht nur als Skulptur nachgestaltet, sondern die Idee der Kathedrale in ihrer Reinheit präsentiert: »Nicht den Kirchenbau, nein, das Bauwerk als Ausdruck wahrhaft geistiger Anschauung dessen, was uns in das Unendliche erhebt: der absoluten Kunst.«[40] 1923 wird Schwitters mit einem Merz-Gesamtkunstwerk beginnen, dem sogenannten Merzbau, einer riesigen Lebensinstallation. Die Kunstwerke in seinem Atelier, die, wenn sie merzhaft sind, aus dem Beziehungsnetz ihrer Materialien bestehen, werden in ein größeres Beziehungsnetz integriert. Schwitters spannt Bindfäden, schafft kleine Höhlen, in denen Lebensfragmente,

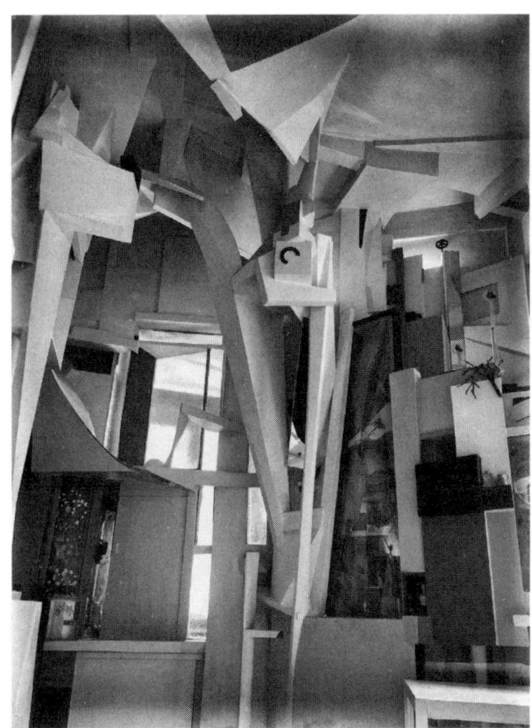

Kurt Schwitters, Merzbau

Kunstschnipsel aufbewahrt werden; wenn befreundete Künstler Schwitters besuchen, dann dürfen sie eine eigene Höhle bespielen, die dann für immer verschlossen wird. Der Merzbau wuchert in andere Räume, wuchert ins obere Stockwerk, wird nur aufgehalten durch Schwitters' Emigration 1937. Bei einem Bombenangriff wird der Merzbau zerstört. Die Weiterführung der Installation in Oslo wurde 1951 bei einem Brand vernichtet, und der dritte Neubeginn in England endete 1948 mit Schwitters Tod.

Johannes Baader ist gelernter Architekt. Und für einen Prediger des neuen Menschenchristentums ist die Planung einer adäquaten Kathedrale ohnehin eine Selbstverständlichkeit: »Man könnte an einen Turm denken; vielleicht von ungefähr pyramidaler Silhouette.«[41]

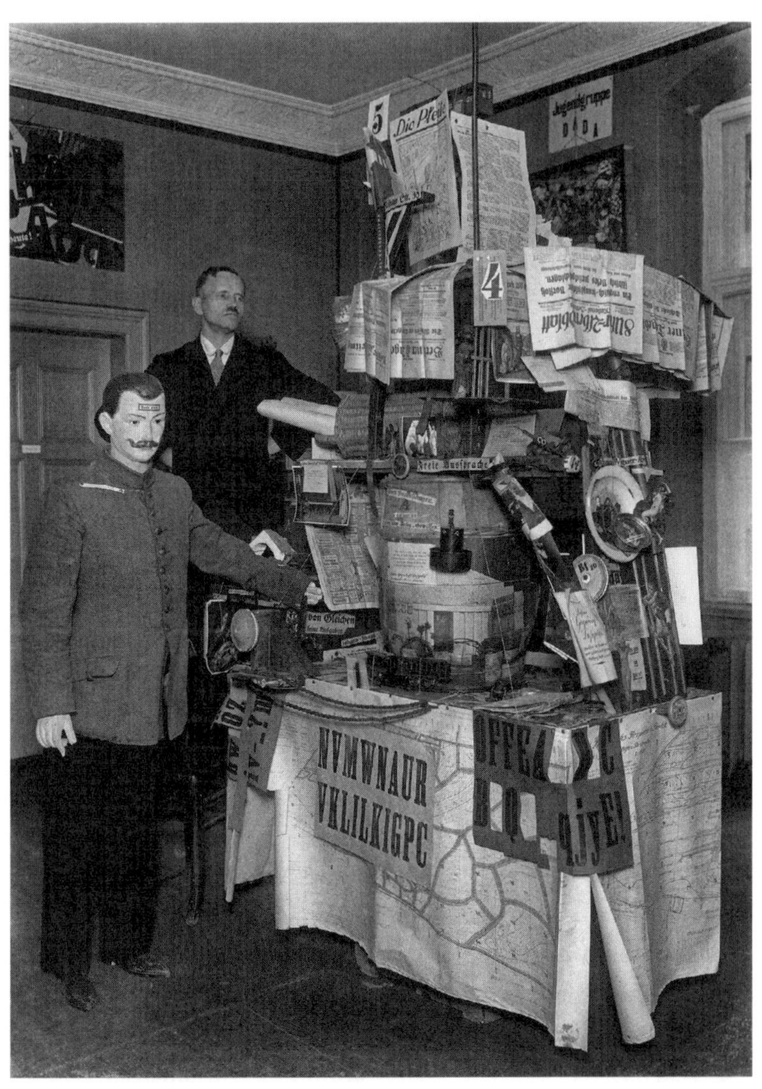

Johannes Baader, nachdem der Vollbart »gefallen« ist,
mit seinem großen Plasto-Dio-Dada-Drama

Einen solchen entwirft er 1906, 1000 Meter Breite, 1000 Meter Höhe, 500 Stockwerke, »durchzogen und durchbaut von Sälen und Hallen, Kirchen und Kapellen, Nischen, Gängen, Mausoleen, Katakomben, Galerien, Treppen, Aufzügen und Laufbahnen«. Das ist kühn gedacht und bedarf einer Bauzeit, die über Generationen reicht, aber das ist kein Problem, denn Baader würde die Konstruktion und den Baumodus so einrichten, dass das Bauwerk schon vorher nutzbar wäre, dass es »in jedem Stadium seines Entstehens ein Fertiges böte«.

Das Gesamtkunstwerk von Baader, das es in die Ausstellung der Dada-Messe schafft, ist in seinen realen Ausmaßen deutlich bescheidener, vom Anspruch her aber nicht weniger ambitioniert. Die Assemblage »Das grosse Plasto-Dio-Dada-Drama: Deutschlands Größe und Untergang« ist eine wild behängte und bestückte Skulptur, die sich mithilfe der Erläuterungen des Begleittextes zum Entwicklungsdrama in fünf Etappen sortiert: den fünf Stockwerken der Assemblage. Baader klaubt alle Stücke seiner Privatmythologie zusammen, um von der Verbrennung der bürgerlichen Existenz eines Johannes Baader mit seiner »ursprünglichen Idee der Architektur« (1. Stockwerk) über den Krieg der Zeitungen (4. Stockwerk) bis zur Weltrevolution des 5. Stockwerks zu gelangen. Eigene Publikationen, ausgehängte Karbidlampen und grüne Tücher unter einer Mausefalle fügen sich zu einer »wunderbaren Konstellation«, werden zu mehr oder weniger gewalttätig allegorisierten Stücken des Weltgeschichtsprozesses.

TANZ DIE LOTTE PRITZEL. UND DANN DEN OLLEN WILHELM. UND DANN …

Natürlich klappt das Offenhalten nicht, gelingt es nicht, die kaputten Dinge vor einer erneuten Inanspruchnahme durch gesellschaftlichen Nutzen oder Sinnhaftigkeit zu bewahren, natürlich sind die Dadaisten mit ihrem Verweigerungstanz Außenseiter. Die Gesellschaft formiert sich neu, und für ideologisierende Begleitmusik hat sie ganz neue mediale Möglichkeiten. Neu entstehende Zeitungskonzerne entwickeln aus den Innovationen der Drucktechnik und der Fotografie einen stark bebilderten Boulevard-Journalismus. Wer in den Jahren 1918 bis 1920 einen Blick in die *Berliner Illustrirte Zeitung* wirft und der Bildermassierung gegenüber noch nicht abgebrüht ist, dem ergeht es ähnlich wie Max Ernst beim Anblick des erwähnten Katalogs: Man muss sich wappnen angesichts der »Absurdität dieser Ansammlung«, die wirkt, als wäre Friedlaenders Welt dem Innenraum des Schöpfergottes entlaufen, lange bevor der sich seiner göttlichen Ordnungskraft bewusst wurde.

Hannah Höch wappnet sich, sie wetzt das Messer wie Grosz, zerschneidet den medialen Oberflächenirrsinn ihrer Zeit und klebt die Schnipsel zu einem großen, großartigen Panorama dieser Übergangszeit zusammen. »Schnitt mit dem Küchenmesser Dada durch die letzte Weimarer Bierbauchkulturepoche Deutschlands« heißt die Collage, die damit diese Epoche zur »letzten« Bierbauchepoche erst macht (s. Bildteil). Es ist ein riesiges Wimmelbild,[42] in dem man durch die gesamte Zeit, die Dada in Berlin prägt, flanieren kann, ohne dass es dazu der Illusion irgendeiner Räumlichkeit bedürfte.

Für die erste Orientierung mag man einige Flächen einer bestimmten Thematik zuordnen: Links unten sieht man mehrere Massenszenen, Kinder zwischen Wolkenkratzern, die den Betrachter direkt anblicken, man sieht eine Sitzung der Weimarer Nationalversammlung, eine Menschenmenge um einen Agitator, der den Kopf des Matrosenführers Tost trägt. Der da ihm gegenüber monokelbeklebt in die Menschenmassen hineinblickt, das ist Kurt Hiller, den wir als Neo-Pathetiker kennengelernt und als Vorsteher des kurzlebigen Rates geistiger Arbeiter wiedergetroffen haben. Der rechte obere Bereich ist der klar benannten antidadaistischen Bewegung vorbehalten, er wird deutlich beherrscht von Kaiser Wilhelm. Dass er leicht irre aussieht, kommt daher, dass sein Schnurrbart von zwei Ringern gebildet wird und aus seinem linken Auge ein in einer Wanne liegender Säugling erschrocken herausblickt. Umrahmt ist Wilhelm II. von weiteren Protagonisten der alten Epoche. Links flieht der rechte Putschist Kapp in einem Flugzeug, darunter darf Hindenburg auf dem Körper der orientalisch geschmückten Tänzerin Sent M'Ahesa posieren, deren rechter Arm auf der Schulter des Generals von Pflanzer-Baltin ruht, der seinerseits auf den Köpfen eines Admirals sowie Gustav Noskes steht. Dass Else Lasker-Schüler rechts unterhalb des Kaisers unter einem großen Hut so unmittelbar im Einzugsfeld der Antidadaisten platziert ist, ist eine der vielen Überraschungen der Montage.

Den Bereich rechts unten bewohnen die Dadaisten. Fast in der Mitte gebührt Baader in einem Damentrikot so etwas wie ein Ehrenplatz, sein Kopf ist eingerahmt zwischen Lenin und dem polnisch-deutschen Marxisten Karl Radek – vielleicht ist ja doch etwas dran an Baaders ständigen Selbstausrufungen zum Erdballpräsidenten, und er darf bald mit der Schützenhilfe seines Triumvirats den ollen Wilhelm über ihm beerben. Rechts am Rand strebt Theodor Däubler auf einem fetten Babykörper aus dem Bild. Ist das gemein, ist das respektlos gegenüber Däubler, ihn als Riesenbaby darzustellen? Es ist ja nicht das einzige Däubler-Bashing, das im Dada-Umfeld passiert. In einem im *Cabaret Voltaire* abgedruckten Dialog zwischen Huelsenbeck und Tzara zieht Huelsenbeck ein Däubler-Buch aus der Tasche und fängt übertrieben zu deklamieren an: »O Tzara o!/ O Embryo!/ O Haupt voll Blut und Wunden!«[43] Und bei den Dada-Soireen war es ein beliebter Programmpunkt, sich im Vortrag der pathetischsten Däubler-Verse zu überbieten, die dann aber gar nicht von Däubler waren. Das ist nicht gemein. Das ist Collagentechnik. Man macht die Figur und das Werk von Däubler zum Material, es ist eine Art Ehrerbietung, es erklärt Däubler zum Kult, es ist das, was Susan Sontag als *Camp* beschrieben hat. Die Dadas machen damit auch vor sich selbst nicht halt, vieles, was nach gegenseitigen Grabenkämpfen aussieht, ist Selbstkultivierung. In der dritten Ausgabe von *Der Dada* beispielsweise ist Arp daueranwesend, als unansehnliche Puppe, in

Form von blöden Sprüchen mit »Arp« (»Ein ARPiger ARPostel gesucht!«, »Alle Räder stehen still, wenn mein dicker ARP es will«, etc). Ein Heidenspaß, ein herzlicher Gruß in Dada-Manier. Und so geht es mit der Selbstcollage auch in Höchs »Schnitt« weiter: Unter einem zwölfzylindrigen Schiffsmotor sitzt in unvorteilhaftem Tauchpanzer Hausmanns Schreikopf – eine Fotografie, die als ständig genutztes Selbstzitat fester Bestandteil der dadaistischen Ikonografie ist. Zwischen Däubler und Hausmann tänzeln Grosz und Wieland Herzfelde einen »Pas de un«. Aber wo ist Huelsenbeck? Natürlich ist er abgebildet, aber man muss lange suchen, so winzig klein ist er zwischen dem »i« und dem »s« von »Dadaisten« an seiner Krawatte auf der Krinoline von Kaiserin Eugenie platziert.

Auch Hannah Höch ist auf dem Bild. Sie ist nur geringfügig größer als Huelsenbeck, ihr Kopf ragt in die Karte Europas ganz rechts unten, die zeigt, welche Länder das Frauenwahlrecht eingeführt haben. Hausmann ist ein weiteres Mal präsent, nicht weit von Höch, aber er blickt in die andere Richtung, und vielleicht entfernt er sich noch weiter mit dem Balkanzug, aus dem sein Kopf guckt.

Der Bereich links oben hat den größten abgebildeten Kopf in seinem Zentrum: Albert Einstein, wie er auf einer Titelseite der *Berliner Illustrirten Zeitung* erscheint, der Beginn seiner Ikonisierung als jener Kopf, der das Selbstverständnis der Welt gehörig durchgeschüttelt hat. Hier ist es noch nicht der poppige Zungenrausstreck-Einstein unserer Zeit, sondern ein in sich gekehrter, nachdenklicher Wissenschaftler. »Waghalter der Welt« steht auf seiner Stirn, der Titel eines Essays in den *Weissen Blättern* von 1915, in dem Friedlaender seine Idee von der Schöpferischen Indifferenz vorgestellt hat. Der Waghalter der Welt, das ist der neue Mensch, der sich seines Schöpfertums bewusst geworden ist, so dass nun alles, was in der Welt kreucht und fleucht, von ihm kommt – es ist der Mensch, der die Mitte zwischen Innen und Außen, zwischen dem Alles und Nichts seiner Indifferenz und der Differenz der Welt austariert hat. Einstein trägt mit dem Unendlichkeitszeichen das Symbol, das sich Friedlaender für diese »Ausgewogenheit« ausgesucht hat, im Auge: »Unter dem Einfluß des innersten ∞ ist keine Untat mehr möglich, denn von dem an rotiert alles Tun und Treiben spielend um eine unsichtbare Axe.«[44]

»Keine Untat mehr möglich«: Das ist in den Jahren 1919/20, in denen Höch an der Montage arbeitet, eine rührende Utopie. Selbst wenn man davon ausgeht, dass so ein Genie wie Einstein für eine ausgewogene und wohlbewegte Welt sorgen könnte – Einstein ist nun mal nicht der politische Gestalter der Weimarer Republik. Dieser ragt vielmehr rechts aus Einsteins Kopf: Friedrich Ebert mit Grußgeste und gleich darunter noch einmal auf dem abwägenden Körper einer Äquilibristin. Denn was passiert, wenn die so große Forderung des »Waghaltens« auf die realpolitischen Niederungen in Revolutionszeiten trifft? Ebert hält die Waage zwischen zwei Verratsvorwürfen: Für die Rechten ist er der Vaterlandsverräter, der mit der Novemberrevolution dem Heer in den Rücken gefallen ist, für die Linken hat er die Revolution verraten, als er sich vom Militär unterstützen ließ. Er ist eine Randfigur, die den Getriebewindungen um sich herum komplett ausgeliefert ist, wenn diese sich erst einmal in Bewegung setzen. Das ist noch eine vergleichsweise harmlose Inszenierung Eberts. Kessler amüsiert sich sehr über Grosz' Karikatur in der ersten Ausgabe von Herzfeldes neuer Zeitschrift *Die Pleite*, die Ebert als feisten »Monarch im Klubsessel« zeigt, mit der Unterschrift: »Von Geldsacks Gnaden«.

Alles Tun und Treiben rotiert spielend, schreibt Friedlaender über seine Utopie einer Welt, die der indifferente Schöpfer in der Balance hält. Das ist auch eine Ingenieurs-Utopie: eine Welt, die befriedet ist durch rationales Schnurren eines gut geölten Räderwerks. Der Erste Weltkrieg hat das zerstörerische Potential der technischen Errungenschaften sichtbar gemacht, und so gelangt die Bilderwelt des Technischen auch in Form von blindwütigen Automatismen in die Kunstwerke. Doch im weitaus größeren Ausmaß ist bei den Künstlern des Jahrhundertbeginns Technik mit gesellschaftlicher

Utopie verknüpft. Duchamp und Picabia integrieren in New York die moderne Technik als selbstverständlich gewordenes Element ihrer Lebenswelt in ihre künstlerische Arbeit. Apollinaire benutzt zum ersten Mal das Wort »Surrealismus«, als er bei seinem Stück »Die Brüste des Tiresias« die nicht-realistische Darstellungsweise rechtfertigt:[45] Als der Mensch das Gehen nachahmen wollte, hat er schließlich etwas erfunden, das dem Gehen auf den ersten Blick so gar nicht ähnelt – das Rad. Die Geburt des Surrealismus aus dem Geiste der Fortschrittlichkeit.

Die Berliner Dadaisten nutzen die Bilderwelt der Technik, um ihre künstlerischen Bestrebungen an den progressiven, revolutionären Maschinenkult anschließen zu können. Höchs »Schnitt« hängt auf der Dada-Messe im Einzugsbereich der Parole »Die Kunst ist tot. Es lebe die neue Maschinenkunst Tatlins«. Tatlin, das ist der russische Künstler, der der Dritten Internationale einen aufwärtsstrebenden Riesenturm, ein Monument voll Zukunftsgewandtheit und Ingenieursutopie entworfen hatte, von dem die Dadaisten nicht allzu viel gehört haben, aber genug, um eine eindrückliche Parole daraus generieren zu können. Heartfield versteht sich ohnehin als Ingenieur und gibt sich den Ehrentitel »Monteurdada«. Er und Grosz werden eine Zeit lang Collagen gemeinsam erstellen und mit »grosz-heartfield mont.« signieren, um sich als Kollektiv aus gleichberechtigten Monteuren auszuweisen – ein Hauch von gotischem Gemeinschaftshandwerk.

Höch hat zahlreiche Rotationen in technischen Materialisationen in ihre Montage eingebaut – die Welt hat nicht erst auf Friedlaenders Waghalter warten wollen, um die Rotationen gehörig zu steigern. Allerdings reichen die Räder allein dafür nicht aus. Das U-Boot »Deutschland«, dessen geglückte Atlantiküberquerung im Varieté, das Graf Kessler statt des Cabaret Voltaire besuchte, beklatscht wurde, hatte viele Tonnen Nickel und Zinn geladen. Aber auch jenen bearbeiteten Naturstoff, der die Räder erst nutzbar macht: Kautschuk.

»Man sagt immer, daß die Erfindung der Buchdruckerkunst die Welt verändert hat. Nun, meine Liebe, in meinen Augen ist der alte Gutenberg ein Waisenknabe im Vergleich mit Mr. Dunlop«,[46] heißt es in Vicky Baums *Kautschuk*. Der Roman zeichnet über ein Jahrhundert nach, wie der Kautschuk das Leben der Menschen verändert, von den ersten zaghaften Versuchen der Verarbeitung durch die Ureinwohner Brasiliens über den Samenraub durch Europäer bis zu den grauenhaften Verbrechen, mit denen die belgischen Kolonialherren die kongolesische Bevölkerung zur Kautschukgewinnung zwangen. Picabia, der den Stoff allein schon wegen seiner Autoleidenschaft extrem schätzt, hat 1909 ein Bild mit dem Titel »Kautschuk« gemalt, es gilt als eines der ersten abstrakten Gemälde überhaupt. Und wir haben gesehen, wie Grosz den Kautschukmann zum Idealtypus seiner Zeit macht, aus Gründen, die vonseiten der Wissenschaft Bestätigung finden: »Die merkwürdigste Eigenschaft dieses Harzes ist seine wunderbare Elastizität. Darin besteht der große Unterschied zwischen ihm und allen anderen Substanzen. Es kann bis zum achtfachen seiner gewöhnlichen Länge ausgedehnt werden, ohne zu reißen, und nimmt dann wieder seine ursprüngliche Form an«,[47] schrieb Charles Goodyear über sein Patent, das »Gummielastikum«. Die Dadaisten haben diese Dehnungsübung auf den eigenen Leib zu übertragen versucht; »die Elastizität ist alles«, schreibt Huelsenbeck.

Und so ist der Motor, der im Zentrum von Höchs Montage steht und sie in der Balance und in Bewegung hält, denn auch kein technischer. Aus dem überbordenden Bilderangebot der *Berliner Illustrirten Zeitung* und anderer Zeitschriften hat sie Menschenkörper in mannigfaltigen Bewegungssequenzen ausgeschnitten, Schlittschuhläufer, Turmspringerinnen, Tänzer/-innen in den verschiedensten Posen. Doch in der Mitte steht eine kopflose Tänzerin, die die ganze Konstruktion zusammenhält, es ist die vielgerühmte Niddy Impekoven in einer ihrer erfolgreichsten Nummern: Sie tanzt eine Lotte-Pritzel-Puppe.

INTERMEZZO III: WORTFINDUNGSSTÖRUNGEN

Klabund und die Sängerin Marietta di Monaco haben schon 1914 gedichtet: »O Eduard steck den Degen ein,/ Was denkst du dir denn dadabei'n?/ Des morgens um halb fünfe?/ Er sagte nichts dadarauf.« Deswegen ist Marietta auch die Erste, die beim Streit zwischen Huelsenbeck und Ball darüber, ob die blonde Genevoise als Sängerin zu ihnen passt, nach Balls »Die brauchen wir zu unserem Kolorit! – Das ist unser Steckenpferdchen« ausruft: »Unser DADA!« Sie hatte »Steckenpferd« ins Französische übersetzt, was vorerst nur die Rumänen begriffen, die mit dem Elsässer losjubelten: »Wir haben Dada!« – »Wir machen hier Dada!«

Das Wort kommt von Emmy Hennings, die es oft in einer Spielerei zu Ball gesagt hat, wenn sie spazieren gehen wollte. »Alle Kinder sagen ›Dada‹.«

Das Wort kommt von Lenin, der in derselben Gasse wohnte wie das Cabaret Voltaire und sich darin köstlich amüsierte, auf die Schenkel klopfte und laut »Da! Da!« rief, »Ja! Ja!« auf Russisch.

Das Wort kommt vom »haarstärkenden Kopfwasser Dada«, dessen Bewerbung die Dadaisten ungemein amüsierte.

Als Tzara nicht aufhört, wegen des Namens der neuen Kunstrichtung zu nerven, greift Ball zum französischen Wörterbuch, schlägt eine beliebige Seite auf und deutet blind auf ein Wort: Dada.

Es war Huelsenbeck, der das Wörterbuch aufgeschlagen hat.

Es war Hennings.

Es war nicht Janco.

Arp bestreitet alles.

Was es sehr wahrscheinlich macht, dass er es war.

Es war Tzara.

Tzara ist das Wort am 8. Februar 1916 um sechs Uhr abends eingefallen. Arp war mit seinen zwölf Kindern dabei, kann es also bezeugen. Es ereignete sich im Café de la Terrasse in Zürich, als Arp gerade eine Brioche im linken Nasenloch trug.

Alles wahr.

SPRECHEN

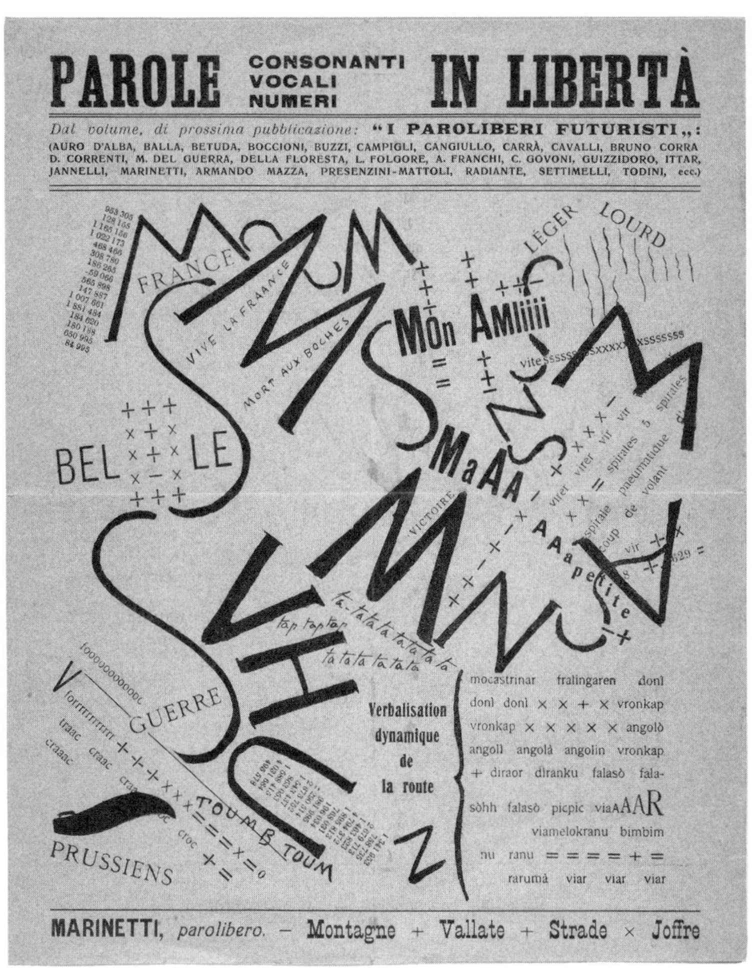

»Die Syntax ist aus den Fugen gegangen«, schreibt Ball über Marinettis Parole in libertà

FÜR DEN EIGENEN GEBRAUCH

Hier ist nicht irgendein Tingetangel, hier ist das Cabaret Voltaire, hier schizophrenisiert der Chef noch selbst. Auftritt Hugo Ball: Exorzist der Dekadenz, gut verschnürte Gleichzeitigkeit, femme veritale, Hystoriker der Anarchie. Ball ist von seinen Kollegen als Säule auf die Bühne gestellt worden, auf der er »an allen drei Seiten des Podiums gegen das Publikum Notenständer errichtet« hat,[1] auf die er nun sein »mit Rotstift gemaltes Manuskript« ablegen kann. Aber bevor er anfängt, möchte er dem Publikum noch eine kleine Verständnishilfe geben. Er selbst sieht ja schon schräg genug aus, da kann es nicht schaden, wenn man das Folgende programmatisch etwas einbettet, denn es steht zu befürchten, dass es noch schlimmer kommt. Ball kündigt Gedichte an, aber solche mit Versen ohne Worte, Gedichte also, die auf die Semantik der Sprache verzichten.

Denn um die Sprache ist es laut Ball schlecht bestellt. Er möchte keine »durch den Journalismus verdorbene und unmöglich gewordene Sprache«[2] benutzen müssen. Um den »letzten heiligsten Bezirk« der Dichtung zu beschützen, opfert er die Worte aus zweiter Hand und erfindet stattdessen eigene, »funkelnagelneu für den eigenen Gebrauch«. Nachdem er das Publikum solchermaßen eingestimmt hat, kann Hugo Ball endlich diese neu erfundenen Verse vortragen und beginnt »langsam und feierlich«:[3]

gadji beri bimba
glandridi lauli lonni cadori
gadjama bim beri glassala
glandridi glassala tuffm i zimbrabim
blassa galassasa tuffm i zimbrabim

ALLEIN, ALLEIN

Als ungefähr ein Jahr später klar ist, dass Ball endgültig weg ist aus Zürich, stehen die Verbliebenen geknickt und ratlos herum in der Galerie Dada, »zwischen abgenommenen Bildern, Packpapier und zeronnenen Illusionen«.[4] Aber das tun sie nicht allzu lange. Arp weiß, wie schnell sich Gruppierungen auflösen, er weiß, dass das nicht weiter schlimm ist, man muss nur beweglich bleiben für eine der vielen möglichen weiteren Koalitionen. Auch für den fast zehn Jahre jüngeren Janco ist Dada nicht das einzige Forum für seine künstlerische Betätigung: Er schließt sich der Gruppe »Das Neue Leben« und später den »Radikalen Künstlern« an; bei letzteren ist auch Arp wieder mit dabei. Und Tzara macht eben allein weiter mit dem, was er längst angefangen hat: Dada als neue Bewegung zu propagieren, ein Netzwerk zwischen aller Herren Länder zu knüpfen.

Wichtiges Instrument dafür sind Publikationen, die sich an intellektuelle Komplizen im Geiste und internationale Buchläden auf Kommission verschicken lassen. Im Juli und im Dezember 1917 erscheinen die beiden ersten Ausgaben der Zeitschrift *Dada*. In der Aufmachung ist sie noch ganz wie eine Begleitpublikationen der Galerie gehalten: Holzschnitte, Broderien, Reliefs und Drahtkonstruktionen von Arp und Janco sind abgebildet, Gemälde von Lüthy und Helbig vom »Modernen Bund«, Holzschnitte von Prampolini, ein Aquarell von Kandinsky, mehrere Einlassungen Tzaras zur Kunst, viele eigene Gedichte und ein paar Gastbeiträge, zumeist aus Italien, wo Tzara gerade besonders emsig Kontakte knüpft. Strategisch am bedeutsamsten aber ist die in der zweiten Ausgabe stark erweitere Rubrik der »Notes«, wo befreundete Periodika und Buchveröffentlichungen angezeigt und besprochen werden. Man verweist gegenseitig aufeinander, man tauscht Hefte und Beiträge.

Wichtig ist zudem eine neue Veröffentlichung der »collection dada«: Nach den Gedichtbänden von Huelsenbeck und Tzaras *Antipyrine* von 1916 gibt es 1918 mit *25 poèmes* endlich einen weiteren

Band mit Gedichten von Tzara sowie Holzschnitten von Arp. Es ist Tzaras erster großer Auftritt als Schriftsteller eigenen Rechts, und er bringt ihm Aufmerksamkeit und Neugierde ein: »Nach dem Erscheinen der 25 Gedichte war ich erstaunt, mit jedem Brief, den ich erhielt, zu erfahren, daß es Leute gab, die sich für diese Art der intimen Beschäftigung interessierten. Diese Leute waren Apollinaire, Reverdy, Braque, Breton, Soupault«.[5]

Inzwischen wird das Gerücht Dada ohnehin immer vernehmbarer, die Aktivitäten von Dada Berlin hinterlassen deutliche Spuren in der deutschen Presse, Huelsenbeck hat einen großen Artikel in der Wochenzeitschrift *Universum*, in dem er den Dadaismus erklärt, so wie er es meistens macht: Mit einem Gedicht aus den *Phantastischen Gebeten*, aber auch Tzara als der »größte dadaistische Dichter« kommt vor. Das kann Tzara nicht auf sich sitzen lassen. Auch die *Zürcher Morgenzeitung* ist der Meinung: »So war es unbedingt nötig, daß Tristan Tzara, der Urbildner des Dada, in die Arena stieg, um das originalechte Banner des Dadaismus zu entfalten, das er bislang in vereinsamter Entschlossenheit in kleinen Revuen und Gedichtbändchen schwang.«[6]

Tzara veranstaltet im Juli 1918 eine Tzara-Soiree, was soll er auch machen, mit Hennings, Ball und Huelsenbeck sind die treibenden Kräfte für die Organisation und Durchführung von Kabarett-Abenden und Kunst-Soireen aus Zürich weggegangen. Also alleine auf die Bühne, Tzara wählt nach dem Zunfthaus zur Waag, in dem die große Soiree mit Balls Auftritt stattfand, ein weiteres Zunfthaus, ebenfalls auf der mondänen Seite, direkt an der Limmat.

Tzara liest einige Gedichte, aber in der Hauptsache hält er einen langen Monolog. Er macht keine Auftrittssperenzchen, durch seine monotone Vortragsweise und die Tatsache, dass es ein französischsprachiger Abend ist, wird das Ganze nicht gerade zum einfachsten Vergnügen. Mit seinem Monolog nimmt Tzara die Herausforderung an, als Miterfinder nun endlich ein für alle Mal klarzumachen, was man unter dem Namen Dada zu verstehen habe. Mit allen Konsequenzen. Huelsenbeck hat es in seinem Artikel schon ausgesprochen: Zwischen Marinetti, der der dadaistischen Forderung nach totaler Beweglichkeit schon ziemlich entspricht, und einem wirklichen Dadaisten liegt der kleine Spalt des mächtigen Paradoxes, das die Dadaisten seit ihrem ersten Dada-Erklärungsvorhaben begleitet. Will man wirklich komplett haltlose Beweglichkeit und totale Spontanität, dann muss man das Gesagte oder Geschriebene sofort, am allerbesten bereits im Moment des Sagens oder Schreibens, attackieren. Weil sich sonst eine Meinung, eine Behauptung oder Feststellung festsetzt, was die Forderung nach Beweglichkeit unterläuft. Man muss sich, so Huelsenbeck, gegen das richten, »was man im Augenblick schreibt; denn indem man es geschrieben hat, verstößt es schon als Feststehendes gegen das Gesetz der Bewegung«.[7] Huelsenbeck kann Gedichte von sich und Tzara als Beispiele für dieses Gegen-sich-selbst-Anschreiben anführen. Aber in dem Artikel, in dem er davon schreibt, in ebendiesem Satz, bleibt er mit dem Schreiben dieses Satzes, der ja etwas dann Feststehendes hinschreibt und sich nicht widerspricht, hinter der eigenen Forderung zurück. Mit seinen Text-Explosionen in der *Neuen Jugend* hat er diesen performativen Widerspruch exzessiv ausagiert; er hat ganze Passagen fragwürdig gemacht, indem er anschließend seine Sprech- und Sprachrollen vervielfältigt hat.

Es ist dieser Widerspruch, der das Nicht-Zentrum von Tzaras Manifest ausmacht: klipp und klar zu sagen, dass Dada gerade darin besteht, gegen alles klipp und klar Gesagte anzugehen: »Ich schreibe ein Manifest und will nichts, trotzdem sage ich gewisse Dinge und bin aus Prinzip gegen Manifeste, wie ich auch gegen die Prinzipien bin […]. Ich schreibe dieses Manifest, um zu zeigen, daß man mit einem einzigen frischen Sprung entgegengesetzte Handlungen gleichzeitig begehen kann; ich bin gegen die Handlung; für den fortgesetzten Widerspruch, für die Bejahung und bin weder für noch gegen und erkläre nicht, denn ich hasse den gesunden Menschenverstand.«[8]

Tzaras Aufführung dieser Eigen-Simultanität ist sprachlich elaborierter und diskursiv beherrschter als Huelsenbecks Ausbrüche in der *Neuen Jugend.* Aber auch Tzara lässt hin und wieder mal den Irrsinn von der Kautschukleine. Wenn er zum Beispiel gegen die Definitionsmachtergreifung von künstlerischen Richtungen wie dem Kubismus oder dem Futurismus wettert, dann stellt er deren Sprachgestus übertreibend zur Schau: »Hier, in der fetten Erde, werfen wir Anker. Hier haben wir das Recht zu proklamieren, denn wir haben die Schauer und das Erwachen kennen gelernt. Von Energie trunkene Gespenster bohren wir den Dreizack ins ahnungslose Fleisch. Wir sind Geriesel von Verwünschungen in der tropischen Überfülle berauschender Vegetationen, unser Schweiß ist Gummi und Regen, wir bluten und brennen Durst, unser Blut ist Kraft.«

Das klingt wahnhaft, aber in einer Atmosphäre, die insgesamt wahnhafter geworden ist, ist der Ausschlag der Krassheit kein so starker mehr. Denn inzwischen liegen auch in Zürich die Nerven immer mal wieder blank. Bei einer Abendgesellschaft reißt Schickele, der Herausgeber der *Weissen Blätter*, Graf Kessler in ein leeres Zimmer, flitzt wie eine Fledermaus hin und her, »den Zwicker im toternsten, scharfen, vor Aufregung zitternden Gesicht« und raunt mit fanatischem Ernst vom Jüngsten Tag und dass eine neue Welt im Werden sei. Lasker-Schüler wendet sich an Kessler, weil sie einen Jungen mit derart schönen Augen getroffen hat, dass der doch der Friedensbringer sein müsse. Kessler zieht ein Fazit über das beginnende Jahr 1918: »Der Mangel und die Narrheit dringen überall allmählich wie eine Art von Schimmel an die Oberfläche. Millionenfach hungrige Narren, die sich einbilden, um hohe Ideale Blut zu vergiessen oder durch Worte ungeheure Kräfte binden zu können.«[10]

Aber es gibt in Tzaras Manifest auch Passagen völliger Klarheit und Transparenz. Gegen Kubismus und Futurismus stellt er das Programm, das er von den bildenden Künstlern unter seinen Cabaret-Kollegen gelernt hat: »Der neue Maler schafft eine Welt, deren Elemente auch ihre Mittel sind, ein nüchternes, bestimmtes, argumentloses Werk. Der neue Künstler protestiert: er malt nicht mehr/ symbolistische und illusionistische Reproduktion,/ sondern er schafft unmittelbar in Stein, Holz, Eisen, Zinn Blöcke von Lokomotivorganismen, die durch den klaren Wind des Augenblicks nach allen Seiten gedreht werden können.« Und es stehen die leise pathetischen Sätze von der Gruppenbildung mit größtmöglicher Freiheit in diesem Manifest. Was für ein anrührender Moment: Tzara steht alleine im Zunfthaus zur Meise und sagt: »So entstand Dada aus einem Bedürfnis von Unabhängigkeit, des Mißtrauens gegen die Gemeinsamkeit. Die zu uns gehören, behalten ihre Freiheit.« Eben auch die Freiheit, zu gehen.

SPRACHSCHMUTZ

»Gadji beri bimba« – so also klingt die Rettung des heiligsten Bereichs der Dichtung. Es gibt Äußerungen von Ball, in denen sich diese Rettung wie ein Rückzugsgefecht ausnimmt. Von der vermaledeiten Sprache, an der »Schmutz klebt wie von Maklerhänden, die die Münzen abgegriffen haben«,[11] spricht Ball im Manifest, es ist eine riskante Metapher. Natürlich gibt es allen Grund, im Jahre 1916 einem Sprachgebrauch zu misstrauen, der sich hoffnungslos in allen Tonarten propagandistischer Phraseologie verstrickt hat. Aber Ball setzt die Kritik grundsätzlicher an: *Jeglicher* Gebrauch ist bereits verschmutzt, er denunziert damit Sprache als gesellschaftliche Verkehrsform insgesamt. So wie Karl Gräser in Ascona nur benutzen wollte, was er selbst gemacht hat, will Ball »keine Worte, die andere erfunden haben«.[12]

Lediglich Priestern wie ihm ist es dann vorbehalten, eine reine Sprache neu zu schöpfen. Wir haben gesehen, wie Ball in seinem Tagebuch den Auftritt im kubistischen Kostüm zum Bericht einer Konversion, zum Wendepunkt vom Schamanen zum Bischof, zum Ende von Dada aus seiner Sicht machte. Das Medium dieses Wendepunktes ist die Sprache. Denn während des Vortrags merkt er, dass sich eine Kluft zwischen seinen Ausdrucksmitteln und dem Pomp seiner Inszenierung auftut.[13] Er hat alles aufgebraucht, was sich bei sinnlosen Wortfolgen als Steigerung einsetzen lässt, die Konsonanten ließen sich verschärfen, ein schleppender Rhythmus gegen Ende des Gedichts »Jolifanto« erlaubte eine »letzte Steigerung«, was also ist als Steigerung noch möglich, um diesen seltsamen Auftritt zu Ende zu bringen? »Da bemerkte ich, daß meine Stimme, der kein anderer Weg mehr blieb, die uralte Kadenz der priesterlichen Lamentation annahm, jenen Stil des Meßgesangs, wie er durch die katholischen Kirchen des Morgen- und Abendlandes wehklagt.«[14] Die vom Maklerschmutz gesäuberte Sprache hat sich ihren Weihepriester selbst erzwungen. Sozusagen. Und wie dem Bild von Ball bei seinem Auftritt ergeht es seinen Lautversen. Sie erfreuen sich bis heute großer Beliebtheit, weil sie im Zentrum des Sinnbefreiungsprogramms des Dadaismus zu stehen scheinen. Und markieren in Balls Version doch bereits die Abkehr von Dada.

»Es gilt, unangreifbare Sätze zu schreiben«, umreißt Hugo Ball diesen wesentlichen Punkt seiner Programmatik. Das ist eine lustvolle Arbeit, die Dadas berauschen sich zu Beginn ihres Cabaret Voltaire daran. Man muss beim Dichten ohnehin zusammensitzen, da es nur eine Schreibmaschine gibt, und Huelsenbeck fragt Ball bei jedem zweiten Wort, ob das nicht doch von ihm sei. Die Dadas graben nach alten Zaubersprüchen, sie lassen die Worte von Nostradamus klingen, sie suchen »der isolierten Vokabel die Fülle einer Beschwörung, die Glut eines Gestirns zu verleihen«.[15] Mit Erfolg, wie Ball findet, die hypnotische Macht der magisch erfüllten Worte und Klangfiguren gräbt sich in die Körper und Hirne der Zuhörer ein, verfolgt sie manchmal tagelang. »Wir haben die Plastizität des Wortes jetzt bis zu einem Punkt getrieben, an dem sie schwerlich mehr überboten werden kann«,[16] schreibt Ball vernehmbar stolz.

Doch der Grat zwischen dem Freilegen der magischen Kraft und Reinlichkeitswahn kann ein schmaler sein. Wir reichen uns die Begriffe nur noch wie Tongefäße zu, wir wissen gar nicht mehr, was darinnen ist, so rief es Hiller den Gästen des »Neuen Clubs« und den Lesern des *Sturm* zu. Wie die abgegriffenen Münzen, die uns von dem eigentlich Wertvollen fernhalten. Aber sind nicht vielleicht die Tongefäße selbst viel spannender als ihr ach so geheimnisvoll tuender Inhalt? Huelsenbeck ist bei allen Zaubersprüchen sofort dabei, wobei sie ihn nicht als unangreifbare Sätze oder Worte interessieren, sondern als eine der Abermillionen irrsinnigen Gebrauchsweisen des sprachlichen Materials. Ball und Huelsenbeck an einer Schreibmaschine: Das ist, als würden sich Peter Handke und Rainald Goetz das Notizbuch teilen.

Nehmen wir einmal an, jemand wie zum Beispiel Christoph Schlingensief hätte eine Umfrage auf der Straße gemacht und die Passanten mit der Frage konfrontiert: »Wie finden Sie es, dass inzwischen schon die Kühe auf den Telegraphenstangen sitzen und Schach spielen?« Nicht wenige würden antworten, dass sie das schon immer gesagt hätten und dass das erst der Anfang sei, so weit ist es also mit der Welt gekommen, da sähe man es mal wieder, sie hätten es ja immer schon gesagt.

Huelsenbeck hatte nach dem leeren Pathos und der Mimesis an expressionistischer Drastik in der rhythmischen Kraftmeierei der Negergedichte eine Lösung gefunden für sein Suchen nach individuellem Ausdruck. Mit den *Phantastischen Gebeten* eröffnet er ein neues Register der Spracharbeit. Wie die Montagen aus Alltagsmüll bringen sie den Sprachmüll in »wunderbare Konstellationen«. Das ist möglich, weil sprachliche Versatzstücke wie Redewendungen oder Floskeln inzwischen so herumliegen wie gebrauchte Straßenbahnfahrkarten. Oder indem die konstellierten Sprachelemente durch die neue Zusammenstellung aus ihren konventionellen Zusammenhängen erst herausgerissen werden.

Die *Phantastischen Gebete* entstehen aus dem Anschwellenlassen des Geredes, sie sind aufgepumpt bis an die Grenze des Zerplatzens und manches Mal auch darüber hinaus. Was Huelsenbeck in dem Gedicht »Ende der Welt« durchexerziert, das mit den Zeilen beginnt: »So weit ist es nun tatsächlich mit dieser Welt gekommen/ Die Kühe sitzen auf den Telegraphenstangen und spielen Schach«. Das Aneinanderhalten von disparaten Vorgängen und Bildwelten, wie es van Hoddis in »Weltende« betrieben hat, wird derart übersteigert, dass daraus keine Bild- oder Textspannung mehr generiert werden kann. Man watet vielmehr in der Maßlosigkeit der Bildinanspruchnahme herum. Die Haut des Luftballons, in den da sprachlich gepumpt wird, ist die Sprachmelodie der alltäglichen Jammerei, des despektierlichen Straßengeredes. Im Cabaret Voltaire hat Huelsenbeck Gedichte kennengelernt und mitproduziert, die den vielstimmigen Straßenlärm der modernen Großstadt ästhetisch fassen. In den *Phantastischen Gebeten* übersetzt Huelsenbeck auch den Lärm der Sprechakte von Stammtisch, Kiezbegegnung und Gerüchteküche in lyrisches Melos. Es labert in einem fort. Seit den Texten für die *Neue Jugend* ist klar, dass das bei Huelsenbeck gleichzeitig der eigene Lärm und die ausgestellte Kritik dieses Lärms sein kann.

Dada-Gedichte sind zum großen Teil das Ergebnis des aufgeblähten oder geplatzten Sprachballons. Manchmal aber wird den Lesern oder Hörern noch ein Einblick in die Genese, ins Aufblasen gegönnt. Für das »erste himmlische Abenteuer des Herrn Antipyrine« beispielsweise hat Tzara verraten, welches Drama diesem Abenteuer zugrunde liegt: »Wenn man von einer alten Dame/ Die Adresse eines Puffs erfragt«. Wenn man dieses Drama noch dazu im biederen Zürich situiert, dann muss man sich auf alles Mögliche gefasst machen.

Aber dennoch geschehen die spektakulärsten Vorgänge weit unter- oder oberhalb der Oberfläche der realistischen »Handlung«. Wenn etwa der Auskunftheischende noch kein abgebrühter Puffgänger ist, dann passieren erst mal Peinlichkeitsquetschungen, schon die

Frage herauszubringen ist kein Kinderspiel, und dann erst: die Antwort abwarten. »Die grünen Elefanten deiner Sensibilität/ Zittern jeder auf seinem Telegrafenmast/ Alle vier Füße zusammengenagelt«, heißt es im lyrischen Dramolett Tzaras. Das ist natürlich in gar keinem Fall eine Beschreibung irgendwelcher inneren Vorgänge. Es ist das Undadaistische an dieser Passage, das sie sich auf den Erzählanlass, der auch noch ausgeplaudert wird, zurückbinden lässt. Aber sie gibt Einblick in eine der möglichen Verfahrensweisen, mit denen an einem Spannungsbogen entlanggeschrieben wird, bevor dieser gezielt torpediert wird. Und das ist auch der entscheidende Unterschied zur vermeintlich so leicht nachgeahmten Unsinns-Erzeugung, genau das, was jede Imitation, die sich der dann zu zerstörenden Spannung nicht ausgesetzt hat, so schwer erträglich macht.

KÖRPERSPRACHE

Nach seinem Auftritt in der Meise erleidet Tzara einen Nervenzusammenbruch. Aus dem Schloss-Hotel am Vierwaldstädtersee, in dem er sich erholt, führt er trotzdem seine Korrespondenz weiter, immer auf der Suche nach Verbündeten und Beitragenden für die neuen *Dada*-Ausgaben. Er schreibt auch an den Macher der *391*. Der Brief erreicht seinen Adressaten ebenfalls in einem Rekonvaleszenz-Hotel in Bex-Les-Bains, wo sich Picabia von der Behandlung seines Nervenzusammenbruchs erholt, für die er Anfang 1918 nach Lausanne zu Dr. Brunnschweiler gekommen war. Sie verabreden eine Zusammenarbeit, Tzara kann Picabia mit genaueren Einsichten in den Vorgang versorgen, dass dessen Bilder im Salon Wolfsberg vor Ausstellungsbeginn wieder abgehängt werden, was Picabia eher amüsiert als verärgert.

Vor allem aber wäre es doch gelacht, wenn nicht ein leibhaftiges Treffen zustande kommen sollte. Picabia ist in Genf, reist nach Begnins, dann wieder nach Lausanne. Tzara, der im Herbst 1918 zurück in Zürich ist, kann aber nicht weg, er ist mit der dringenden Fertigstellung von *Dada 3* beschäftigt, die sich immer wieder verzögert. Und dann ist auch noch Julius Heuberger, der Drucker, der nahezu alle Dada-Schriften in Zürich hergestellt hat, in Haft – nicht zum ersten Mal –, er hatte einige Tage vor dem Streik zum Jahrestag der russischen Oktoberrevolution »Militärgesetze nicht beachtet«. Am 22. Januar 1919 schafft es Picabia endlich nach Zürich. Arp und Tzara besuchen ihn in seinem Hotelzimmer. Er ist ein ganz anderer Typus als Arp, eher Berserker als Außerirdischer, aber Arp erkennt sofort Ähnlichkeiten in der Vehemenz des Schaffensrausches.

Wie Arp erzeugt auch Picabia eine wuchernde Flora, allerdings aus Maschinenteilen. Arp berichtet, dass Picabia gerade einen Wecker zerlegte, als sie ihn antrafen. Nach kurzer Unterbrechung zwecks Begrüßung bastelte er sofort weiter, »versah er ein weißes Papier mit den Abdrucken der Rädchen, Federn, Zeiger und anderen geheimen Teilchen der Uhr. Eifrig schlug er diese Dinge vom Stempelkissen auf das Papier wie ein pflichteifriger Postbeamter, verband diese Stempel miteinander durch Linien und schrieb dazu an verschiedenen Stellen der Zeichnung Worte, Sätze, deren Inhalt seltsam entfernt von unserer mechanisierten dummen Welt ist. Er schuf antimechanische Maschinen. Er hatte damals eine grenzenlose Vorliebe für Räder, Schrauben, Motoren, Zylinder, elektrische Leitungen.«[17] Picabia und Tzara verstehen sich prächtig, sie reden, spielen Schach, projektieren allerlei, unter anderem die achte Ausgabe von *391*, wo auch die Texte abgedruckt sind, die sie in Zürich gemeinsam schreiben, mit einer Technik, die sie später »automatisch« nennen.

Sprache wird mit dem Körper gemacht, Schreiben und Sprechen sind körperliche Vorgänge, der Gang über den Verstand ist ein Umweg, auf dem sich Ideologisierung, Abschwächung, Vernünftelei einschleichen. Es gilt, wieder den direkten Weg zu gehen, unter Umgehung des Nachdenkens. Gedichte werden im Mund gemacht, schreibt Tzara. Im Café de la Terrasse verkörpern Serner, Tzara und

Arp einmal ein Gedicht zu dritt, »Die Hyperbel vom Krokodilcoiffeur und dem Spazierstock«. Arp schreibt: »Die automatische Dichtung entspringt unmittelbar den Gedärmen oder anderen Organen des Dichters, welche dienliche Reserven aufgespeichert haben. Weder der Postillon von Lonjumeau noch der Hexameter, weder Grammatik noch Ästhetik, weder Buddha noch das Sechste Gebot sollten ihn hindern. Der Dichter kräht, flucht, seufzt, stottert, jodelt, wie es ihm paßt. Seine Gedichte gleichen der Natur. Nichtigkeiten, was die Menschen so nichtig nennen, sind ihm so kostbar wie eine erhabene Rhetorik; denn in der Natur ist ein Teilchen so schön und wichtig wie ein Stern, und die Menschen erst maßen sich an, zu bestimmen, was schön und was häßlich sei.«[18]

Die Technik des automatischen Schreibens ist die Abschaffung der Künstlerhand im Medium der Sprache.

Als Picabia nach drei Wochen wieder in Paris ist, vergeht kein brieflicher Gruß an Tzara ohne die inständige Bitte, dass er doch nun endlich nach Paris kommen solle, eine Schachpartie, ein Gespräch mit ihm könnten ihn von seiner übergroßen Müdigkeit, von seinen neurasthenischen Anfällen zumindest ablenken.

Tzara hat die Zeit mit Picabia angestachelt für einen weiteren Dada-Streich. Andere Leute hangelten sich von Tag zu Tag, schreibt er, er von Idee zu Idee, und nun hat er wieder eine: noch einmal eine große Dada-Soiree. Sie soll in ihren Dimensionen alle bisherigen übertreffen, das »non plus ultra«, am besten im Saal zur Kaufleuten, der mit 1000 Plätzen einer der größten Säle Zürichs ist.

Das Programm für diese Soiree besteht zu einem Teil aus Bewährtem: Hans Heusser, der Schweizer Komponist, dem zu Cabaret-Voltaire-Zeiten bereits eine eigene Soiree gewidmet war, ist mit von der Partie, Suzanne Perrottet spielt wieder Satie und Schönberg, im Übrigen dieselben Klavierstücke, die u. a. Kandinsky dazu brachten, den Kontakt mit Letzterem aufzunehmen. Kandinsky-Gedichte werden von Käthe Wulff rezitiert, ebenso wie »phantastische Gebete«

vom abwesenden Huelsenbeck, Arp liest aus seinem Gedichtband *Die Wolkenpumpe*. Und was wäre eine Dada-Soiree ohne ein anständiges, das heißt mit gehörig vielen Mitstreitern besetztes Simultan-Spektakel (20 Personen sind es dieses Mal)! Dann aber muss die zweite Generation ran. Viking Eggeling spricht über sein Lebensthema, die pure Linie als Element der zukünftigen Malerei, sein Freund Hans Richter wechselt das Medium und versucht sich an einem weiteren Dada-Manifest. Alles interessant und aufreibend, aber zu dem, was die Leute inzwischen erwarten – einem Tumult –, wird die Soiree durch einen weiteren Novizen: Walter Serner.

LOCKERUNGSÜBUNGEN

Es ist ja nun nicht so, dass man als Dada-Dichter geboren wird und dann geduldig wartet, bis man die Gelegenheit bekommt, auf einer Dada-Bühne aufzutreten. Dazu bedarf es harter Übung, und am besten übt es sich gemeinsam.

Am Ende eines langen Tages im Café Größenwahn zum Beispiel, wenn alle Entdeckungen präsentiert und vernichtet sind, wenn künstlerische Lebensleistungen durch tödlich gesetzte Sottisen versunken sind, wenn die Liebeshändel durchgekaut sind und jeder seinem Klischee von sich genügend entsprochen hat, wenn das Tagwerk also ordentlich verplaudert ist, dann kann endlich die eigentliche Arbeit beginnen. Wenn alles gesagt ist, dann kann es endlich an die Bedingungen des Sagbaren gehen. Alkohol und die anderen Rauschmittel: unabdingbar für einen gelungenen Tagesausklang im Café Größenwahn, aber Fliegenschiss im Vergleich zum allersüßesten Stoff, der Sprache. Erich Mühsam ist auch hier kein Kostverächter, ganz und gar nicht, er ist vielmehr der jeden Abend aufs Neue herauszufordernde Meister der Sprachspielereien. Die Konkurrenz ist groß, aber wenn ihm wieder mal so ein starkes Ding glückt wie »Man wollte sie zu zwanzig Dingen/ In einem Haus zu Danzig zwingen«, dann lässt Höxter alle Wettkämpferei fahren, dann soll da nur noch Lob sein – wobei es ohne eine Anspielung auf den enormen Ehrgeiz Mühsams in diesen Dingen eben doch nicht geht: »Für Lohn kreucht er/ Auf den Kronleuchter.« Die Boheme singt sich ein, sie lockert die Sprechbänder, sie hüpft auf dem Kautschukseil der Artikulation.

In einzelnen Gruppen wird weitergeübt. Huelsenbeck, Ball und Leybold haben mit dem Material gespielt, das die frühen Expressionisten ihnen bereitet haben, machen es sich lustvoll unbequem in den Versatzstücken von Krassheit, Perversion und Primitivismus. Und irgendwann sind die Grundlagen des normalen Sprechens weg, irgendwann ist die Sprache derart überdehnt, dass sie sich nicht mehr in die Ausgangslage zurückspannen lässt. Huelsenbeck treibt es zu den Ergüssen der *Neuen Jugend*. Ball torpediert in seiner Totenrede für Leybold die sprachliche Konvention gleich doppelt. Statt erwartbarer Würdigung des Dichterfreundes inszeniert er ein Gerangel mit einem fordernden Kumpel, und statt einer trauernden Feierlichkeit vollführt er lustiges, verquatschtes Geplaudere, bewirft das Publikum mit Obszönitäten, Indiskretionen, Vorwürfen und einem Kaufaufruf für die Nachlassbände, die Ball nicht schafft herauszugeben.

Und wenn Ball Dada zum ersten Mal entflieht, dann schwingen während der allmählichen Erholung die Sprachbänder noch gehörig nach. Briefe an Tzara nutzt er, um das »Manipulieren an langen phraseologischen Kutschen«, über das er schreibt, auch in seiner eigenen Schreibweise zu performen. »Hier sind die Trauben dick wie Kinderköpfe. Und man sagt, dass der deutsche Kaiser gestorben ist. Ist das wahr? Es wäre sehr schade. Ich habe ein brenn[en]des Verlangen zu trommeln. Immer zu trrrrrrrrrrrrrrrommeln. Und dieses Verlangen, zu trrrrrrrrrrrommeln, geht mir nicht aus dem Kopf.«[19]

Es gibt in den südlichen Karpaten ein Tal, in dem durch eine besondere geologische Konstellation elektrische Anomalien herrschen. Man erkennt es daran, dass da nichts wächst. Nur in Jahren mit starken Gewittern können sich diese Anomalien auf eine Weise entladen, dass für eine kurze Zeit ein paar Gräser sprießen.

So ist Raoul Hausmann. Seine Theoriewut erstreckt sich auch auf die Naturwissenschaften, er ist ein Verfechter der Welteislehre, nach der das Universum durch Mutationen von Eismasse entstanden sei, er entwickelt ein Optophon, ein Gerät, das Schall- und Lichtwellen miteinander in Korrespondenz bringen soll. Das mühsame Geschäft der wissenschaftlich einwandfreien Beweisführung legt sich wie Mehltau auf den Stil von Hausmann. »Kubismus, Futurismus, Ausdrucksmaterial visueller Intellektualität mit der großen Geste des Durchbruchs des Erlebens in die vierte Dimension, bleiben Versuche zu einer Komplexerweiterung der Wahrnehmung optischer Chemopotrismen«[20] – das ist ein Beispiel aus dem Text über die neuen Materialien in der Malerei, den Hausmann beim ersten Dada-Abend lesen wollte. Da war also das Gewitter schon im Anzug, das Hausmann aus seiner Anomalie befreit.

Denn im Sprech-Kosmos von Dada kann die wissenschaftliche Verquastheit zum stilistischen Trick werden. Im »Manifest von der Gesetzmäßigkeit des Lautes« verkleidet Hausmann die Beschreibung vom Rauchen in vermeintlich philosophische Aufgeblasenheit: »Das Rauchen, betrachtet vom abstrakt-konkreten Sein, enthält die Aufhebung einer sozialen Verlorenheit in den Wohlgerüchen des bryar-Holzes und einer vollendeten Form W D & H O WILLS mild capstan tobaco Bristol London, dessen Windungen unter dem Aufrollen des Glimmens im Ansaugen einer der Pranas oder Tattwas durch den leichten Geruch der feinen Maserung und seine Hornmundstückdichte umlagert.«[21] Mit dieser Genauigkeitspersiflage geht es munter weiter im Text.

Aber nicht nur, dass die Hausmann'sche Art, Texte zu verfassen, dadaistisch interessant wird – Hausmann kann auch die eigene Sprechgrammatik verändern, kann unpathetisch polemisch werden und Sticheleien manches Mal mit leichterer Hand setzen. Das starke Gewitter, das Hausmanns Anomalien freisetzt, heißt Johannes

Baader: Mit ihm befeiert er einmal spontan und auf der Straße den 100. Geburtstag von Gottfried Keller. Sie rezitieren wild und beliebig aus dem *Grünen Heinrich*, »Bruchstücke von Sätzen, ohne Anfang, ohne Ende, änderten die Stimme, den Rhythmus, den Sinn, blätterten von vorne nach hinten, von hinten nach vorn, spontan, ohne zu zögern, ohne uns zu unterbrechen. Das gab einen neuen Sinn und wunderbare Verbindungen.«[22] Derart gelockert, wird auch das selbsterzeugte Sprechen zum produktiven Chaos: beim Bier ergötzten sie sich noch eine Weile, »sprachen in einem von uns erfundenen psychoanalytischen Kauderwelsch, fast ohne ein normales, regelrechtes Wort, in einem Zustand von Entzündung des Unbewußten, das aus allen Ecken seine Geheimnisse ausströmte.«[23]

Schließlich Walter Seligmann alias Walter Serner. Der Österreicher und ausgebildete Jurist hatte schon im *Mistral* mitgeschrieben, der Zeitschrift, deren Existenz Ball 1915 dazu gebracht hat, sich für Zürich zu interessieren – als Serner Herausgeber wurde, lud er Ball zur Mitarbeit ein.[24]

In seinen Texten für die *Aktion* und den *Mistral* hatte Serner einen Zynismus eingeübt, der ebenso wie die Dadaisten schwarzsah für alle revolutionären Hoffnungen. Der Mensch sei für die Freiheit nicht bereit, vielleicht noch nicht einmal gemacht. Aber eine Sprache hatte Serner für diese Haltung noch nicht gefunden. Da tummeln sich noch Reste von umständlicher Beweisführung, von Stil-Konventionen der Rechthaberei. Ein beliebiges Beispiel für ein Serner'sches Satzungetüm in dieser Zeit: »Obwohl hiermit einwandfrei nachgewiesen wird, daß alle wahrhafte Ornamentik von der Zweckmäßigkeit ausgehen muß, empfiehlt es sich doch, um den Schluß vielleicht noch zwingender zu ziehen, die Unmöglichkeit des Ornaments an sich aufzuzeigen.«[25]

Serner verehrt Karl Kraus. Seine eigene Zeitschrift *Sirius* soll zur Serner-»Fackel« werden, er bestreitet die Zeitschrift zum großen Teil mit eigenen Beiträgen, jede Ausgabe eröffnet ein langer Artikel aus seiner Feder. Es ist ein Lehrstück darin, wie sehr es schaden kann, wenn man plötzlich genug Platz hat, um sich auszubreiten. Serner wird zum Prediger seines dunklen Menschenbildes, er umflort seinen Negativismus mit langen, gewundenen Sätzen, er wettert von einer metaphysisch-religiösen Position[26] herab. Auch Herr Hugo Ball und Herr Richard Huelsenbeck bekommen den missionarischen Eifer zu spüren. In einer seiner überlangen Auslassungen über »Die Alten und die Neuen« weiß er mit diesen Neuen nichts anzufangen. Genüsslich angeekelt zitiert er deren Sprachunsinn und zieht das Fazit: »Hier ist keine Richtung mehr und kein Widerspruch. Graut ihnen nicht vor dieser Öde?«[27] Aber Serner weiß, wie der Gaukelei dieser Bürschchen beizukommen ist, denn es gibt ein Wort, das selbst sie erschüttern muss. Sagt Serner und schleudert den Herren aus dem Cabaret Voltaire ein Memento mori entgegen: »Auch sie werden einst sterben und Rechenschaft geben müssen vor der Angst ihrer Todesstunde von einem jeglichen unnützen Wort, das sie geredet haben.«[28]

Serners Angst vor unnützen Worten ist auch an ihn selbst adressiert. Zugleich will er nicht weniger sagen als etwa Huelsenbeck in der *Neuen Jugend*, oder zumindest nicht weniger, als auf die ersten vier eng bedruckten Seiten seiner Zeitschrift passen würde. Einziger Ausweg: extreme Verdichtung, an der Serner besessen zu arbeiten beginnt. Zudem wird ihm mindestens ein Argument, das er gegen die »Neuen« ins Feld geführt hat, fragwürdig: dass das Beharren darauf, keinen Standpunkt zu haben, wiederum ein Standpunkts sei. Diesen Vorwurf beackern die Dadaisten doch schon seit der Negations-Orgie von Ball und Huelsenbeck noch in Berlin beim gemeinsamen Abend von 1915.

Nun, da die beiden im Zürich von 1919 weg sind, kann Serner das Beackern wiederholen, das immer auch ein autoaggressives ist. Serner verdichtet den Sprachschutt zu perfiden, glitzernden Kotdiamanten, die er in seinem Manifest »Letzte Lockerung« ins Publikum wirft. »Um einen Feuerball rast eine Kotkugel, auf der Damenseidenstrümpfe verkauft und Gauguins geschätzt werden«: So beginnt der

Text, der seit Serners Wiederentdeckung in den 70ern zum Klassiker des eleganten Nihilismus geworden ist. Zwischen den Damenstrümpfen und den Gauguins werden alle möglichen Lebenshaltungen kurz geprüft und vehement verworfen, der Ekel an den erbärmlichen Ausgeburten dieser Gesellschaft hält sich die Waage mit der Lust an ihrer Diffamierung. Aber auch das wäre ja schon wieder ein Standpunkt, deswegen steckt in der Mitte des Manifestes eine Selbstauslöschungsfantasie: »Man figuriere sich vor dem Einschlafen mit heftigster Deutlichkeit den psychischen Endzustand eines Selbsttöters, der durch eine Kugel sich endlich Selbstbewusstsein einloten will.« Das aber darf als viel zu heroische Geste auch nicht so stehenbleiben, das darf sich erst dann vollziehen, wenn man zuvor den gesellschaftlichen Tod gestorben ist, wenn man sich aufs Schwerste blamiert hat, vor Peinlichkeit zusammengeschrumpelt ist.

Sloterdijk hat in seiner *Kritik der zynischen Vernunft* eindringliche Worte gefunden für Serners Haltung, für die »Enthemmung einer gewissen suizidären Tendenz«: »Wo alles Inhaltliche nicht mehr zählt, bleibt nur ein Augenblick der verzweifelten Intensität, ein Selbstmörder-Selbstbewußtsein übrig, das mit allem ›durch‹ ist, Existenz als Sein zum Tode.«[29] In der Brillanz von Serners Verdichtung sieht Sloterdijk sowohl eine »Inspirationsgemeinschaft« mit Heideggers Existentialontologie als auch den Beginn einer »unterirdische[n] Haßkultur unseres Jahrhunderts – von Dada bis zur Punk-Bewegung und zur nekrophilen Automatengestik des *New Wave*«.[30] Ja, Serners kalte Romantik biete sogar eine Blaupause für »die großen Posen trotz innerer Aushöhlung«, die dann die Nazis nachstellen werden.

Also tritt Serner in der Soiree im Kaufleuten »in tadellos gebürstetem Jackett, gestreiften Hosen mit grauer Krawatte, wie zu einer Verlobung«,[31] auf die Bühne, überreicht einer kopflosen Schneiderpuppe einen künstlichen Blumenstrauß, setzt sich mit dem Rücken zu den Zuschauern und beginnt zu lockern. Bis dahin waren die Leute beunruhigt, weil sie doch beunruhigt werden wollen und das Dargebotene dafür zu gepflegt war. Jetzt, mit Serners Kotkugeln, kommt das Publikum zum Bewusstsein seiner selbst, wie Hans Richter beschreibt, und tobt und wütet. Krawall und Remmidemmi, ein schöner Erfolg.

ALSO SPRACH TZARATHUSTRA

In der rue Émile-Augier in Paris, in der Wohnung von Germaine Everling, Picabias neuer Freundin, ist einiges los in den Januartagen 1920. Just als sich Picabia und Breton kennengelernt und sich am selben Abend im Schlafzimmer gerade warm diskutiert haben, setzen bei Everling die Wehen ein, was Breton in die Flucht schlägt. Als ein paar Tage später die Hebamme nach dem Rechten sieht, die noch nicht mitbekommen hat, wer der Vater des Kindes ist, sieht sie vom Fenster aus das auffällige Auto von Picabia, was sie zu einem kleinen Tratsch gegenüber der Hausherrin veranlasst. Sie ist nämlich auch die Hebamme von Picabias Frau, die erst vor einigen Monaten entbunden habe, und man stelle sich vor: Dabei wohne er schon gar nicht mehr zu Hause, alles deute darauf hin, dass er eine Geliebte habe, die nun ebenfalls schwanger sei … Und dann klingelt auch noch jemand an der Tür, der sich vom Dienstmädchen partout nicht abweisen lassen will, auch nach mehrmaligen Hinweisen auf das Wochenbett der Hausherrin nicht. Außerdem spricht er nicht so gut Französisch, man versteht nicht so genau, was er will. Eintritt ein junger Mann, »schwarzweiß, wie die Holzstiche seines Freundes Hans Arp«, wie Everling aus der Rückschau schreibt: »Er war klein, leicht gebeugt, er schwang zwei kurze Arme, an deren Enden rundliche, jedoch sicherlich sensible Hände hingen. Seine Haut war wächsern wie eine Kerze, die kurzsichtigen Augen hinter seinem Pincenez schienen nach einem festen Punkt zu suchen, auf dem sie sich niederlassen konnten. Er zögerte einen Moment in der Tür, und es schien ihm vor allem peinlich zu sein, daß er da war, eine Peinlichkeit, die die unruhige Seite seines Charakters betonte. Er strich sich ständig und automatisch eine lange schwarze Haarsträhne aus der Stirn und sagte mit einem starken slawischen Akzent: ›Es tut mir leid, Sie zu belästigen, Madame, aber ich weiß nicht, wohin ich meine Taschen stellen soll‹«.[32] Tristan Tzara hat mit einem Jahr Verspätung die Einladung Picabias angenommen.

Dass er ungelegen kommt und in der Wohnung kein Zimmer frei ist, soll Dadas Ankunft in Paris nicht weiter aufhalten. Tzara packt seine Habseligkeiten – einige wenige Toilettenartikel, viel Papier und vor allem: seine Schreibmaschine – in Everlings ganz im Stile Louis-quinze. ausgestatteten Salon aus, der damit zum Dada-Zentralbüro avanciert.

FATAGAGADADA

Auch Arp orientiert sich von Zürich weg. Der Dadaist Arp'scher Prägung Réne Goscinny hat einmal geschildert, was passiert, wenn zwei weise Druiden sich zeitgleich eine Kopfverletzung (sagen wir: von Hinkelsteinwürfen verursacht) zuziehen. Für die Zeit ihrer Verletzung sind sie für die »normale« Welt verloren, alle Weisheit scheint dahin, sie reden wirr und völlig unverständlich. Aber untereinander verstehen sie sich prächtig, ja sie berauschen sich gegenseitig an ihrer Wirrheit, ihrem Kauderwelsch, ihren skurrilen Einfällen. Hans Richter würde es so sagen: »In vieler Hinsicht sprachen sie die ›gleiche Sprache‹, eine Art hochkultiviertes Idiom der Schizophrenie, ein aus aller Konvention herausgehobenes Deutsch, dem sie die farbreichsten, nie geahnten und nie gehörten Rhythmen, Assoziationen und Formen abgewannen und dadurch auch neue Gedanken, Erlebnisse, Sensationen.«[33]

Nachdem Max Ernst 1919 auf einer München-Reise von Hennings und Ball über Arps Verbleib in der Schweiz gehört hat, nimmt er mit Arp, den er seit seiner Abreise nach Paris bei Kriegsausbruch nicht mehr gesprochen hat, Kontakt auf. Arp meldet sich brieflich: »Lieber Max,/ Roll nicht von deiner Spule/ Sonst bricht dein Backsteinzopf/ Sonst picken dir die Winde/ Die Flammen aus dem Kopf/ Sonst fließt aus deinen Röhren/ Der schwarze Sternenfisch/ Und reißt mit seinen Krallen/ Die Erstgeburt vom Tisch./ Mit herzlichen Grüßen von Haus zu Haus/ Dein altes Haus.«[34] Dieses Idiom erkennt Max Ernst sofort wieder: »Das ist der Arp, ohne jeden Zweifel. Freude im Dadahaus. Ein paar Tage später geht's wie ein Lauffeuer durch das heilige Köln: Der Arp ist da!«

In ihrer sprachlichen Schizophrenie und ihrem künstlerischen Selbstverständnis können Ernst und Arp ein Gequassel und eine Zusammenarbeit etablieren, die sie immer mindestens knapp über allen Unbilden der Zeitläufte schweben lässt. Wie bei den Druiden mag kein Mensch verstehen, worüber sie sich unterhalten, aber es klingt ungemein amüsant und irgendwie weise. Und obwohl sie sich in ihrer malerischen Sprache deutlich unterscheiden, haben sie keinerlei Probleme, unter dem Dada-Namen Fatagaga irritierend schwebende, bereits surreal anmutende Fotografie-Text-Hybriden gemeinsam zu kreieren. Es sind Tableaux Gasométriques: Bilder, die Gase messen.

Die Atmosphäre in Köln ist eigentlich für solch irrlichternde Weisheit kein idealer Nährboden. Seit Dezember 1918 steht Köln unter Verwaltung der englischen Besatzungsmacht. Die gesellschaftliche Situation ist derart gedämpft, dass schon ein Zwischenruf von Ernst in einer Aufführung des patriotischen Theaterstückes »Der junge König« als aufrührerische Aktion vermerkt werden kann. Alfred Gruenwald, der sich als Millionärssohn den Namen Johannes Theodor Baargeld zulegte, ist Mitglied der USDP, des linken Flügels der Sozialdemokraten, und verteilt die selbstherausgegebene linksradikale Zeitschrift *Der Ventilator* vor den Fabrikgebäuden. Im November 1919 stellen Ernst, Baargeld und Arp mit befreundeten Künstlern wie Angelika und Heinrich Hoerle und Franz Wilhelm Seiwert im Kölner Kunstverein aus. Auf Wunsch der verantwortlichen Künstlergesellschaft allerdings in einem separaten Raum. Denn in der Ausstellung figurieren neben den Exponaten der Künstler auch »Werke von künstlerischen Analphabeten (›Sonntagsmalern‹), von Geisteskranken und Dilettanten. Daneben die von einer Lehrmittelanstalt geliehenen bunten Drahtmodelle mathematischer Formeln. Auch einige Fundgegenstände, wie Kiesel und Regenschirme, und ein Klavierhammer. Das war ein heiterer Blitz aus trübem Himmel, der Donner vernehmbar bis Paris und Zürich«,[35] wie Max Ernst schreibt.

Im April 1920 geschieht dann mit einem weiteren Ausstellungsprojekt ein Duchamp-Moment. Die eigentlich juryfreie Ausstellung der »Arbeitsgemeinschaft Kölner Künstler« verlangt den Ausschluss von Werken von Ernst und Baargeld, die daraufhin den »teilweise dem Regen ausgesetzten«[36] Lichthof des Brauhauses Winter als Ausstellraum mieten. Dass der nur über die Herrentoilette zu erreichen ist, beunruhigt die spießigeren Gemüter. Wegen Verdacht auf Pornographie und Ähnliches wird die Ausstellung verboten und triumphal wiedereröffnet: »Dada siegt!« wird sogleich auf ein Flugblatt gedruckt.

Und so ist der Ton der begleitenden Katalogtexte und Zeitschriften der Dadas in Köln ein ätzender, scharfer. Das Magnetfeld Dada richtet die klassenkämpferischen und theoretisch überversierten Abhandlungen Baargelds aus dem *Ventilator* hin zu größerer Absurdität aus. Aber sie werden nicht verspielter, sondern behalten dabei ihre Wut und ihren aufrührerischen Furor. Eine Tonlage, die Max Ernst ebenfalls beherrscht. Die Gegenstände, an denen sich die Kölner Dadas abarbeiten, sind dabei die altbekannten: Wilhelm Worringers Gotik-Aktualisierung, Kurt Hillers Aktivismus, Theodor Däublers Melos.

Die Kölner Dada-Eruption ist eine kurze, schon die erste Ausgabe der ersten eigenständigen Zeitschrift *Die Schammade* versammelt nahezu sämtliche Protagonisten der literarischen Szene von Paris, die sich für Dada interessiert zeigen.

Denn auch in Frankreich wird an der Sprache herumgeturnt, artistischer als in Deutschland, aber auch irrsinniger. 1911 besucht Duchamp, wahrscheinlich gemeinsam mit den Picabias, in Paris eine Aufführung des Theaterstücks »Impressions d'Afrique« von Raymond Roussel. »Eindrücke aus Afrika«: Man darf wahrscheinlich mit einer neuerlichen Manifestation des modischen Primitivismus rechnen. Eine Gruppe europäischer Passagiere strandet an der Küste Afrikas, wird von Eingeborenen gefangen genommen und als Geiseln gehalten. Also reichlich Gelegenheit, ihrer unnützen Geistigkeit, ihrer korrumpierten Rationalität die Leviten zu lesen. Aber nichts davon geschieht. Während der Gefangenschaft vollführen die Europäer, um ihre Bewacher zu unterhalten, allerlei skurrile Sketche und Kunststückchen. Der Eindruck sanfter Bizarrerie beim Ansehen des Stückes rührt daher, dass die darin entfaltete Handlung nur ein Nebeneffekt einer Sprachaufführung ist. Roussel hat sich keine Handlung ausgedacht, sondern Worte. Er findet zu einzelnen Worten eine Entsprechung, die fast gleich klingt, aber eine andere Bedeutung hat. Dann macht er dasselbe noch mal mit ganzen Sätzen, in die er dann eine Geschichte zwängt. Zu *billard* (*Billardtisch*) fällt ihm beispielsweise *pillard* (*Plünderer*) ein und die Wortfolge: »Les lettres du blanc sur les bandes du vieux b(p)illard«. Daraus macht Roussel dann den Anfang seiner Geschichte (»Die weißen Buchstaben auf den Randstreifen des alten Billardtisches«) und auch das Ende (»Die Briefe des Weißen über die Banden des alten Plünderers«). Was dazwischen erzählt wird, ist also der Effekt einer diffizil konstruierten sprachlichen Ausgangssituation.

Duchamp ist begeistert. Wie genau der Irrsinn funktioniert, den er da auf der Bühne sieht, wird er im Moment des Betrachtens nicht nachvollzogen haben können, denn Roussel erläutert seine Methode erst in späteren Jahren. Aber Duchamp spürt sofort, dass dort etwas am Werke ist, das einer elaborierten sprachlichen Eigenlogik folgt, statt nur Äußerlichkeiten zu illustrieren – ein Vorgang, der seine Arbeit am »Großen Glas« vehement beeinflusst.[37]

1916 fassen zwei Linguisten studentische Mitschriften zu den Vorlesungen ihres Kollegen Ferdinand de Saussure zu einem Buch über die »Grundfragen der allgemeinen Sprachwissenschaft« zusammen, das zur Erneuerung der Linguistik führen und sich als grundlegend für den späteren Strukturalismus erweisen wird.

Die Kompilation der Vorlesungen verändert die Sicht auf Sprache auf dieselbe Weise, wie Simmel die Sicht auf die Verfasstheit der gesellschaftlichen Organisation verändert hat. Sprache wird nicht mehr als Substanz gedacht, sondern als Form. Das sprachliche System entfaltet sich nicht als Ansammlung von fixierten Bedeutungen, sondern als Effekt von Differenzen. Der Laut oder das Schriftbild *billard* hat nichts mit dem Billardtisch zu tun. Dieser entsteht in unserem Kopf, weil sich das Schriftbild *billard* von benachbarten Schriftbildern abgrenzt. Wenn der linke Strich des b ein wenig weiter nach oben gezogen wird, so ist das keine bedeutungstiftende Differenz. Wenn aber der Strich nach unten rutscht, dann steht da *pillard* (Plünderer). Durch eine winzige Differenz entsteht eine ganz andere Bedeutung. Im Sprech- oder Schreibakt wird Bedeutung erzeugt, indem man aus solchen Differenzen, also zum Beispiel *billard/pillard*, auswählt. Wenn man das nicht tut, wenn man mehrere solcher Differenzen auf einmal in einen Satz packt, dann gerät das sprachliche System als Kommunikationssystem unter Druck. Reime in Gedichten sind ein einfaches Beispiel für eine solche Irritation, die, wenn sie eingeübt ist, als poetisch verstanden wird. Das System aus Differenzen lässt sich aber weit mehr als nur in Reimen entgrenzen, entdifferenzieren. Man könnte den irrsinnigen Versuch unternehmen, das gesamte sprachliche Material an die Oberfläche eines Gedichts oder eines Sprechaktes zu holen, man könnte versuchen, komplette sprachliche Indifferenz anzustreben.

Das eine Händepaar ertanzt mit Papier Käfer, Pflanzen, Menschenkurven, Violinen und Sterne, Schlangen und Ohren, das andere Händepaar ertanzt dasselbe als Schrift *auf* dem Papier. Arp, der Außerirdische, kann das. Seine Technik beim Dichten ist dieselbe wie beim bildnerischen Gestalten. Abschaffen der Künstlerhand: Das Gewusel der Arp'schen Sprachschöpfungen wächst in dem Maße, in dem sich der Schöpfer freundlich zurückzieht. Das Ideal wäre, dass es eines solchen Schöpfers gar nicht mehr bedürfte. Der Titel von Arps erstem Gedichtband *Die Wolkenpumpe* ist denn auch programmatisch gemeint: Radikaler noch als Picabias Bild »Ohne Mutter geborene Tochter« gelingt es Arps Pumpe, Traumwolken aus sich selbst herauszupumpen: »und spitzen die flammen und den schuh von dem vogel hats gerufen und tanz auf glasseilen nicht um die rundung der erde muß augen anzünden mit schwarzen kübeln nasen drachen wegweisern stangen nebst leitern auf dem federbuckel«. Nur so als Beispiel. Arp schafft dieses Nicht-Schaffen, wie das meiste, was er tut, mit großer Leichtigkeit. Für sein bildnerisches Schaffen hat er den Zufall schon eingeübt, und so geht er auch beim Dichten vor: Gesammelte Wort- und Satzfundstücke aus Zeitungen und Büchern werden zusammengefügt.

Die Sinnproduktion des sprachlichen Systems zu unterlaufen klingt reizvoll, denn was könnte man sich einfacher vorstellen? Duchamp demonstriert einmal, wie sehr man ringen muss, um die Sinnhaftigkeit von solchen Sprachgebilden abzuhalten. Bei zwei Postkarten an Arensberg bastelt er lange daran, jedes Wort, das innerhalb des Satzes, in dem es steht, noch Sinn macht, durch eines zu ersetzen, bei dem das nicht mehr der Fall ist, das aber grammatikalisch noch passt.[38]

Das Wachsenlassen der sprachlichen Indifferenzen geht Arp leicht von der Hand, und dennoch gibt es einen Hauch von Melancholie in seinen Versen. »Weh unser guter kasper ist tot«, beginnt »Die Schwalbenholde«, und dann folgt eine anrührende Wehklage: wer macht jetzt all das, was Kasper für uns gemacht hat (z. B. die brennende Fahne im Zopf tragen), warum musstest du sterben (»warum bist du ein stern geworden oder eine kette aus wasser an einem heißen wirbelwind« …) und wie schlimm ist, was uns jetzt nach deinem Tod blüht (»jetzt vertrocknen unsere scheitel und sohlen und die feen liegen halbverkohlt auf den scheiterhaufen«).

Da schwappt auf die Oberfläche des Erzählten, was sich auf der Ebene des Erzählens ereignet: Der Sprecher oder Schreiber als die Instanz, die entscheidet, was von den bedeutungsbildenden Differenzen im Sprech- bzw. Schreibakt aktualisiert wird, zieht sich zurück. Und je weniger ausgewählt wird, desto mehr gelangt von der schieren Fülle des Sprachmaterials an die Oberfläche Das Sterben des Autors ermöglicht den Reichtum der Sprache. Louis Aragon zieht die Konsequenz und schreibt unter dem Titel »Suicide« das Gedicht, das die kleinsten Sprachelemente aufzählt: das Alphabet.

DIE DREI MUSKETIERE

Drei junge Männer, der freundliche und empfindsame Louis Aragon, der nervöse, reizbare, aber auch graziöse Philipp Soupault und der strenge und autoritär wirkende André Breton, wollen in Paris aufbegehren gegen ihre literarischen Lehrmeister, sie wollen eine neue Form der Literatur begründen im Geiste der großen Außenseiter wie Alfred Jarry, Rimbaud, Lautréamont oder Jacques Vaché.

Sie suchen lange nach einem Namen für die Zeitschrift, die sie gründen wollen; nach vielen verworfenen Vorschlägen nennen sie sie *Littérature*. Das ist ironisch gemeint, in Anlehnung an den abschätzigen letzten Vers von Verlaines Gedicht »Art poétique«: »Und alles andere ist Literatur.« Doch ist das keine Ironie, die sich auf den ersten Blick erschließt. Die erste Nummer beginnt zwar mit einer Art Kaltstart: »Tabula Rasa. Ich habe alles hinweggefegt. Es ist vollbracht. Ich kleide mich nackt auf der jungfräulichen Erde, vor dem wiederzubevölkernden Himmel«.[39] Aber dieser Text ist von André Gide,

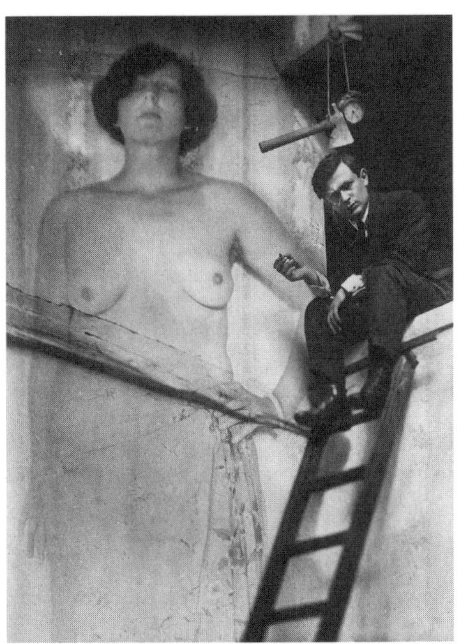

Tristan Tzara, 1921 von Man Ray gesehen

andere Beiträger sind Paul Valéry, Max Jacob, Blaise Cendrars, André Salmon – eine beeindruckende Riege prägender Köpfe der zeitgenössischen französischen Literatur. Revolution oder auch nur Generationenwechsel sieht anders aus.

Und dennoch unternehmen die drei einiges, um das literarische Establishment aufzumischen und ihre eigene Stimme zu finden. Antworten auf die von ihnen durchgeführte Umfrage »Warum schreiben Sie?« stellen sie aus, indem sie sie nach dem Grad ihrer Belanglosigkeit ordnen. Und im Herbst 1919 veröffentlichen sie in der Zeitschrift *Die magnetischen Felder* Soupaults und Bretons erste Erfahrungen mit der verheißungsvollen Technik des automatischen Schreibens. Stets auf der Suche, wie sie weitere Impulse ins literarische Feld von Paris senden können, kommt Anfang 1920 die Idee auf, regelmäßig Matineen zu veranstalten. Und dann heißt es plötzlich, Tristan Tzara sei in der Stadt. Tzara, der sie mit dem in *Dada 3* abgedruckten Manifest alle vom Lesesessel gehauen hat, in dem Breton alle nihilistischen, dandyhaft sprachvernichtenden Züge seines kürzlich gestorbenen Freundes Jacques Vaché wiederfindet.

»Vaché hatte es zur Meisterschaft in der Kunst gebracht, ›auf alles sehr wenig Wert zu legen‹«,[40] schreibt Breton, der den Verstorbenen zum Mythos vergrößert. Dessen Werk ist schmal, Breton gibt einige wenige Briefe heraus, die in Kreisen um die späteren Surrealisten Kultcharakter bekommen. Die lapidaren Sätze über die völlige Mir-Egalheit seines Lebens nach dem Krieg konnten wohl alle auswendig: »Ich werde auch Trapper oder Dieb oder Erforscher oder Jäger oder Bergarbeiter oder Auspeiler sein – Bar in Arizona (Whisky – Gin and mixed?), und schöne ausbeutbare Wälder, und Sie kennen diese schönen Reithosen mit MG-Pistole, mit guter Rasur und so schönen Solitärhänden. Das alles wird mit einem Brand enden, das sage ich Ihnen, oder in einem Salon, nach gemachtem Reichtum – Well«.[41] Die Kunst Vachés bestand in den von Breton kolportierten Verweigerungsgesten: »Ich träume von guten, recht deftigen Exzentrizitäten, oder von einer guten spaßigen Gaunerei, die viele Tote kostet, das ganze in einem sehr hellen, eng anliegenden Sportanzug, sehen Sie schon die schönen granatfarbenen offenen Schuhe?«[42] Die gelungenste Gaunerei Vachés war laut Breton dessen Tod: ein Selbstmord durch Überdosis, in den er zwei Kameraden noch mit hineingetrieben hat.

Die Musketiere sind also aufgeregt, als sie in den Salon von Everling pilgern: Wird Tzara die Nachfolge Vachés antreten können? Wird es mit ihm gelingen, anständig Feuer zu legen in der Pariser Kultur- und Sprachkünstelei?

NULL. NADA

»Dada« als Wort ist ein hervorragender Fund. Es ist bedeutungslos. Es entlastet. Für Künstler wie Arp, Janco oder Ernst ein Geschenk, ein Gewinn an Freiräumen der Produktivität. Ihnen geht es nicht darum, das Wort zu theoretisieren als befreienden Nullpunkt oder dergleichen. Es geht darum, einen kleinen Schutzraum um sich aufzubauen, innerhalb dessen man freigestellt ist von irgendwelchen Begründungen, Gruppenschwüren oder Manifesten: Ist das, was ich mache, nun Futurismus, Expressionismus oder doch Kubismus? Völlig egal, die künstlerische Arbeit stellt sich den Problemen, die von anderen Kunstwerken und der eigenen ästhetischen Sensibilität gestellt werden. Claire Goll schreibt über die Zürcher Zeit: »Und das Wort ›Dada‹? Manchmal stieß der eine oder andere diesen Ruf aus. Er bedeutete eher ›Pst, Ruhe!‹ als eine Ideologie oder künstlerische Schule. Wenn Arp sagte ›Ich bin Dada‹, meinte er: ›Ist mir doch schnuppe‹ oder ›Laßt mich in Ruhe, ich denke nicht daran, alles zu erklären‹.«[43] Das Wichtigste an Dada ist, dass es komplett unwichtig ist. Eben gerade kein revolutionäres Getue, sondern die für Künstler überlebenswichtige Suspension von allen Ansprüchen an Kunst-, Revolutions- oder Lebenstheorien.

Wenn Huelsenbeck 1918 als Kernargument seiner Dadaismus-Erklärung eines seiner »Phantastischen Gebete« ins Feld führt, dann erfüllt er genau diesen Punkt: »Sie merken: die Interjektionen sind Trumpf. Sie sind für das dadaistische Gedicht bezeichnend, da sie unmittelbarer Ausdruck des Lebens sind. Dem Dadaisten bedeutet das ›Au‹ mehr als eine ganze pessimistische Philosophie.«[44] Das »Au« ist ein schlechtes Beispiel, weil seine Bedeutung viel zu massiv ist. Das »Phantastische Gebet« ist voll von anderen Interjektionen, »ho« und »oho« und »joho«: sprachliche Joker, die sich an die »normalen« Worte heften und die Lücke zwischen ihnen ein wenig größer machen. Ein Horror für alle biederen Kommunikationstheorien, Schmiermittel für jegliche zwischenmenschliche Kommunikation.

Es gibt auch außerhalb des Gedichts, in der Welt, eine riesengroße Interjektion: die Reklame. Der Kautschukmann George Grosz war fasziniert von den Reklame-Auswüchsen der Großstadt: »Fabelhaft bunt und klar, wie nie ein Tafelbildchen, – von kosmischer Komik, brutal, materiell, bleichsüchtig, verwaschen – drohend und mahnend gleich Ragtimestepptanzmelodie immer wieder sich ins Gehirn bohrend.« Die *Neue Jugend* bot ihre Dienste als Reklameberatung feil. Das Leermachen der Werbezeichen von jeglicher anderen Bedeutung als des »Kauf mich« macht die Reklame zu einem spannenden Material für die zeitgenössischen Künstler. »Dada ist das Wahrzeichen der Abstraktion; die Reklame und die Geschäfte sind auch poetische Elemente«,[45] ließ Tzara im großen Manifest von 1918 verlauten. Gesagt, getan: In der dritten Ausgabe von *Dada*, die in Paris Furore machte, wird nahezu jeder Beitrag umspielt von dem Hinweis auf das Buch oder die Zeitschrift, wo er herausgenommen ist oder wo vom Autor Weiteres zu lesen ist, Preisangabe inklusive. Von allen gesellschaftlichen Medien zeitigt die Werbung die größte Komplizenschaft mit Dada: ein Nullzeichen, das sich selbst ausstellt, das auf nichts anderes verweist als auf sich selbst, deswegen sagen die Dadaisten auch ständig »Dada« und sprechen so viel von sich selbst.

Aber von diesem Nullzustand, von der sprachlichen Indifferenz aus kann der Autor wieder das Sprachspielen beginnen. Er hatte sich abgeschafft als Bestimmer, als Auswahlinstanz des sprachlichen Materials. Die unterschiedlichen Arten und Weisen, wie er nun mit der Fülle des freigestellten Materials hantiert, machen den Reichtum der dadaistischen Spracharbeit aus. Arp wird beispielsweise immer staunender Zuschauer der wunderlichen Sprachkonstellationen sein, die sich unter seinen spielenden Händen erzeugen.

Kurt Schwitters, der mit seiner Arp'schen Indifferenz von Kleinbürger und Avantgardist die Leute wahnsinnig machen kann, übersetzt die Vision des künstlerlosen Gemeinschaftskunstwerks ins Sprachliche. Bei ihm verknüpft sich das Sprachmaterial zu Versatzstücken kollektiven Sprechens. Dialektale Anklänge, das Ausnutzen der Hohlform eines Liebesgedichtes und die Rhythmen von Zotigkeit und Witzspalte haben sein Gedicht »An Anna Blume« zu einem der beliebtesten aus dem Dada-Umfeld werden lassen. Ein Erfolg, der durch das Reklame-Talent des Autors mindestens angestoßen wurde: Schwitters hat das Gedicht auf Litfaßsäulen plakatiert. Raoul Hausmann verhilft dem Aragon'schen Alphabet-Selbstmörder zu neuem Leben, wenn er in seinen Plakatgedichten die Buchstaben zu Schriftungetümen wie »fmsbwtözäu« konstelliert. Er eilt in die Druckerei und vollzieht mit dem Setzer lustvoll automatisches Schreiben: »aus dem Kasten der großen hölzernen Buchstaben für Plakate nach Laune und Zufall hingesetzt, was da so kam, und das war sichtbar gut.«[46]

Tzara wird die größtmögliche Autorschaft der autorbefreiten Elemente anstreben. Er hat als jüngstes Mitglied des Cabaret Voltaire die größte Entwicklung von allen durchgemacht. Aus dem Sympathisch-Schüchternen ist ein Virtuose der sprachlichen Verstörung geworden. Die Paradoxien der Zürcher Zeit hat er in die Verfeinerung seiner künstlerischen Verfahrensweisen umgesetzt. Berühmt geworden ist seine Anweisung zum Gedichteschreiben, die die autorlose Autorenschaft auf die Spitze treibt: Man suche sich einen Zeitungsartikel von etwa der Länge des angestrebten Gedichtes, schneide die Worte aus, schüttele sie in einer Tüte gut durch und schreibe sie in der Reihenfolge ab, in der man sie aus der Tüte zieht. Bis hierhin ist das noch die Arp'sche Technik der Zufallsausnutzung. Aber Tzara schließt mit der Provokation, dass dieses Gedicht dem Autor ähneln wird. Tzara war Dirigent des Simultangedichtes und er ist der Dompteur der Sprachcollage. Hugo Ball verwarf die Worte, die ihm seine Gegenwart anbot, und wollte eigne machen. Tzara macht das Gegenteil, er zwingt die zeitgenössischen Wortzeichen zu Konstellationen, indem er sie bedeutungslos macht.

PHASE ZWEI

Krisensitzung im Salon von Germaine Everling, dort, wo man ohnehin jeden Sonntag zusammensitzt: Picabia und Tzara, die hier ja auch wohnen – der eine ein glänzender Unterhalter, wenn er gut aufgelegt ist, der andere ein brillanter Ideensprudeler, wenn das Thema nicht allzu weit weg von Dada ist –, dazwischen der kleine Hund Everlings mit Baudelaire'schem Borderlinertum zwischen Freude und Melancholie.[47] Von hier aus werden die nächsten Dada-Streiche ausgeheckt, und genau darin liegt jetzt das Problem.

Dada hat in Paris ganz hervorragend eingeschlagen. Die drei Musketiere hatten Tzara nach dessen Ankunft gleich zur ersten *Littérature*-Matinee mitgenommen. Nach dem Lesen von Gedichten der Lehrmeister-Generation und dem Vorstellen von Picabia-Gemälden (die schon für einige Unruhe sorgten) war die junge Generation dran. Und nachdem Aragon ein Gedicht von Tzara rezitiert hat, verkündet man dem Publikum, dass der Autor leibhaftig anwesend sei. Tzara betritt die Bühne und liest, egal was, irgendwas, die letzte Rede des Schriftstellers und Abgeordneten Léon Daudet. Breton und Aragon übertönen Tzaras Worte mit Klingeln aus der Kulisse, denn es geht um nichts anderes, als zu demonstrieren: Tzara ist hier, physisch anwesend in Paris. Dada kann losgehen.

Fünfzehn Tage später kommt es zur ersten gründlich geplanten Dada-Veranstaltung im Saal des Grand Palais, wo üblicherweise der Salon des Indépendants stattfindet. Der Zuspruch ist enorm, denn in der Vorankündigung wird die Teilnahme von Charlie Chaplin behauptet. Stattdessen gibt es eine satte Portion von Manifesten zu Dada, 23 Stück zählt die zugehörige Ausgabe von *Littérature*. Das Publikum weiß inzwischen, worauf es sich einlässt, Dada ist schon ein Begriff, keiner kann sich ernsthaft beschweren, dass Chaplin nicht aufgetaucht sei. Dennoch führt das Übermaß an outrierten und outriert vorgetragenen Manifesten zu einigen Diskussionen. Die Dadaisten werden eingeladen, in kleinerer Mannschaft gleich am übernächsten Tag ihren Standpunkt im Club du Faubourg vor linken Intellektuellen, Syndikalisten und anderen Politisierten zu präzisieren und einige Tage darauf vor Repräsentanten der Arbeiterklasse in der Université Populaire du Faubourg Saint-Antoine. Nun mag das nicht die ideale Zielgruppe für dadaistische Textvorträge sein – aber es kann insgesamt nicht so weitergehen wie bisher.

Die meisten der im Salon Everling Versammelten sind unzufrieden mit der sich einschleichenden Wiederholung, mit dem ständigen Neuformulieren der Nicht-Sinnhaftigkeit – wie brillant es auch sein mag. Tzara sieht das Problem nicht so grundsätzlich wie die anderen. Er ist noch lange nicht durch mit dem Ausprobieren von neuen Nicht-Sinn-Performances, er hat von Zürich noch ein paar Nummern im Gepäck. Er hat schließlich lange genug daran mitgewirkt, auch die Kunst des Auftretens zu einer zu machen, die sich im Vollzug bereits selbst befragt. Ein weiteres Abenteuer des Monsieur Antipyrine gehört zu den Dingen, die Tzara aus den Hemdsärmeln schütteln kann. Also werden in der nächsten Veranstaltung im Théâtre de la Maison de l'Œuvre, in dem die legendär tumultuöse Uraufführung von Jarrys »Ubu-Roi« stattgefunden hat, absurde Stückeleien zwischen die immer noch zahlreich zu Gehör gebrachten Manifeste gestreut. Die Show macht dem Ort alle Ehre, das Publikum goutiert die Erfüllung der Skandalerwartung aufs Schönste und Lauteste, in der nächsten Soiree in der Salle Gaveau fliegen neben den üblichen Tomaten und Eiern gar Beefsteaks auf die Bühne, eine spontane Abmachung mit einer benachbarten Fleischerei in der Pause hat es möglich gemacht. Ein überaus großer Erfolg.

Aber soll das jetzt immer so weitergehen? Immer wieder die Manifeste, immer noch ein Antipyrine-Abenteuer, ein weiterer schöner Skandal? Für Tzara nicht die schlechteste Perspektive, er könnte das noch eine Weile durchziehen. Aber Breton drängt auf den nächsten Schritt. Er läutet mit dem Jahr 1921 eine neue Phase der Bewegung ein, mit der sie schlagkräftig werden soll, klar konturiert. Wie Tzara ein paar Jahre zuvor in Zürich möchte er aus einer Laune eine Kunstrichtung machen. Aber er macht das mit weniger verspielten Mitteln als damals Tzara. Als eine der ersten Aktionen macht er der Literatur den Prozess.

CODES DER GESELLSCHAFT

Gedichte, die Sprache als den gesellschaftlichen Code unter Schock stellen: Gut und schön, aber das verbleibt auf immer und ewig in der minimalen Form des Vortrags oder Abdrucks in einer meist nicht allzu auflagenstarken Zeitschrift. Sprache gewinnt gesellschaftliche Relevanz ohnehin erst in ihren institutionalisierten Sprechweisen und Inszenierungsformen. Deswegen ist es nur ein logischer Schritt, die subversive Arbeit an der Sprache auch diesen Formen zukommen zu lassen. Dada vergrößert das Spiel mit der Sprache zu dem, was mit dieser Sprache gemacht wird.[48]

Strafprozesse zum Beispiel. 1967 versammelt sich eine beeindruckende Riege deutscher Professoren – Jacob Taubes, Eberhard Lämmert, Peter Wapnewski, Peter Szondi –, um bei einem Prozess als Gutachter tätig zu werden. Sie wollen in den Flugblättern der Kommune I, bei denen die Staatsanwaltschaft einen Aufruf zur Kaufhaus-Brandstiftung vermutet, künstlerische Verfahrensweisen aufzeigen, die irgendwo zwischen Futurismus und Surrealismus anzusiedeln sind. Die Achtundsechziger haben Gerichtsprozesse immer auch genutzt, um die Sprechakte der Justiz vorzuführen. Das ist den Berliner Dadaisten nicht gelungen. Wegen des Offiziers mit Schweinekopf und den Darstellungen der Reichswehr in Grosz' Mappe bei der Dada-Messe von 1920 erging Anklage wegen Beleidigung. Die Strategie der Verteidigung damals: Das sei alles nur Spaß gewesen. Eine Vorgehensweise, die den Prozessbeobachter Kurt Tucholsky enttäuschte und erboste:

»Sein Plädoyer rettete Grosz den Kragen und war vernichtend für ihn und seine Freunde. So sieht eure Verteidigung aus? Ihr habt es nicht so gemeint?«[49]

In Paris wird kurzerhand die gesamte gesellschaftliche Inszenierungsform des Strafprozesseses vereinnahmt. André Breton stellte Maurice Barrès unter Anklage, er legte dem einflussreichen Romancier und Heros seiner Jugend dessen Abkehr von seinen früheren Idealen und die Hinwendung zu Nationalismus und Konservativismus zur Last. Das ist kein Spaß, das soll ein veritabler Prozess werden, Breton hat sich kundig gemacht, wie so was geht. Der Angeklagte ist als Puppe anwesend, Breton ist natürlich der Richter. Tzara wird in den Zeugenstand gerufen, aber er hält nicht hinter dem Berg mit dem, was er von der Inszenierung hält: »Ich habe keinerlei Vertrauen in die Justiz, auch nicht in die von Dada angestrengte Justiz.« Er ist sein eigener Staat, sein eigenes Land, samt Volk und Armee. Er entzieht sich der inquisitorischen Logik des Verhörs durch Breton und singt am Ende ein kleines prozesstechnisch unpassendes Dada-Lied. »Trinken Sie Wasser! Essen Sie Kalb« (Buvez de l'eau. Mangez du veau).

Die Sprache der Zeitungen, der öffentlichen Verlautbarung ist eine weitere Aktualisierungsform des gesellschaftlichen Sprechens, das die Dadaisten für sich nutzen. Johannes Baader hatte sich mit zahlreichen Pressemeldungen, z. B. der Forderung nach den acht Nobelpreisen, bereits zum Propagandachef seiner selbst gemacht. Die Dadaisten kultivieren darüber hinaus aber die Technik der gezielten Falschmeldung, des Presse-Bluffs.

Hans Arp schildert, in einem wahrscheinlich ebenfalls gefälschten sprachlichen Kabinettstückchen, den Gründungsmythos dieser Bluffs. Wie so viele andere Gründungsmythen ist er im Café Odeon in Zürich situiert: eine Gruppe um Arp und Tzara spintisiert, Arp gefällt die zufällige Idee des autarken, in selbstgebauten Röhren lebenden Röhrenwurms und generiert daraus einen pathetischen

Aufruf an die Café-Kollegen: »Auf, ihr Dadaisten, laßt uns aus Leibeskräften röhren, auf daß die zweibeinigen Spucknäpfe gebrochen von ihren Schwätztürmen stürzen und den männlichen und weiblichen Wechseljahren anheimfallen.«[50] Möglicherweise steht Arp auf dem Stuhl, um dem Furor seines Aufrufs Nachdruck zu verleihen, aber der verfängt nicht, der aufrührerische Funke zündet nicht. Keiner dabei bei der Röhrenidee? Na gut, dann halt eine andere Idee, dann lasst uns Falschmeldungen an die Zeitungen schicken. Und sie erfinden das »Aufsehen erregende Duell« zwischen Arp und Tzara auf der Rehalp, das sich allein in den Zeitungen vollzieht, samt Dementi der Personen, die Arp und Tzara kurzerhand als Sekundanten mit dazufantasiert haben. Walter Serner wird mit seinem Freund Christian Schad Dada nach Genf tragen, sie veranstalten Ausstellungen und den »Grand Bal Dada«. Am meisten findet Dada Genf aber im Medium von Serners fingierten Pressemeldungen dazu statt.

Die Interjektionen sind Trumpf, schrieb Huelsenbeck. Es gibt eine Gattung des Besprechens, die so eine Interjektion auf einen ganzen Sprechakt ausdehnt, die nichts anderes will als den Spalt zwischen zwei Bedeutungen offenhalten. Es ist das Sprechen über moderne Kunst, so wie es Tzara in den Züricher Jahren praktiziert hat. Dieses Sprechen will das Kunstwerk nicht erklären, sondern die vom Kunstwerk geleistete Irritation oder Verwerfung von Sinnhaftigkeit im Medium der Sprache nachmachen. Und wenn mittels eines Ausstellungskataloges Kunstpolitik gemacht wird, dann findet die zumeist ex negativo statt. Herzfelde sprach im Katalog zur Dada-Messe von 1920 vom Weitertreiben der Weltzersetzung, das die Künstler zu leisten hätten, und hielt ansonsten alle Ansprüche zugunsten eines künstlerischen Dilettantismus fern. Für die Kölner Dadaisten war die Ausstellung im Kölner Kunstverein Anlass, im Katalog einen wüsten Sprachkehraus aller möglichen Kunstheroen zu betreiben: »Cézanne ist chewing-gum. Der Grunewald verdaut van Goghs gelbes Gebiss«, »Die Phallustrade der Expressionisten erschöpft den Lezithinvorrat der gesamten bebauten wie bekannten Bauchrinde«, »incasso cassa picasso«, usw. 1921 in Paris findet eine Ausstellung zu Man Ray statt, der Katalog ist ein freundliches Stelldichein von kleinen Wortbeiträgen der Dada-Kollegen in unterschiedlichen Unsinnigkeitsgraden, aber allesamt hymnisch. Breton fehlt in dieser Freundesrunde, ihm würde solch eine Nicht-Sinn-Fantasie auch schwerfallen. Denn er hat inzwischen eine Agenda. Als er zuvor eine Ausstellung von Max Ernst in Paris organisiert hat, unternimmt sein Katalogtext keine Freistellung der Kunst von Max Ernst. Sondern setzt sie in Bezug zu seiner schriftstellerischen Technik, die er bald Surrealismus nennen wird.

Inzwischen sind die verschiedenen Ausstellungsprojekte ohnehin zu Kampfschauplätzen geworden. Denn ein weiteres gesellschaftliches Idiom, das die Dadaisten mit großer Virtuosität bespielen, ist die Streiterei, das Gezänk um Fragen des geistigen Eigentums und damit des Nachruhms. Picabia gefällt nicht, was die Gruppe um Breton aus Dada macht. Einen Brief von Christian Schad, der Tzaras Rolle beim Gründungsakt von Dada anzweifelt und ihm vorwirft, weite Teile seines in Paris so geschätzten Manifestes von Entwürfen von Walter Serner übernommen zu haben, benutzt er, um Dada für beendet zu erklären und ganze Sondernummern seiner *391* mit drastischen Beschimpfungen und Tiraden zu füllen. Tzara organisiert die international ausgerichtete Gruppenausstellung »Salon Dada« alleine, die von Breton mitbetriebene Man-Ray-Ausstellung soll zeigen, dass Dada auch ohne Picabia handlungsfähig ist. 1921 gibt es noch einmal so etwas wie ein Atemholen, Tzara trifft sich mit Arp und Ernst in Tirol. An der frischen Luft entsteht ein weiteres Manifest, Picabia, der sich »Funny Guy« nennt, wird die Erfindung von nahezu allem zugestanden: »Funniguy hat 1899 den Dadaismus, 1870 den Kubismus, 1867 den Futurismus und 1856 den Impressionismus erfunden.«[51] Aber auch Tirol kann nichts mehr retten – als Breton eintrifft, ist Tzara schon wieder weg. Er muss mit ansehen, dass Breton einen »Internationalen Kongress zur Festlegung der Direktiven und der Verteidigung des modernen Geistes« einberuft. Weil Breton berechtigte Sorge hat, Tzara könne diese nach dem Barrès-Prozess erneute undadaistische Sortierungsaktion sabotieren, begeht er den Fehler, öffentlich vor den Intrigen eines »publizitätssüchtigen Hochstaplers« zu warnen, eines Menschen, »der als Förderer einer ›Bewegung‹ bekannt ist, die aus Zürich kommt, den spezieller zu nennen unnütz ist *und der keiner gegenwärtigen Realität mehr entspricht*«.[52]

DADA EMPÖRT SICH, REGT SICH UND STIRBT IN WEIMAR

Dada ist tot, bevor es überhaupt angefangen hat. Zum ersten Mal stirbt Dada, als Tzara aus einer Laune eine Kunstrichtung machen will. Dada stirbt seinen Heldentod, als Ball im Juni 1916 Zürich verlässt. Dada dreht sich im Grabe um, als Huelsenbeck, Tzara und Arp versuchen, es in anderen Städten zu etablieren. In den Auseinandersetzungen zwischen Picabia, Breton, Tzara und ihren Gesellen stirbt Dada tausend Tode. Aber so darf Dada nicht vertröpfeln, es muss auch einmal ordentlich symbolisch zu Grabe getragen werden. Aber wie? Und wo?

Im April 1916 fährt Harry Graf Kessler nach Weimar. Johannes R. Becher ist mit dabei, er dichtet im Zug auf und ab gehend an seinem Gedicht »An die Freude«. Kessler hat in Weimar einiges zu tun, er trifft sich mit van de Velde und Nietzsches Schwester. Mit Becher geht er ins Goethe-Haus: »Das Sterbezimmer machte auf ihn einen überwältigenden Eindruck. Auch auf mich; um dieses kleine Zimmer, und die Bibliothek in Sanssouci, wird der Weltkrieg gekämpft; damit was dort gesät ist, weiterbestehen kann. Wie viel Blut, damit diese deutsche Geste nicht untergeht.«[53] Spätestens, als sich 1919 die Nationalversammlung konstituiert, wird Weimar als Hort des deutschen Geistes zum dadaistischen Unort. In seinem »Pamphlet gegen die Weimarische Lebensauffassung« schreibt Hausmann: »Ich bin nicht nur gegen den Geist von Potsdam – ich bin vor allem gegen Weimar. Noch kläglichere Folgen als der alte Fritz zeitigten Goethe und Schiller – die Regierung Ebert-Scheidemann war eine Selbstverständlichkeit aus der dummen und habgierigen Haltlosigkeit des dichterischen Klassizismus.«[54]

Was könnte es für die Bekanntgabe des Todes von Dada für einen geeigneteren Ort geben als Weimar. Zur »deutschen Geste« gehört auch das Bauhaus, zu dem van de Veldes Kunstgewerbeschule 1919 geworden ist und das im September 1922 zu einem Internationalen Kongress der Dadaisten und Konstruktivisten eingeladen hat. Treibende Kraft für diesen Kongress und vor allem für die Einladung der beiden Gruppen war der niederländische Maler Theo van Doesburg, Mitgründer der konstruktivistischen Künstlergruppe »De Stijl«, der unter dem Pseudonym I. K. Bonset aber auch dem Dadaismus frönt und mit *Mécano* eine eigene dadaistische Zeitschrift herausgibt. Die Vorstellung eines Tzara-Vortrags über Dada in Weimar im Rahmen des Kongresses gefällt Doesburg ungemein. »Gegen Goethes Gebeine und die pittoreske Atmosphäre mit den Sirenen und Faunen, die viel zu schwere Füße haben«,[55] schreibt er an Tzara.

Arp ist ebenfalls eingeladen, er kennt die Stadt und die Ausbildungsstätte von seinem Aufenthalt vor dem Krieg. Hans Richter kommt und berichtet von einem weiteren Gast, einem großen, wohlgenährten Mann, der ein wenig wie ein Postbote aussah und der zwei große Mappen über der Schulter mit Bindfaden befestigt hatte: »Ohne auch nur ein einziges Wort zu sprechen, zog er aus der Vordermappe einen [...] Karton hervor, auf den der Buchstabe W gemalt war. Er hielt ihn sich vor die Brust und begann mit gewaltiger Stimme zu deklamieren, zu schreien, zu zischen und zu brüllen: ein Gedicht, das nur aus den vokalen Variationen dieses einen Buchstabens bestand. Eine Symphonie von Tönen, die uns für die nächsten fünf bis sechs Minuten den Atem verschlug und unseren eigenen Ohren nicht trauen ließ. Nachdem er beschlossen hatte, das Gedicht sei zu Ende, tat er ganz sachlich den Karton in die Mappe zurück und trat mit einer kurzen, korrekten Verbeugung vor jeden von uns, mit Ausnahme derjenigen, die ihn schon kannten, und betonte auf streng hannoveranisch: Kurt Schwitters.«[56]

Im Hotel Fürstenhof findet abends im Rahmen des Kongresses der Vortrag von Tzara statt. Tzara zeigt noch einmal, wie anschmiegsam Dada ist, wie gut es sich in die jeweilige Situation zu fügen vermag, obwohl man über Dada doch eigentlich immer wieder nur dasselbe sagen kann. Und so präsentiert Tzara auch in seinem Weimarer Vortrag Dada als Subversion jeglicher metaphysischen Überwölbung durch Die Kunst, Das Gute oder Die Freiheit. Er präsentiert Dada als komplette Indifferenz, als den Punkt, wo sich Ja und Nein treffen, nicht festlich, nicht pompös als Aufhebung der Differenz, sondern ganz selbstverständlich, banal. Aber da sich Dada an alles anheften kann, kann Tzara trotzdem auf den Trubel anspielen, mit dem sich die dadaistischen Mitstreiter gerade gegenseitig exkommunizieren oder von Dada demissionieren. Die echten Dadas seien die, die sich schon immer von Dada losgesagt haben. Der übliche performative Widerspruch – ich als Dadaist bin auch gegen das gerade vorgetragene dadaistische Manifest – wird zur Spitze gegen die Freunde. Denn laut Tzara wollen die, die sich darüber hinaus noch mit großer Geste von Dada verabschieden, mit dieser Überflüssigkeit nur für sich selbst Reklame machen. Tzara vollführt dagegen das Kunststück, die eigene Geste des Aufgebens von Dada so unspektakulär wie möglich aussehen zu lassen. Die deutlichste Botschaft liegt in der Form seines Sprechaktes. Es ist tatsächlich ein Vortrag, diskursiv gebändigt und fast ordentlich, mit wenig stilistischen Verdrehungen, wenig Spracharbeit und -spiel. Damit ist Dada in der Ausprägung, die Tzara dem Wort gegeben hat, tatsächlich zu Ende. Aber Tzara weiß, was mit Dada passieren wird. Wenn das Wort von den Dadaisten freigegeben ist, dann kann es in den Alltagswortschatz einwandern. Es wird ein klares und selbstverständlich genutztes Wort werden, bei dem man nicht unbedingt mitbedenken muss, wo es herkommt. Dann wird sich der Geist Dadas durchgesetzt haben. Sagt Tzara.

Dann wäre die Gesellschaft eine dadaistische geworden und die Dadaisten hätten die Techniken bereitgestellt, in ihr zu bestehen. Der Dadaist »kann seine Individualität loslassen wie ein Lasso, er urteilt von Fall zu Fall, er resigniert in der Erkenntnis, daß die Welt allzumal in sich schließt Mohamedaner, Zwinglianer, Sekundaner, Anabaptisten, Pazifisten usw. usw. Die Buntheit der Welt ist ihm willkommen, aber er wundert sich weiter nicht darüber«, meinte Huelsenbeck.[57] Eine Welt voller golfspielender Metzger, aus Thailand importierter Ehefrauen, V-Männer mit Schrebergärten, türkischer Mullahs, Mercedes-fahrender Landstreicher, Autonomer mit Biogärten, waffensammelnder Finanzbeamte, wie Enzensberger sie einmal beschrieb: ideales Biotop für die Kautschukfrauen und -männer. Aber sind sie dann schon Söldner der Gleichgültigkeit oder noch Rebellen der Indifferenz?

Nach Tzaras Dada-Trauerrede in Weimar liest Arp aus der *Wolkenpumpe: an allen enden stehen jetzt dadaisten auf aber es sind im grunde nur vermummte defregger/ sie ahmen den zungenschlag und das zungenzucken der wolkenpumpe nach/ ein fürchterliches mene tekel zeppelin wird ihnen bereitet werden/ und die dadaistische hauskapelle wird/ ihnen was blasen.*

INTERMEZZO OHNE WAS HINTENDRAN

Nach seiner zweiten Flucht nach Ascona findet sich Hugo Ball im September 1917 in Bern ein, wo er für die *Freie Zeitung* schreibt und wo er Ernst Bloch mit Walter Benjamin bekannt macht, der Kinderzeichnungen von Hennings Tochter Annemarie erwirbt.

1919 gerät er in Berlin in eine Dada-Soiree mit Huelsenbeck und Hausmann, an der er seine »helle Freude« hat. 1922 besuchen ihn Arp und Taeuber in München und ermuntern ihn, seine Verse aus der Zürcher Zeit zu sammeln. Ball übersiedelt mit Hennings nach Agnuzzo am Luganer See. Er schreibt *Zur Kritik der deutschen Intelligenz*, eine Art Dialektik der Aufklärung avant la lettre, die zeigen will, wie die revolutionären Ideen von Thomas Müntzer, Franz von Baader, Bakunin und Wilhelm Weitling von der Reformation Luthers, dem Idealismus Hegels und der Ableitungsphilosophie Marx' zunichtegemacht werden. 1922 legt er in München die Generalbeichte ab, mit *Byzantinisches Christentum* schreibt er an drei Heiligenlegenden entlang ein Plädoyer für asketisches Mönchstum. Er schreibt eine Biografie über Hermann Hesse, mit dem er sich im Tessin anfreundet.

Er schreibt eine erste Interpretation der Schriften von Carl Schmitt, mit dem er sich in Lugano öfters trifft. Schmitt versucht, Ball von einer Neubearbeitung der *Kritik* abzuhalten, und lanciert eine diffamierende Rezension, als sie erscheint.

1920 versucht James Joyce darauf hinzuwirken, dass das Gerücht, Dada sei von ihm lanciert, aus den irischen Zeitungen verschwindet.

Im selben Jahr touren Hausmann, Huelsenbeck und Baader mit einem Dada-Programm durch Dresden, Leipzig und Prag, das eine ganz besondere, brandaktuelle Sprachform auf ihre Belastbarkeit prüft: die eigene. Die drei Herren produzieren in ihren Auftritten ein Pastiche ihrer selbst, sie geben die Hohlform der Skandalaufführung. Es gibt ein paar Nummern aus der Berliner Dada-Zeit, aber am besten ist, solange zu warten, bis das Publikum ungeduldig wird, und dann zurückzupöbeln bis hin zur Prügelei. Alle Parteien bekommen das Erwartete, einschließlich Baader'sches Durchbrennen mit der Eintrittskasse.

Franz Jung entführt einen Fischdampfer, gelangt so in die Sowjetunion, um mit Lenin über den Beitritt der KAPD in die III. Internationale zu verhandeln. Erfolglos.

Marcel Janco gründet mit Ion Vinea in Bukarest die Zeitschrift *Contimporanul* und mit seinem Bruder ein Architekturbüro.

Huelsenbeck beginnt 1920 mit der Selbsthistorisierung und schreibt *En avant Dada.* Es wird nicht Huelsenbecks letzte *Geschichte des Dadaismus* bleiben.

Arp und Taeuber sind viel unterwegs. 1922 treffen sie frisch verheiratet das Ehepaar Hennings-Ball in München, 1923 sind sie mit Höch und Schwitters auf Rügen: »Was hätten Sie für einen Spass an dem phantastischen Merz, der im Meer seine Lautgedichte wie ein Meeresungeheuer brüllte und den Wald nach Pilzen durchraste wobei er die grosse Revolution registrierte die der Anfang zu Franz Müllers Drahtfrühling ist, einem Roman, an dem Arp mitarbeitet«, schreibt Sophie Taeuber an eine Freundin.

1923 stürmt in Paris bei der Aufführung von Tzaras *Cœur à gaz* Breton auf die Bühne und bricht mit seinem Spazierstock dem Hauptdarsteller den Arm.

Mit Theo van Doesburg gestalten Arp und Taeuber 1926 die Aubette, ein Kulturzentrum in Straßburg, neu.

Tristan Tzara lässt Adolf Loos für sich und seine Frau Gneta Kurdson mit Mitteln aus deren Erbe in Paris eine Villa bauen.

Hausmann und Schwitters arbeiten nach dem Ende von Dada Berlin zusammen, veröffentlichen beide in Doesburgs Zeitschrift

Mécano, veranstalten in Prag einen »Merz und Antidada«-Abend. Kein Skandal, sondern ein schöner Erfolg. Hausmann freut sich, dass Schwitters auf der Rückreise nicht aufhört, sein »fmsbwtözäu« zu variieren, aber ärgert sich, dass Schwitters daraus, wie Hausmann behauptet, die Ursonate macht und den phonetischen Anarchismus in eine klassische Form bringt.

Hausmann und Höch trennen sich 1922.

Ein Buch, in dem Hugo Ball Psychoanalyse und Exorzismus zusammendenken will, wird nicht mehr fertig, denn Ball stirbt 1927 an Magenkrebs.

Hausmann schreibt 1930 an Jan Tschichold, der Schwitters' Ursonate für die Druckfassung in einer Merz-Ausgabe gesetzt hat, um sich zu beschweren, dass Tschichold ihn in seinem Buch *Die neue Typographie* nicht zu den hauptsächlichen Mitbegründern von Dada und den Erfindern der Photomontage zählt.

1930 fliegt Baader als wahrer Christus mit einer Lufthansa-Maschine auf das Gelände eines thüringischen Kongresses von Christus-Wiedergängern.

1931 erscheint Hennings' Erinnerungsbuch *Hugo Balls Weg zu Gott*, es wird nicht das letzte bleiben.

George Grosz emigriert im Januar 1933 nach Amerika. Im April 1933 rät er Huelsenbeck davon ab, nach Amerika zu kommen, Huelsenbeck sei zu sensibel für den struggle for life und außerdem zu unbekannt, um als Schriftsteller Fuß zu fassen.

Hausmann emigriert 1933 und landet nach mehreren Stationen im südwestfranzösischen Limoges. 1934 schließt sich Tzara der Association des Écrivains et Artistes Révolutionnaires an. Er unterstützt im Spanischen Bürgerkrieg die Republikaner.

Walter Benjamin schreibt 1935 in seinem Essay über »Das Kunstwerk im Zeitalter seiner technischen Reproduzierbarkeit«, dass es eine der wichtigen Aufgaben der Kunst sei, »eine Nachfrage zu erzeugen, für deren volle Befriedigung die Zeit noch nicht gekommen ist«, und meint auch Dada damit.

Das Museum of Modern Art in New York veranstaltet 1936/37 eine Ausstellung zu Fantastic Art, Dada, Surrealism. Weil Breton das Vorwort des Katalogs schreiben soll, droht Tzara damit, seine Leihgaben zurückzuziehen. Im Juli 1937 eröffnet in München die diffamierende Ausstellung »Entartetet Kunst«, an einer Wand werden um das Grosz-Zitat »Nehmen Sie Dada ernst – es lohnt sich« Bilder von Kandinsky, Schwitters, Klee und zwei Ausgaben der *Dada*-Zeitschrift gruppiert.

Schwitters schickt Tzara Fotos, die er heimlich vom Alltagleben im Nazi-Deutschland aufgenommen hat.

Huelsenbeck emigriert 1936 nach New York und etabliert sich unter dem Namen Charles R. Hulbeck als Psychoanalytiker.

Schwitters emigriert nach Norwegen und beginnt einen weiteren Merzbau. 1940 flieht er nach England, beginnt seinen letzten Merzbau.

1940 fliehen die Arps vor den Nazis nach Südfrankreich und weiter in die Schweiz. 1943 stirbt Taeuber an Kohlenmonoxid-Vergiftung durch einen angelassenen Ofen im Haus des Künstlers Max Bill.

Janco emigriert nach Palästina und lässt sich in Tel Aviv nieder.

Walter Serner wird 1942 über Theresienstadt nach Riga verschleppt und – wahrscheinlich im selben Jahr – ermordet.

Schwitters stirbt 1948.

Hennings stirbt im selben Jahr im Tessin.

Der amerikanische Maler Robert Motherwell plant 1949 eine Anthologie zu Dada. Huelsenbeck soll als Vorwort ein Manifest verfassen, das dann alle noch lebenden Dadaisten unterschreiben sollen. Als der Text rumgeschickt wird, wollen Ernst, Duchamp und Richter nicht unterschreiben. Tzara droht damit, all seine Beiträge zur Anthologie zurückzuziehen, falls dieses Manifest abgedruckt wird. Huelsenbeck betont in seinem Text die konstruktive Ausrichtung Dadas. Er zitiert Sartres Selbstbeschreibung als »neuer Dada«, die Sartre so nicht gemacht hat. Vor allem aber stellt Huelsenbeck am Ende klar, dass es nicht Tzara war, der Dada 1916 gegründet hat, sondern dass die Unterzeichnenden hiermit der Schilderung Huelsenbecks von 1920 in *En avant Dada* zustimmen.

Janco gründet 1953 nördlich von Tel Aviv die Künstlerkolonie »En Hod«.

Baader stirbt 1955 in einem Altersheim in Oberbayern.

Wieland Herzfelde hilft Grosz bei der Organisation seiner ausufernden Sammlung von Ausschnitten aus Zeitungen und Illustrierten und rät ihm, einzelne Sektionen einzurichten: »lebende Dinge hellblau, tote Dinge rot; Regenschirm unter den toten Dingen suchen, also grüne Mappe nachsehen; dann Unterabteilung Wasser, siehe Naturschauspiele, oder siehe braune Mappe für Wasserfall und Wolkenbruch. Wunderbar.«

1957 soll in Paris eine repräsentative Ausstellung zu Dada gezeigt werden. Wieder das Problem eines Vorworts zum Katalog. Tzara begrüßt Arps Vorschlag, Texte verschiedener Autoren zu kompilieren und mit ein paar Übergangssätzen zu verbinden, mit schallendem Gelächter.

Höch hat die Nazi-Zeit in einem Häuschen in Berlin-Heiligensee überwintert, hat »12 Jahre eines unheimlichen Alleinseins in Angst, Not und Öde« verbracht und eine Merzbau-würdige Sammlung von Lebensdokumenten gehütet. Huelsenbeck würde gerne das ein oder andere Dadaistische daraus erwerben. Höch ist betrübt, dass Huelsenbeck sie nicht in seinem Erinnerungsbuch erwähnt, Huelsenbeck ist erbost, dass sie ihn in Interviews zur Dada-Zeit nicht namentlich nennt.

Anlässlich einer Expressionismus-Ausstellung in Marbach 1960 findet Kurt Hiller drastische und irgendwie dadaistische Worte für das Phänomen Dada, das er nicht zum Expressionismus gezählt wissen will: »Wenn der Snob heute mit Vorliebe Dada zum Nachtisch speist, so wird eben dadurch bewiesen, daß Dada von Anfang an Kot war.«

1960 erinnert sich Hausmann an ein Treffen im Jahr 1923 mit Franz Kafka, dem er vergeblich den Dadaismus nahezubringen versucht.

Tzara stirbt 1963 in Paris.
Arp stirbt 1966 in Basel.
Hausmann 1971 in Limoges.
Huelsenbeck stirbt 1974 in der Schweiz.
Höch 1978 in Berlin.
Janco 1984 in Tel Aviv.

ANHANG

ANMERKUNGEN

AUF DER SUCHE NACH DADA

1 Kessler, *Das Tagebuch*, Band 6, S. 71.
2 Ebd.
3 Ebd., S. 443
4 Kessler, *Das Tagebuch*, Band 5, S. 596.
5 Ebd., S. 71.
6 Marcus, *Lipstick traces*.
7 Feyerabend, *Wider den Methodenzwang*.
8 Siehe z.B. Rödder, 21.0, S. 12, oder Osterhammel, *Die Verwandlung der Welt*, S. 1279f. Zur Aktualität von Dada: »Die neue Kultur-Debatte, die [...] unter dem Stichwort Postmoderne entfacht wurde, kann in der militanten Kulturkritik von Dada einen ungeahnten Anknüpfungspunkt finden.« Schlichting, *Pioniere*, S. 34.
9 Brupbacher, *Psychologie*, S. 16.
10 Kessler, »Henri de Régnier«, *PAN* IV (1896), S. 244.
11 Siehe z.B. Blom, *Der taumelnde Kontinent*, S. 34 oder Martynkewicz, *Das Zeitalter der Erschöpfung*.

AUFTRETEN

1 Zit. nach Behrmann/Baumberger, *Emmy Hennings Dada*, S. 112.
2 Ball, *Leben und Werk*, S. 66.
3 Ball, *Briefe*, Band I, S. 11.
4 Ebd., S. 12.
5 Ebd.
6 In: Ssachano, *Russisches Theater des XX. Jahrhunderts*, S. 242.
7 Ball, *Briefe*, Band I, S. 51.
8 Fuchs, »Hermann Obrist«, S. 324.
9 Ball, *Zeitkrankheit*, S. 91.
10 Kessler, *Das Tagebuch*, Band 8, S. 682.
11 Ball, *Zeitkrankheit*, S. 18, 15.
12 Ebd., S. 15.
13 Kessler, *Das Tagebuch*, Band 7, S. 116.
14 Ball, *Zeitkrankheit*, S. 20.
15 Siehe z.B. Kurt Hiller in: Raabe, *Expressionismus: Aufzeichnungen und Erinnerungen*, S. 24.
16 Ball, *Flucht*, S. 105.
17 Nenzel, *Kleinkarierte Avantgarde*, S. 82.
18 Ebd., S. 73.

19 Ebd., S. 81f.
20 Hiller, *Langenweile*, S. 156.
21 Simmel, Gesamtausgabe, Band 7, S. 128.
22 Brod, *Schloß Nornepygge*, S. 468.
23 Ebd.
24 Siehe z.B. Ullrich, *Die nervöse Großmacht*, S. 127f.
25 Hiller, *Langenweile*, S. 49f.
26 Gross, »Die Affektlage der Ablehnung«, S. 367.
27 Ebd.
28 Zit. nach Voigts, »Tod den Toten!«, S. 113.
29 Brod, *Jüdinnen*, S. 204.
30 Ebd., S. 207.
31 Zit. nach Raabe, *Expressionismus: der Kampf*, S.17.
32 Hiller, *Langenweile*, S. 237.
33 Ebd., S. 238.
34 Sheppard, *Die Schriften des Neuen Clubs*, S. 379.
35 Ebd., S. 192.
36 Müller, »Elektrische Ekstasen«, S. 159.
37 Schmitt, *Theodor Däublers »Nordlicht«*, S. 64.
38 Däubler, »Simultanität«, S. 108.
39 Ebd., S. 110.
40 Le Corbusier, *Studie*, S. 157f.
41 Däubler, »Simultanität«, S. 118.
42 Dieses und die beiden folgenden Zitate auf S. 117 von Däubler, »Simultanität«.
43 Hiller, *Langenweile*, S. 50.
44 Däubler, »Simultanität«, S. 112.
45 Ebd.
46 Ebd., S. 116.
47 Ebd., S. 117.
48 Hiller, *Langenweile*, S. 54.
49 Ebd., S. 72.
50 Ebd., S. 70.
51 Sheppard, *Die Schriften des Neuen Clubs*, S. 185.
52 Ebd.
53 Ebd., S. 186.
54 Loewensen in: Hoddis: *Dichtungen*, S. 419.
55 Hiller, *Leben gegen die Zeit*, S. 81.
56 Loewensen in: Hoddis, *Dichtungen*, S. 427.
57 In: Raabe, *Expressionismus: Aufzeichnungen u. Erinnerungen*, S. 54.

58 Sloterdijk, *Kritik der zynischen Vernunft*, S. 716.
59 *Die Zeit*, 9. September 2010, Nr. 37.
60 Siehe z.B.: Goll, *Ich verzeihe keinem*, S. 48, und Becher, *Gesammelte Werke*, Band 11, S. 348f.
61 Balla/Russolo/Severini, »Manifest«, S. 822.
62 Balla/Boccioni/Carra/Russolo/Severini, »Futuristen«, S. 3 f.
63 Ebd., S. 3.
64 Ball, *Zeitkrankheit*, S. 12f.
65 Monnier, *Aufzeichnungen*, S. 49.
66 Faul, Aber Betrieb muß sein, S. 193 ff.
67 Däubler, »Simultanität«, S. 118.
68 Einstein, *Werke*, S. 127.
69 Laban, *Welt des Tänzers*, S. 3.
70 Ebd. 8.
71 Zit. in: Hahl-Koch, *Arnold Schönberg – Wassily Kandinsky*, S. 19.
72 Ball, *Briefe*, Band 1, S. 43.
73 Ebd., S. 29f.
74 Ball, *Flucht*, S. 12.
75 Ball, *Zeitkrankheit*, S. 52.
76 Kandinsky, *Der Blaue Reiter*, S. 259.
77 Ball, *Flucht*, S. 77.
78 Ebd.
79 *Cabaret Voltaire*, S. 5.
80 Ball, *Briefe*, Band 1, S. 59.
81 *Der Sturm*, 4. Jg., H. 174, August 1913, S. 85.
82 Kling, *Itinerar*, S. 36.
83 In: *Kain*, Mai 1911, S 18.
84 Zit. nach Ullrich, *Die nervöse Großmacht*, S. 310.
85 Mühsam, *Das seid ihr Hunde wert!*, S. 15.
86 Ball, *Briefe*, Band 1, S. 77.
87 Ball, *Zeitkrankheit*, S. 49.
88 Zit. nach: Hahl-Koch, *Arnold Schönberg – Wassily Kandinsky*, S. 247.
89 Hirte, *Erich Mühsam*, S. 197.
90 Ebd., S. 198.
91 Mühsam, »Bohême«, S. 9.
92 Tzara, *Œuvres*, S. 361
93 Ball, *Flucht*, S. 95.
94 Ebd., S. 87.
95 Ball, *Zeitkrankheit*, S. 45.
96 Zit. nach: ebd.

97 Ball, *Flucht*, S. 9.
98 Ball, »Zwischen Dieuze und Luneville«, S. 4f.
99 Faul, Aber *Betrieb muss sein*, S. 21ff.
100 Ball, *Briefe*, Band 1, S.67.
101 Ebd., S. 67.
102 Ball, *Leben und Werk*, S. 116.
103 Zitiert nach: Nenzel, *Kleinkarierte Avantgarde*, Beiheft, S. 3.
104 Huelsenbeck, *En avant Dada*, S. 6 f.
105 Huelsenbeck, *Phantastische Gebete*, S. 12.
106 Füllner, *Dada Berlin*, S. 12.
107 Ebd., S. 14.
108 Ball, *Flucht*, S. 78.
109 Gross, »Zur Ueberwindung der kulturellen Krise«, S. 386.
110 Gross, »Vom Konflikt des Eigenen und Fremden«, S. 4.
111 Breuer, *Studien*, S. 36.
112 Ebd., S. 61.
113 Ebd.
114 Ball-Hennings, *Das flüchtige Spiel*, S. 84.
115 Ebd.
116 Mühsam, *Tagebücher*, Band 1, S. 118.
117 Zit. nach Faul, *Aber Betrieb muß sein*, S. 406.
118 Kafka, *Briefe*, S. 266.
119 Zuckmayer, *Als wär's ein Stück von mir*, S. 380f.
120 Ball, *Flucht*, S. 89.
121 Zit. in: Hoddis, *Dichtungen*, S. 433.
122 Arp, *Unsern täglichen Traum*, S. 25.
123 Ball-Hennings, »Das Varieté«, S. 122.
124 Ebd., S. 124.
125 Ebd., S. 123.
126 Ball, *Zeitkrankheit*, S. 26.
127 Stadtarchiv Zürich, Polizei-Protokolle, VEa Nr. 8, 2.3.1916 (Nr. 184), zit. nach: Meyer, *Dada in Zürich*, S. 36.

KUNST MACHEN

1 Dieser wie die meisten weiteren Kapitelanfänge sind Paraphrasen von Arps Werkstattfabeln aus Arp, *Unsern täglichen Traum*, S. 96 ff.
2 Ball, Flucht, S. 185.
3 Goll, *Ich verzeihe keinem*, S. 59.
4 Ball, *Flucht*, S. 120.
5 Ebd.
6 Ebd., S. 108.

7 Ball, *Briefe*, Band 1, S. 117.
8 Ball, *Flucht*, S. 108.
9 Ball, *Briefe*, Band 1, S. 101.
10 Ball, *Flucht*, S. 90.
11 Ebd., S. 82.
12 Ebd., S. 81.
13 Ebd., S. 82.
14 Ebd., S. 86.
15 Ebd., S. 96.
16 Baumberger/Behrmann, *Emmy Hennings Dada*, S. 138.
17 Ball, *Flucht*, S. 78.
18 Ebd., S. 85.
19 Ebd.
20 Ebd., S. 98.
21 Berg, *Avantgarde und Anarchismus*, S. 440.
22 Huelsenbeck, *Dada-Logik*, S. 30f.
23 Tzara, *Œuvres complètes*, S. 357. Meine Übersetzung nutzt die von Raoul Schrott in: Schrott, *Dada 15/25*, S. 52, und von Pierre Gallisaires in: Tzara, *Sieben dadaistische Manifeste*, S. 15f., bezieht aber auch Veränderungen mit ein, die vom Typoskript abweichen, s. Tzara, *Œuvres complètes*, S. 699.
24 Bolliger/Magnaguagno/Meyer, *Dada in Zürich*, S. 256.
25 Ball, *Flucht*, S. 111.
26 Tzara, »Chronique Zurichoise«, S. 10.
27 Arp, *Unsern täglichen Traum*, S. 79.
28 Zitiert nach Suter, *Hans Arp*, S. 73.
29 Tzara, »Chronique Zurichoise«, S.10.
30 »La Société des Artistes Indépendants basée sur le principe de la suppression des jurys d'admission, a pour but de permettre aux artistes de présenter librement leurs œuvres au jugement du public«. http://www.artistes-independants.fr/sdai/presentation/historique-de-la-societe/
31 Cabanne, *Gespräche*, S. 38, s. a. S. 13.
32 Ebd., S. 78.
33 Groys, *Kunst*, S. 26.
34 Velde, *Renaissance*, S. 106f.
35 Ebd., 105.
36 Serner, *Über Denkmäler, Weiber und Laternen*, S. 106.
37 Velde, *Renaissance*, S. 102f.
38 Fuchs, »Hermann Obrist«, S. 323.
39 Arp, *Unsern täglichen Traum*, S. 73.
40 Debschitz, »Eine Methode des Kunstunterrichts«, S. 212.

41 Ebd., S. 213.
42 Zit nach Apke u.a., *Freiheit der Linie*, S. 114.
43 Velde, *Renaissance*, S. 97.
44 Fuchs, »Hermann Obrist«, S. 324.
45 Ebd., S. 318.
46 N.N., Die erste öffentliche Ausstellung, S. 232.
47 Ebd., S. 233.
48 Arp, *Unsern täglichen Traum*, S. 11.
49 Velde, »Ein Kapitel ueber Entwurf und Bau moderner Moebel«, S. 263.
50 Velde, *Renaissance*, S. 110.
51 Arp, *Unsern täglichen Traum*, S. 76.
52 Ebd., S. 22.
53 Richter, *DADA*, S. 64.
54 Zit. nach Tomkins, *Duchamp*, S. 152.
55 Richter, *DADA*, S. 52.
56 Siehe dazu Bergmeier, Dada-Zürich, S. 82.
57 Schwarz, *New York Dada*, S. 194.
58 Ball, *Briefe*, Band II, S. 128.
59 Ball, *Flucht*, S. 118.
60 Zit. nach Voswinckel, *Freie Liebe*, S. 15.
61 Landauer, *Erkenntnis*, S. 98.
62 Ebd., S. 98f.
63 Hirte, *Erich Mühsam*, S. 105.
64 Ebd., S. 107.
65 Mühsam, *Ascona*, S. 57.
66 Landauer, *Erkenntnis*, S. 22.
67 Landauer, *Skepsis und Mystik*, S. 13.
68 Ebd., S. 12.
69 Worringer, *Abstraktion und Einfühlung*, S. 82.
70 Worringer, *Lukas Cranach*, S. 36.
71 Kessler, *Das Tagebuch*, Band 5, S. 519.
72 Siehe dazu Tomkins, *Duchamp*, S. 146.
73 Baader, *Briefe eines Toten*, S. 104. Zu den nationalistischen Begleittönen der Gotikbegeisterung siehe Hein, *Geisterreich*, S. 199ff.
74 Loos, »Ornament und Verbrechen«, S. 16.
75 Landauer, *Skepsis und Mystik*, S. 12.
76 Ball, *Flucht*, S. 106.
77 Richter, *DADA*, S. 44.
78 Arp, *Unsern täglichen Traum*, S. 36.
79 Ebd., S. 12.
80 Zit. nach Schwarz, *New York Dada*, S. 192f.

81 Laban, *Leben*, S. 65ff.
82 Zit. nach Tomkins, *Duchamp*, S. 179.
83 Wood, *I shock myself*, S. 26.
84 Breton: »Marcel Duchamp«, in *Littérature* 5, 1922, zit. in: Schwarz, *New York Dada*, S. 150f.
85 Jones, *Irrational modernism*, S. 4.
86 *391*, Nr. 4, Juni 1917.
87 Ball, *Flucht*, S. 152.
88 Ebd., S. 166.
89 Nach Meyer, *Dada in Zürich*, S. 211, auch Schrott, *Dada 15/25*, S. 137.
90 Ball, *Zeitkrankheit*, S. 54.
91 Ball, *Briefe*, Band 3, S. 184.
92 Zit. nach Szeemann, *Monte Verità*, S. 130.
93 Ebd.
94 Ball, *Zeitkrankheit*, S. 56f.
95 Szeemann, *Monte Verità*, S. 130
96 Flake, *Nein und Ja*, S. 79.
97 Baumberger/Behrmann, *Emmy Hennings Dada*, S. 111.

ZUSAMMEN KLEBEN

1 Friedlaender, *Schöpferische Indifferenz*, S. XV.
2 Herzfelde, »Ein Kaufmann aus Holland«, S. 5.
3 Ebd., S. 13.
4 Grosz, *Briefe*, S. 30.
5 Grosz, *Ach knallige Welt*, S. 45.
6 *Neue Jugend*, Juni 1917, S. 1.
7 Friedlaender, »Eigne Göttlichkeit«, *Neue Jugend*, 10/11, 1917, S. 213.
8 Friedlaender, »Der Waghalter der Welt«, *Die Weissen Blätter*, 2. Jahrgang 1915, Leipzig, S. 876.
9 *Neue Jugend*, Februar/März 1917, S. 2.
10 Jung, »Von der Not des Widerspruchs«, S. 3.
11 Ebd.
12 Ebd.
13 Jung, »Feinde ringsum«, S. 14.
14 Höch, *Lebenscollage*, S. 146f.
15 Ebd., S. 343.
16 Ebd., S. 221.
17 Ebd., S. 431.
18 Herzfelde, »Ein Kaufmann aus Holland«, S. 15.
19 Zit. nach Spieß, *Max Ernst*, S. 29.
20 *Neue Jugend*, Juni 1917, S. 1.

21 Grosz, *Die Kunst ist in Gefahr*, S. 17.
22 Ebd., S. 18.
23 »Abends in die ›Bonbonnière‹, die wir jetzt in der Hand haben«, Kessler, *Das Tagebuch*, Band 6, S. 136.
24 Zit. nach Bergius, *Lachen*, S. 190.
25 Huelsenbeck, *Mit Licht, Witz und Grütze*, S. 48.
26 Grosz, *Ein kleines Ja*, S. 130.
27 *Neue Jugend*, Mai 1917, S. 2.
28 Sheppard, *Zürich*, S. 11.
29 Goergen, *Urlaute*, S. 95.
30 Höch, *Lebenscollage*, S. 443.
31 Ebd.
32 Kessler, Das *Tagebuch*, Band 6, S. 712.
33 Ebd., Band 7, S. 196.
34 Ebd., S. 165.
35 Ebd.
36 Ebd.
37 *Der Dada*, Nr. 1, Berlin 1919, S. 1.
38 Höch, Ausstellung zum 100. Geburtstag, S. 204.
39 Schwitters, *Das literarische Werk*, S. 37.
40 Ebd., S. 79.
41 Baader, »Über private Denkmalspflege«, S. 1187.
42 Die Identifizierung der Personen verdanke ich der umfassenden Analyse von Jula Dech in ihrem Buch zu Höchs »Schnitt«.
43 *Cabaret Voltaire*, S. 31.
44 Friedlaender, »Waghalter«, in: Die Weissen Blätter, 2. Jahrgang 1915, Leipzig, S. 883.
45 Apollinaire, *Brüste*, S. 6.
46 Baum, *Kautschuk*, S. 172.
47 Zit. in ebd., S. 55.
48 Huelsenbeck, *Dada-Logik*, S. 119.

SPRECHEN

1 Ball, *Flucht*, S. 105.
2 Ebd., S. 107.
3 Ebd., S. 106.
4 Hardekopf, zit. nach Schrott, *Dada 15/25*, S. 139.
5 Zit. nach ebd., S. 157.
6 Ebd., S. 161.
7 Huelsenbeck, *Dada-Logik*, S. 59.
8 Tzara, »Manifest Dada 1918«, S. 117f.

9 Kessler, *Das Tagebuch*, Band 6, S. 242.
10 Ebd., S. 244.
11 Bolliger/Magnaguagno/Meyer, *Dada in Zürich*, S. 256.
12 Ebd.
13 Ball, *Flucht*, S. 106.
14 Ebd.
15 Ebd., S. 102.
16 Ebd., S. 101.
17 Ebd., S. 63f.
18 Arp, *Unsern täglichen Traum*, S. 54.
19 Ball, *Briefe*, Band 1, S. 130.
20 Hausmann, *Am Anfang*, S. 27.
21 Wie sich eine Sprechweise »dadaisieren« kann, demonstriert dieses Manifest, indem es zweimal abgedruckt wurde. Einmal in Carl Einsteins *Der blutige Ernst*, wo es unter dem von Einstein hinzugefügten Titel »Schulze philosophiert« als Spießerparodie markiert ist. Das zweite Mal in Mécano als Manifest von Raoul Hausmann, gänzlich unparodistisch.
22 Hausmann, *Am Anfang*, S. 57.
23 Ebd.
24 Ball, *Briefe*, Band 1, S. 78
25 Serner, *Über Denkmäler*, S. 105.
26 Schad, *Relative Realitäten*, S. 27.
27 Serner, *Über Denkmäler*, S. 192.
28 Ebd., S. 193.
29 Sloterdijk, *Kritik der zynischen Vernunft*, S. 724.
30 Ebd., S. 726.
31 Schrott, *Dada 15/25*, S. 207.
32 Everling, L'*Anneau*, S. 98.
33 Richter, *DADA*, S. 143.
34 Pech, *Der ARP ist da!*, S.33.
35 Zit. nach Schuhmann, *Sankt Ziegenzack*, S. 354f.
36 Ebd., S. 355.
37 Siehe Tomkins, *Duchamp*, S. 112.
38 Zanetti, »Techniken des Einfalls«, S. 203ff.
39 *Littérature*, Nr. 1, März 1919, S. 2.
40 Vaché, *Kriegsbriefe*, S. 12.
41 Ebd., S. 51.
42 Ebd., S. 49
43 Goll, *Ich verzeihe keinem*, S. 50.
44 Huelsenbeck, *Dada-Logik*, S. 58.
45 Tzara, »Manifest 1918«, S. 123.

46 Hausmann, *Am Anfang*, S 43.
47 Everling, L'*Anneau*, S. 115.
48 siehe dazu Erlhoff, »Proformances«
49 *Die Weltbühne* 17, 1. Halbjahr 1921, S. 455.
50 Arp, *Unsern täglichen Traum*, S. 41.
51 Schrott, *Dada 15/25*, S. 410.
52 Zit. nach Polizzotti, *Revolution*, S. 247.
53 Kessler, *Das Tagebuch*, Band 5, S. 528.
54 Hausmann, *Am Anfang*, S. 75.
55 Schrott, Dada 15/25, S. 303.
56 Richter, *Dada-Profile*, S. 97.
57 Huelsenbeck, Dada-Logik, S. 121.

BIBLIOGRAPHIE

Apke, Bernd, u.a. (Hrsg.): *Freiheit der Linie. Von Obrist und dem Jugendstil zu Marc, Klee und Kirchner*, Bönen 2007.

Apollinaire, Guillaume: *Die Brüste des Tiresias*, übers. von. Peter Loeffler, Basel/Boston/Berlin 1989.

Arp, Hans: *Unsern täglichen Traum … Erinnerungen, Dichtungen und Betrachtungen aus den Jahren 1914–1954*, Zürich 1995.

Baader, Johannes: *Briefe eines Toten*, Dresden-Blasewitz 1905.

Baader, Johannes: »Über private Denkmalspflege«, in: *Das Blaubuch* Bd. 1/Nr. 30 (1906), S. 1184–1187.

Bachmair, Heinrich F. S.: »*Berichte des ersten Verlegers 1911–1914*«, *Erinnerungen an Johannes R. Becher*, Frankfurt am Main 1974.

Backes-Haase, Alfons: *Kunst und Wirklichkeit. Zur Typologie des Dada-Manifests*, Frankfurt am Main 1992.

Balla, Giacomo, Luigi Russolo und Gino Severini: »Manifest der Futuristen«, in: *Der Sturm* 103 (1912), S. 822–824.

Balla, Giacomo, u.a.: »Futuristen. Die Aussteller an das Publikum«, in: *Der Sturm* 105 (1912), S. 3–4.

Ball-Hennings, Emmy: *Das flüchtige Spiel. Wege und Umwege einer Frau*, Einsiedeln/Köln 1942.

Ball-Hennings, Emmy: »Das Varieté. Die Zeit vor dem Cabaret Voltaire«, in: *Hugo Ball Almanach* 8 (1984), S. 103–131.

Ball, Hugo: *Die Flucht aus der Zeit*, München [u.a.] 1927.

Ball, Hugo: *Hugo Ball: (1886–1986); Leben und Werk*, Ausstellungskatalog, hrsg. v. Ernst Teubner, Berlin 1986.

Ball, Hugo: *Der Künstler und die Zeitkrankheit. Ausgewählte Schriften*, hrsg. v. Hans Burkhard Schlichting, Frankfurt am Main 1988.

Ball, Hugo: »Zwischen Dieuze und Luneville«, in: *Hugo Ball Almanach* 14 (1990), S. 4–7.

Ball, Hugo: *Briefe 1904–1927*, Göttingen 2003.

Baum, Vicki: *Kautschuk: Roman in 15 Erzählungen*, Stockholm 1945.

Becher, Johannes R.: *Gesammelte Werke*, Bd. 11: *Abschied. Wiederanders*, Berlin 1975.

Behrmann, Nicola, und Christa Baumberger: *Emmy Hennings Dada*, Zürich 2015.

Berg, Hubert van den: »Gustav Landauer und Hugo Ball. Anarchismus, Sprachkritik und die Genese des Lautgedichts«, in: *Hugo-Ball-Almanach* 19 (1995), S. 121–181.

Berg, Hubert van den: »Tristan Tzaras Manifeste Dada 1918: Anti-Manifest oder manifestierte Indifferenz? Samuel Friedlaenders ›Schöpferische Indifferenz‹ und das dadaistische Selbstverständnis«, in: *Neophilologus* 79/3 (1995), S. 353–376.

Berg, Hubert van den: *Avantgarde und Anarchismus. Dada in Zürich und Berlin*, Heidelberg 1999.

Bergius, Hanne: *Das Lachen Dadas. Die Berliner Dadaisten und ihre Aktionen*, Gießen 1989.

Bergmeier, Horst: *Dada-Zürich. Ästhetische Theorie der historischen Avantgarde*, Göttingen 2011.

Blom, Philipp: *Der taumelnde Kontinent. Europa 1900–1914*, München 2014.

Bolliger, Hans, Guido Magnaguagno, und Raimund Meyer: *Dada in Zürich*, Zürich 1985.

Breuer, Josef, und Sigmund Freud: *Studien über Hysterie*, Frankfurt am Main 2003.

Brod, Max: *Jüdinnen. Roman und andere Prosa aus den Jahren 1906–1916*, Göttingen 2013.

Brod, Max: *Schloß Nornepygge*, Leipzig 1918.

Brodnitz, Käthe: »Die futuristische Geistesrichtung in Deutschland«, in: Raabe, Paul (Hrsg.): *Expressionismus. Der Kampf um eine literarische Bewegung*, Zürich 1987.

Brupbacher, Fritz: *Die Psychologie des Dekadenten*, Zürich-Rüschlikon 1904.

Bürger, Peter: *Theorie der Avantgarde*, Frankfurt am Main 1980.

Cabanne, Pierre: *Gespräche mit Marcel Duchamp*, Köln 1972.

Cabaret Voltaire, Zürich 1916.

Däubler, Theodor: »Simultanität«, in: *Die Weissen Blätter*, Jg. 3/H. 1 (1916).

Debschitz, Wilhelm von: »Eine Methode des Kunstunterrichts«, in: *Dekorative Kunst* 12 (1904), S. 209–227.

Dech, Jula: *Hannah Höch: Schnitt mit dem Küchenmesser Dada durch die letzte Weimarer Bierbauchkulturepoche Deutschlands*, Frankfurt am Main 1989.

Demetz, Peter: *Worte in Freiheit. Der italienische Futurismus und die deutsche literarische Avantgarde (1912–1934). Mit einer ausführlichen Dokumentation*, München/Zürich 1990.

Duchamp, Marcel, und Serge Stauffer: *Die Schriften 1. 1.*, Zürich 1981.

Echte, Bernhard, und Katharina Aemmer: *Emmy Ball Hennings 1885–1948: »ich bin so vielfach…«: Texte, Bilder, Dokumente*, Frankfurt am Main 1999.

Eggeling: *Viking Eggeling. 1880–1925; artist and film-maker; life and work*, Stockholm 1971.

Einstein, Carl: *Werke*. Bd. 1: *1907–1918*, hrsg. v. Hermann Haarmann und Klaus Siebenhaar, Berliner Ausgabe, Berlin 1994.

Erlhoff, Michael: »Proformances«, in: Foster, Stephen C: *Dada: The Coordinates of Cultural Politics*, New York/London 1996.
Everling, Germaine: *L'Anneau de Saturne*, Paris 1970.
Exner, Lisbeth: *Fasching als Logik. Über Salomo Friedlaender/Mynona*, München 1996.
Faul, Eckhard: *»Aber Betrieb muss sein«. Der expressionistische Schriftsteller Hans Leybold (1892–1914)*, Bonn 2003.
Feidel-Mertz, Hildegard (Hrsg.): *Der Junge Huelsenbeck. Entwicklungsjahre eines Dadaisten*, 1. Aufl., Gießen 1992.
Feyerabend, Paul: *Wider den Methodenzwang*, Frankfurt am Main 2003.
Flake, Otto: *Nein und Ja. Roman des Jahres 1917*, Berlin 1923.
Flasch, Kurt: *Die geistige Mobilmachung. Die deutschen Intellektuellen und der Erste Weltkrieg. Ein Versuch*, Berlin 2000.
Foster, Stephen C. (Hrsg.): *Crisis and the Arts. The History of Dada*, New York/London 1996.
Friedlaender, Salomo: *Schöpferische Indifferenz*, München 1918.
Fuchs, Georg: »Hermann Obrist«, in: *PAN* V (1896), S. 319–326.
Füllner, Karin: *Richard Huelsenbeck. Texte und Aktionen eines Dadaisten*, Heidelberg 1983.
Füllner, Karin: *Dada Berlin in Zeitungen. Gedächtnisfeiern und Skandale,* Siegen 1986.
Gammel, Irene: *Die Dada Baroness. Das wilde Leben der Elsa von Freytag-Loringhoven*, Berlin 2003.
Glauser, Friedrich: *Dada, Ascona und andere Erinnerungen*, Zürich 1976.
Goergen, Jeanpaul: *Urlaute dadaistischer Poesie*, hrsg. v. George Grosz, Hannover 1994.
Goll, Claire: Ich verzeihe keinem. Eine literarische Chronique scandaleuse unserer Zeit, hrsg. v. Ava Belcampo, Bern/München 1978.
Gross, Otto: »Die Affektlage der Ablehnung«, in: *Monatsschrift für Psychiatrie und Neurologie,* Vol. 12 (1902), S. 359–370.
Gross, Otto: »Zur Ueberwindung der kulturellen Krise«, in: *Die Aktion,* Jg. 3/Nr. 14 (1913).
Gross, Otto: »Vom Konflikt des Eigenen und Fremden«, in: *Die Freie Strasse* 4 (1916), S. 3–5.
Grosz, George: *Ein kleines JA und ein großes NEIN. Sein Leben von ihm selbst erzählt*, Frankfurt am Main 2009.
Grosz, George, und Wieland Herzfelde (Hrsg.): *Die Kunst ist in Gefahr. 3 Aufsätze*, Königstein/Ts: 1981 (Malik-Bücherei 3).
Grosz, George: *Briefe: 1913–1959*, hrsg. v. Herbert Knust, Reinbek 1979.
Grosz, George: *Ach knallige Welt, du Lunapark. Gesammelte Gedichte*, hrsg. v. Klaus Peter Dencker, München 1986.

Groys, Boris: *Die Kunst des Denkens*, hrsg. v. Peter Weibel, Hamburg 2012.
Han, Byung-Chul, *Müdigkeitsgesellschaft*, Berlin 2010.
Hahl-Koch, Jelena (Hrsg.): *Arnold Schönberg – Wassily Kandinsky. Briefe, Bilder und Dokumente einer außergewöhnlichen Begegnung*, München 1983.
Hausmann, Raoul: *Am Anfang war Dada*, Gießen 1980.
Hein, Peter Ulrich: *Die Brücke ins Geisterreich*, Reinbek bei Hamburg 1992.
Herzfelde, Wieland: »*Wieland Herzfelde über den Malik-Verlag*«, *Der Malik-Verlag 1916–1947*, Ausstellungskatalog der Deutschen Akademie der Künste zu Berlin, Berlin 1967.
Herzfelde, Wieland: »*Ein Kaufmann aus Holland*«. in: *Damals in Berlin. George Grosz. Zeichnungen der 10er und 20er Jahre*, Katalog zur Ausstellung Galerie Remmert und Barth, Düsseldorf 1997.
Hiller, Kurt: *Leben gegen die Zeit. 1. Logos*, Reinbek bei Hamburg 1969.
Hiller, Kurt: *Die Weisheit der Langenweile*, Leipzig 1913.
Hirte, Chris: *Erich Mühsam. Eine Biographie*, Freiburg i. Br. 2009.
Höch, Hannah: *Ausstellung zum 100. Geburtstag,* Delia Güssefeld und Galerie Bodo Niemann (Hrsg.), Ausstellungskatalog, Berlin 1989.
Höch, Hannah: *Eine Lebenscollage,* Band 1, Berlinische Galerie und Cornelia Thater-Schulz (Hrsg.) Berlin 1989.
Hoddis, Jakob van: *Dichtungen und Briefe*, Zürich 1987.
Höxter, John: *So lebten wir. 25 Jahre Berliner Bohème*, Berlin 1929.
Huelsenbeck, Richard: *Dada-Almanach*, Berlin 1920.
Huelsenbeck, Richard: *Mit Witz, Licht und Grütze*, Wiesbaden 1957.
Huelsenbeck, Richard: *En avant Dada*, Hamburg 1976.
Huelsenbeck, Richard: *Phantastische Gebete*, Gießen 1993.
Huelsenbeck, Richard: *Dada-Logik 1913–1972*, hrsg. v. Herbert Kapfer, München 2012.
Hurwitz, Emanuel: *Otto Gross: »Paradies«-Sucher zwischen Freud und Jung*, Zürich 1979.
Jones, Amelia: *Irrational Modernism: A Neurasthenic History of New York Dada*, Cambridge, Mass., 2004.
Jung, Franz: »Feinde ringsum«, in: *Die Freie Strasse* 1 (1915), S. 14.
Jung, Franz: »Von der Not des Widerspruchs«, in: *Die Freie Strasse* 6 (1917), S. 3–4.
Jung, Franz: *Der Weg nach unten. Aufzeichnungen aus einer grossen Zeit*, Hamburg 1985.
Kafka, Franz: *Briefe an Felice und andere Korrespondenz aus der Verlobungszeit*, Frankfurt am Main 1976.
Kandinsky, Wassily, und Franz Marc: *Der Blaue Reiter*, Dokumentarische Neuausg., München 2004.

Kapfer, Herbert, und Lisbeth Exner: *Weltdada Huelsenbeck. Eine Biographie in Briefen und Bildern*, Innsbruck 1996.

Kessler, Harry: *Das Tagebuch 1880–1937*, hrsg. v. Roland Kamzelak u.a., Stuttgart 2004.

Kling, Thomas: *Itinerar.* Frankfurt am Main 1997.

Le Corbusier: *Studie über die deutsche Kunstgewerbebewegung*, hrsg. von Mateo Kries, Weil am Rhein 2008.

Laban, Rudolf von: *Die Welt des Tänzers. Fünf Gedankenreigen*, Stuttgart 1926.

Laban, Rudolf von: *Ein Leben für den Tanz*, Faksimiledr. d. Ausg. [Dresden 1935], Bern/Stuttgart 1989.

Landauer, Gustav: *Skepsis und Mystik. Versuche im Anschluß an Mauthners Sprachkritik*, 2., verb. u. erw. Aufl., Köln 1923.

Landauer, Gustav: *Erkenntnis und Befreiung. Ausgewählte Reden und Aufsätze*, Frankfurt am Main 1976.

Linse, Ulrich: *Barfüßige Propheten. Erlöser der zwanziger Jahre*, Berlin 1983.

Loos, Adolf: »Ornament und Verbrechen«, in: Conrads, Ulrich (Hrsg.): *Programme und Manifeste zur Architektur des 20. Jahrhunderts*, Gütersloh/Berlin/Basel/Boston 2001, S. 15–21.

Marcus, Greil: *Lipstick Traces: von Dada bis Punk – eine geheime Kulturgeschichte des 20. Jahrhunderts*, Reinbek bei Hamburg 1996.

Martynkewicz, Wolfgang: *Das Zeitalter der Erschöpfung. Die Überforderung des Menschen durch die Moderne*, Berlin 2013.

Meidner, Ludwig: *Dichter, Maler und Cafés. Erinnerungen*, Zürich 1973.

Meyer, Raimund: *Dada in Zürich. Die Akteure, die Schauplätze*, Frankfurt am Main 1990.

Monnier, Adrienne: *Aufzeichnungen aus der Rue de l'Odéon: Schriften 1917–1953*, hrsg. v. Carl H. Buchner, Frankfurt am Main: 1998.

Mühsam, Erich: *Ascona. Eine Broschüre*, Berlin o.J.

Mühsam, Erich: »Bohême«, in: *Die Fackel*, Jg. 8 / Nr. 202 (1906), S. 4–10.

Mühsam, Erich: *Das seid ihr Hunde wert! Ein Lesebuch*, hrsg. v. Markus M. Liske und Manja Präkels, Berlin 2014.

Müller, Lothar: »Elektrische Ekstasen. Kataklystische Natur und technische Modernität bei Theodor Däubler«, in: Lämmert, Eberhard, Giorgio Cusatelli und Heinz-Georg Held (Hrsg.): *Avantgarde, Modernität, Katastrophe: letteratura, arte e scienza fra Germania e Italia nel primo '900*, Florenz 1995, S. 141–168.

Nenzel, Reinhard: *Kleinkarierte Avantgarde. Zur Neubewertung des deutschen Dadaismus. Der frühe Richard Huelsenbeck: sein Leben und sein Werk bis 1916 in Darstellung und Interpretation*, Bonn 1994.

N. N.: »Die erste öffentliche Ausstellung der Lehr- und Versuch-Ateliers für Angewandte und Freie Kunst«, in: *Dekorative Kunst* 12 (1904), S. 232–237.

Osterhammel, Jürgen: *Die Verwandlung der Welt. Eine Geschichte des 19. Jahrhunderts*, München 2009.
Pech, Jürgen, u.a. (Hrsg.): *Der ARP ist da! Der Max ist da!* Ausstellungskatalog, Brühl 2014.
Polizzotti, Mark: *Revolution des Geistes. Das Leben André Bretons*, München/Wien 1996.
Raabe, Paul (Hrsg.): *Expressionismus. Aufzeichnungen und Erinnerungen der Zeitgenossen*, Freiburg i. Br. 1965.
Raabe, Paul (Hrsg.): *Expressionismus. Der Kampf um eine literarische Bewegung*, Zürich 1987.
Richter, Hans: *Dada Profile. Mit Zeichn., Photos, Dokumenten*, Zürich 1961.
Richter, Hans: *DADA-Kunst und Antikunst: der Beitrag Dadas zur Kunst des 20. Jahrhunderts*, Köln 1978.
Rödder, Andreas: *21.0. Eine kurze Geschichte der Gegenwart*, München 2015.
Sanouillet, Michel: *Dada à Paris*, hrsg. v. Anne Sanouillet, Paris 2005.
Schad, Christian: *Relative Realitäten: Erinnerungen um Walter Serner*, Augsburg 1999.
Schlichting, Hans Burkhard »Pioniere des Medialen«, in: Brackert, Helmut (Hrsg.): *Kultur: Bestimmungen im 20. Jahrhundert*, Frankfurt am Main 1991, S. 32–85.
Schmitt, Carl: *Theodor Däublers »Nordlicht«. Drei Studien über die Elemente, den Geist und die Aktualität des Werkes*, Berlin 1991.
Schrott, Raoul: *Dada 15/25. Dokumentation und chronologischer Überblick zu Tzara & Co.*, Köln 2004.
Schuhmann, Klaus (Hrsg.): *Sankt Ziegenzack springt aus dem Ei. Texte, Bilder und Dokumente zum Dadaismus in Zürich, Berlin, Hannover und Köln*, Leipzig/Weimar 1991.
Schwarz, Arturo, u.a. (Hrsg.): *New York Dada: Duchamp, Man Ray, Picabia*, Ausstellungskatalog, München 1973.
Schwitters, Kurt: *Das literarische Werk.* Bd. 5: *Manifeste und kritische Prosa*, München 2005.
Serner, Walter: *Über Denkmäler, Weiber und Laternen. Frühe Schriften*, München 1981.
Sheppard, Richard (Hrsg.): *Die Schriften des Neuen Clubs 1908–1914*, Hildesheim 1980.
Sheppard, Richard, u.a. (Hrsg.): *Zürich – Dadaco – Dadaglobe: The Correspondence between Richard Huelsenbeck, Tristan Tzara and Kurt Wolff (1916–1924)*, Hutton 1982.
Simmel, Georg: *Gesamtausgabe*, Frankfurt am Main 1989ff.
Sloterdijk, Peter: Kritik der zynischen Vernunft, Frankfurt am Main, 1983
Spies, Werner: *Max Ernst: Collagen; Inventar und Widerspruch,* Köln 1988.

Ssachno, Helen von (Hrsg.): *Russisches Theater des XX. Jahrhunderts. Tolstoi, Tschechow, Gorki, Andrejew, Tretjakow, Majakowski, Katajew, Schwarz*, München 1960.

Suter, Rudolf: *Hans Arp: Weltbild und Kunstauffassung im Spätwerk*, Bern/New York 2007.

Szeemann, Harald, u.a. (Hrsg.): *Monte Verità. Lokale Anthropologie als Beitr. zur Wiederentdeckung e. neuzeitl. sakralen Topographie*, Mailand 1979.

Tomkins, Calvin: *Marcel Duchamp. Eine Biographie*, München/Wien 2005.

Tzara, Tristan: »*Chronique Zurichoise*«, in: *Dada-Almanach*, Berlin 1920, S. 10 bis 29.

Tzara, Tristan: »*Manifest Dada 1918*«, in: *Dada-Almanach*, Berlin 1920, S. 116 bis 130.

Tzara, Tristan: *Œuvres complètes*, Band I, hrsg. v. Henri Béhar, Paris 1975.

Ullrich, Volker: *Die nervöse Großmacht 1871–1918: Aufstieg und Untergang des deutschen Kaiserreichs*, erw. Neuausg. Frankfurt am Main 2013.

Vaché, Jacques: *Kriegsbriefe. Gefolgt von einer Novelle*, Hamburg 1979.

Velde, Henry van de: »*Ein Kapitel ueber Entwurf und Bau moderner Moebel*«, in: *PAN* IV (1897), S. 260–264.

Velde, Henry van de: *Die Renaissance im modernen Kunstgewerbe*, Berlin 1903.

Voigts, Manfred: »›Tod den Toten!‹ Indifferentismus und Utopie in den frühen Novellen Max Brods«, in: Grave, Jaap, Peter Sprengel und Hans Vandevoorde (Hrsg.): *Anarchismus und Utopie in der Literatur um 1900. Deutschland, Flandern und die Niederlande*, Würzburg 2005, S. 108–119.

Voswinckel, Ulrike: *Freie Liebe und Anarchie. Schwabing – Monte Verita: Entwürfe gegen das etablierte Leben*, München 2009.

Wacker, Bernd (Hrsg.): *Dionysius DADA Areopagita: Hugo Ball und die Kritik der Moderne*, Paderborn 1996.

Waetzoldt, Stephan, und Verena Haase: *Tendenzen der Zwanziger Jahre*, Berlin 1977.

Wood, Beatrice: *I Shock Myself. The Autobiography of Beatrice Wood*, hrsg. v. Lindsay Smith, San Francisco 1988.

Worringer, Wilhelm: *Lukas Cranach*, mit 63 Abb. nach Gemälden, Zeichn., Kupferstichen und Holzschn., München/Leipzig 1908.

Worringer, Wilhelm: *Abstraktion und Einfühlung: ein Beitrag zur Stilpsychologie*, hrsg. v. Helga Grebing, Paderborn/München 2007.

Zanetti, Sandro: »Techniken des Einfalls und der Niederschrift. Schreibkonzepte und Schreibpraktiken im Dadaismus und im Surrealismus«, in: Giuriato, Davide (Hrsg.): *»Schreibkugel ist ein Ding gleich mir, von Eisen«: Schreibszenen im Zeitalter der Typoskripte*, München 2005, S. 203–232.

Zuckmayer, Carl: *Als wär's ein Stück von mir: Horen d. Freundschaft*, Frankfurt am Main 1966.

PERSONENREGISTER

BILDNACHWEIS

Seite 17: Hugo Ball: Hugo-Ball-Sammlung, Pirmasens

Seite 28: John Heartfield: International Dada Archive, Special Collections, University of Iowa Libraries/The Heartfield Community of Heirs/VG Bild-Kunst, Bonn 2015

Seite 57: Marcel Janco: Stadtarchiv Zürich/VG Bild-Kunst, Bonn 2015

Seite 77: Marcel Duchamp: BPK, Berlin/CNAC-MNAM/Philippe Migeat/ Succession Marcel Duchamp/VG Bild-Kunst, Bonn 2015

Seite 83: Emmy Hennings: Schweizerische Nationalbibliothek, Bern

Seite 89: Jean Arp (Hans Arp): AKG Images, Berlin/VG Bild-Kunst, Bonn 215

Seite 116: Viking Eggeling: International Dada Archive, Special Collections, University of Iowa Libraries

Seite 144: Jean Arp (Hans Arp): Fondation Arp, Clamart/VG Bild-Kunst, Bonn 2015

Seite 149: Hannah Höch, Detail aus: »Schnitt mit dem Küchenmesser«: BPK, Berlin/Nationalgalerie, SMB /Jörg P. Anders/VG Bild-Kunst, Bonn 2015

Seite 156: Raoul Hausmann und Johannes Baader: BPK, Berlin/CNAC-MNAM/ Raoul Hausmann

Seite 163: Hannah Höch: Berlinische Galerie, Landesmuseum für Moderne Kunst, Fotografie und Architektur/VG Bild-Kunst, Bonn 2015

Seite 167 o., 167 u.: Heartfield'sche Reklameberatung: Akademie der Künste, Berlin, Kunstsammlung, Bestand: John Heartfield

Seite 183: DADA-Messe 1920: BPK, Berlin/adoc-photos

Seite 185: Kurt Schwitters: BPK, Berlin/Sprengel Museum Hannover/ Wilhelm Redemann

Seite 186: Johannes Baader: BPK, Berlin/Kunstbibliothek, SMB, Photothek Willy Römer

Seite 197: Filippo Marinetti: BPK, Berlin/Sprengel Museum Hannover/ Michael Herling/Aline Gwose

Seite 225: Man Ray: Statens Museum for Kunst Denmark / Man Ray Trust, Paris/VG Bild-Kunst, Bonn 2015

BILDTEIL

1: Hermann Obrist: Münchner Stadtmuseum, Sammlung Mode/Textilien/Kostümbibliothek

2: Jean Arp (Hans Arp) und Sophie Taeuber: BPK, Berlin/CNAC-MNAM/Jacqueline Hyde / VG Bild-Kunst, Bonn 2015

3: Marcel Duchamp: Mauritius Images, Mittenwald/United Archives/Succession Marcel Duchamp/VG Bild-Kunst, Bonn 2015

4: George Grosz: Akademie der Künste, Berlin, Kunstsammlung, Inv.-Nr.: Grosz 370 / Estate of George Grosz, Princeton, N.J./VG Bild-Kunst, Bonn 2015

5: Hannah Höch: bpk / Nationalgalerie, SMB/Jörg P. Anders/VG Bild-Kunst, Bonn 2015

6: John Heartfield, Neue Jugend: Akademie der Künste, Berlin, Kunstsammlung, Bestand: John Heartfield / The Heartfield Community of Heirs/VG Bild-Kunst, Bonn 2015

7: John Heartfield, Der Dada: International Dada Archive, Special Collections, University of Iowa Libraries/The Heartfield Community of Heirs/VG Bild-Kunst, Bonn 2015

8: Bulletin DADA: International Dada Archive, Special Collections, University of Iowa Libraries